余英時文集——21

中國歷史研究的反思

古代史篇

余英時——著

余英時文集編輯序言

聯經出版公司編輯部

余英時先生是當代最重要的中國史學者，也是對於華人世界思想與文化影響深遠的知識人。

余先生一生著作無數，研究範圍縱橫三千年中國思想與文化史，對中國史學研究有極為開創性的貢獻，作品每每別開生面，引發廣泛的迴響與討論。除了學術論著外，他更撰寫大量文章，針對當代政治、社會與文化議題發表意見。

一九七六年九月，聯經出版了余先生的《歷史與思想》，這是余先生在台灣出版的第一本著作，也開啟了余先生與聯經此後深厚的關係。往後四十多年間，從《歷史與思想》到他的最後一本學術專書《論天人之際》，余先生在聯經一共出版了十二部作品。

余先生過世之後，聯經開始著手規劃「余英時文集」出版事宜，將余先生過去在台灣尚未集結出版的文章，編成十六種書目，再加上原本的十二部作品，總計共二十八種，總字數超過四百五十萬字。這個數字展現了余先生旺盛的創作力，從中也可看見余先生一生思想發展的軌跡，以及他開闊的視野、精深的學問，與多面向的關懷。

文集中的書目分為四大類。第一類是余先生的**學術論著**，除了過去在聯經出版的十二部作品外，此次新增兩冊《中國歷史研究的反思》古代史篇與現代史篇，收錄了余先生尚未集結出版之單篇論文，包括不同時期發表之中英文文章，以及應邀為辛亥革命、戊戌變法、五四運動等重要歷史議題撰寫的反思或訪談。《我的治學經驗》則是余先生畢生讀書、治學的經驗談。

其次，則是余先生的**社會關懷**，包括他多年來撰寫的時事評論（《時論集》），以及他擔任自由亞洲電台評論員期間，對於華人世界政治局勢所做的評析（《政論集》）。其中，他針對當代中國的政治及其領導人多有鍼砭，對於香港與台灣的情勢以及民主政治的未來，也提出其觀察與見解。

余先生除了是位知識淵博的學者，同時也是位溫暖而慷慨的友人和長者。文集中也反映余先生**生活交遊**的一面。如《書信選》與《詩存》呈現余先生與師長、友朋的魚雁往返、詩文唱和，從中既展現了他的人格本色，也可看出其思想脈絡。《序文集》是他應各方請託而完成的作品，《雜文集》則蒐羅不少余先生為同輩學人撰寫的追憶文章，也記錄他與文化和出版界的交往。

文集的另一重點，是收錄了余先生二十多歲，居住於**香港期間**的著作，包括六冊專書，以及發表於報章雜誌上的各類文章（《香港時代文集》）。這七冊文集的寫作年代集中於一九五〇年代前半，見證了一位自由主義者的青年時代，也是余先生一生澎湃思想的起點。

本次文集的編輯過程，獲得許多專家學者的協助，其中，中央研究院王汎森院士與中央警察大學李顯裕教授，分別提供手中蒐集的大量相關資料，為文集的成形奠定重要基礎。

最後，本次文集的出版，要特別感謝余夫人陳淑平女士的支持，她並慨然捐出余先生所有在聯經出版著作的版稅，委由聯經成立「余英時人文著作出版獎助基金」，用於獎助出版人文領域之學術論著，代表了余英時、陳淑平夫婦期勉下一代學人的美意，也期待能夠延續余先生對於人文學術研究的偉大貢獻。

目次

輯一

《國史大綱》發微
——從內在結構到外在影響

一九五〇年我在香港新亞書院修業，曾有幸在錢穆先生親自指導下，細讀《國史大綱》，並寫成全書提要一冊。每篇提要都經過錢先生評閱，有所審正。不但如此，在閱讀和審評的過程中，我對於書中不甚了解或略有疑難的部分一一向錢先生請教，他都詳細解答，必待我疑滯盡消而後止。根據這一特殊的經驗，我想借此機會說明：我為什麼十分熱衷於將《國史大綱》推薦給新一代的讀者。

一九三三至一九三九年，錢先生在北京大學及西南聯大連續講授「中國通史」一課，六年之中不斷起草、修改和增補此課的講義，至一九三九年六月始完成《國史大綱》全書的撰述。所以《國史大綱》是一部中國通史教科書，從初版（一九四〇）到今天已七十六年了。我們都知道，教科書每隔三、五年便必須重新撰寫，至少也要大幅度地修訂，否則便不能將最新的知識包涵在內了。但《國史大綱》在七十多年後的今天，史學界仍視之為不可不讀之書，隨時隨地都出現重印的要求，不但在台灣如此，在大陸和香港也無不如此。由此可知，《國史大綱》早已從教科書轉變成中國史學領域中的一部經典了。

中國史學上的經典究竟應該怎樣界定呢？我們必須上溯到司馬遷的《史記》。太史公在〈報任安書〉（見《漢書》本傳）中說：他撰寫《史記》「亦欲以究天人之際，通古今之變，成一家之言」。兩千多年來，這三句話已成為中國史學著述的最高標準，《史記》、《漢書》、《資治通鑑》等都因為符合此標準而被尊為不朽的史學成就，即所謂「經典」也。《國史大綱》便是繼承了這一史學傳統的現代經典。如果用現代概念來表達，「天」指歷史上客觀存在的力量，不是人的意志所能隨便轉移的，「人」則指人的主觀力量，可以在歷史上發生實際的創造作用。從這一意義說，《國史大綱》不但以「究天人之際」為它的主要工作，而且還將這一工作的進行置之於一貫通性系統之下。其次，「通古今之變」更是《國史大綱》的一個根本宗旨。無論是制度、政治形態、經濟體系或士階層功能，錢先生都分別追溯其歷代變遷的軌跡，然後更對各方面的變動加以綜合觀察，以凸顯中國史的特色所在。至於「成一家之言」，在錢先生的《國史大綱》來說，即是建立一系統觀點，言之成理、持之有故，將中國史的整體動態盡可能客觀地呈現出來。所謂「客觀呈現」是指在眾多史料中找出確切的證據，足以證明所採用的系統觀點。因此所謂「系統觀點」決非任意得來，而是從初步泛覽廣大史料中逐漸形成的假設。《國史大綱》便是在這一程序中建成了「一家之言」，因此出版以來很快取得了權威的地位。用柯靈烏（R. G. Collingwood）的說法，即「建立起自己的權威」（「constitution of one's own authority」），這是「一家之言」在英文中天造地設的表達方式。[1]

為什麼在現代無數的中國通史中，《國史大綱》獨能出乎其類而拔乎其萃呢？讓我從嚴耕望先生的觀察和評論開始。嚴先生入錢先生之門比我早，而且是錢門史學成就最大的學者，所以一九七二至一九七三年《國史大綱》重版增訂，錢先生特請他代為校閱，並提出增刪意見。嚴先生讀過《國史大綱》已多次，這次再通讀一過，「益加驚佩」。一九七三年二月五日校畢全書後，他在日記中寫道：

此次校閱，比較仔細的看了一過，得益不少，益驚佩賓師思考敏銳，識力過人。早年我即欽服賓師境界之高，識力之卓，當上追史遷，非君實所能及。再讀此書，此信益堅。……即此講義，已非近代學人所寫幾十部通史所能望其項背，誠以學力才識殊難兼及！[2]

1　參看拙著〈章實齋與柯靈烏的歷史思想〉，現收入余英時，《論戴震與章學誠：清代中期學術思想史研究》（台北：東大圖書公司，一九九六），頁二八〇—二八四。

2　引自嚴耕望，《錢穆賓四先生與我》（新北：臺灣商務印書館，一九九二），頁一〇二。

他也顯然把錢先生和前後兩司馬相提並論，甚至認為他的「境界」和「識力」尚在司馬光之上。嚴耕望這一論斷是專就「通史」而說的，所以最後特別指出：《國史大綱》雖脫胎於講義，「已非近代學人所寫的幾十部通史所能望其項背」。他用「學力才識殊難兼及」來解釋其他通史撰人何以寫不出像《國史大綱》這樣高水平的著作，我大體上是同意的。但這是以主觀能力為標準在錢先生與其他通史撰人之間劃一道界線。現在我想換一個角度，從著作的性質來辨別《國史大綱》與其他通史的客觀異同何在。這裡我要借用章學誠的史籍分類來說明問題。《文史通義・書教下》云：

> 《易》曰：「筮之德圓而神，卦之德方以智。」間嘗竊取其義以槩古今之載籍，撰述欲其圓而神，記注欲其方以智也。夫「智以藏往，神以知來」，記注欲往事之不忘，撰述欲來者之興起，故記注藏往似智，而撰述知來似神也。藏往欲其賅備無遺，故體有一定而其德為方，知來欲其抉擇去取，故例不拘常而其德為圓。

章氏將史籍劃分為「撰述」與「記注」兩大類，大有助於我們對中國史學傳統的理解，所以這一分別大致已為近代學人所接受。這裡值得注意的是：雖然在概念上，他把「撰述」和「記注」分作兩種性質截然不同的工作，但他同時也深知，在實踐中，二者互相關涉，因而是離不開的。在他的構想中，「撰述」是史學的最後歸宿，然而史家並不能憑空撰史，而必須建築在「記注」的堅實基礎之上。所以他特舉例指出：司馬光《通鑑》之所以能成為一家「撰述」，其憑藉全在劉邠、劉恕、范祖禹諸人所輯考而成的長編。（詳見《文史通義》外篇三〈報黃大俞先生〉）這一長編便相當於章氏所謂「記注」。易言之，他的「記注」一辭內容很廣泛，舉凡原始史料的搜集、整理、編年以至考訂等都包括在內。所以他說：

> 整輯排比，謂之史纂，參互搜討，謂之史考，皆非史學。（《文史通義》卷五〈浙東學術〉）

這裡「史纂」與「史考」屬於「記注」，而「史學」則是他特為重視的「撰述」，與我們一般通用的概念不同。

根據上述的章氏分類，我認為錢先生的《國史大綱》顯然屬於「圓而神」的「撰述」，而其他史家所寫的通史則大致應該歸類於「方以智」的「記注」。這是兩種不同型的史學作品，但在學術價值上則處於分庭抗禮的地位。我相信只有這樣看待，其他通史才能得到比較客觀而公允的評價。近代通史中也有一些曾流行一時，受人推重的作品，其中「整輯排比」、「參互搜討」，也頗為可觀，因而同樣在學術上做出了重要貢獻。最明顯的例子是呂思勉先生的著作。他通貫全史之作有《白話本國史》（一九二二）、《中國民族史》（一九三四）、《中國通史》（上冊，一九四〇；下冊，一九四五）、《先秦史》（一九四一）、《秦漢史》（一九四七）、《兩晉南北朝史》（一九四八）和《隋唐五代史》（一九五九）等。其中《白話本國史》「為通史開一新紀元」（顧頡剛語，見其所著

《當代中國史學》下編「通史的撰述」一節。）而四部斷代史，共約三百萬言，更是他畢生精力所萃的鉅構。這裡我要特別指出，這四部書原是上海開明書店所籌劃的「國史長編」，最初擬請錢穆先生撰寫，錢氏則轉懇呂先生承擔這一大計畫。[3]所以呂先生這四部書其實是一部中國通史的前半段，因篇幅過大而以斷代方式刊布而已，並不是通常含義中的「斷代史」。在這四部之外，他還有「宋遼金元史」與「明清史」兩部未成史稿，可惜沒有人加以整理；這更證明他寫的是一部通貫性的「國史長編」。

呂先生這部長編，無論就「整輯排比」（「史纂」）或「參互搜討」（「史考」）來說，都達到了極高的水平，借用章學誠的名詞，即已將「方以智」型的史學發展到了最上乘的境地。在這一認識之下，呂先生的長編和錢先生的《國史大綱》分屬兩種不同型的史學範疇便昭然若揭：後者無疑是「圓而神」型史學的高度體現。復由於目的與功能互異，兩書的學術價值則各有千秋，難分軒輊。[4]

討論至此，我們必須更進一步追問：作為一部「圓而神」的通史，《國史大綱》的特性究竟何在？我的理解未必正確，但是我願意提出來，供新一代讀者的參證。錢先生在《國史大綱・書成自記》中說：

> 自念講通史，非委悉周備之難，而簡要明當之尤難也。……欲求簡要明當，則於繁重之國史，先必有所取捨。又必先有一系統之觀點，以為其取捨之標準。必先立一「體」，乃能有所取裁。凡所裁之寬狹長短，一視與其「體」之相副相稱以為度。然而

言何容易？此固古人所謂專門名家之業也。

細讀這一段話，可見他構想中的《國史大綱》從一開始便不止於一般的教科書，而毋寧是一部貫穿著系統觀點的「專門名家之業」，也就是太史公所謂「一家之言」。依照上引章學誠〈書教〉篇關於史籍的二分法，《國史大綱》屬於「撰述」型而非「記注」型，這是毫無可疑的。因為「撰述」之所以能夠達到「圓而神」的境界，其主要關鍵即落在「抉擇去取」上面。

但問題並不即此而止。錢先生在《國史大綱・引論》中對他所構想的「新通史」提出了兩項具體的規定。他說：

此新通史應簡單而扼要，而又必具備兩條件：一者必能將我國家民族已往文化演進之真相，明白示人，為一般有志認識中國已往政治、社會、文化、思想種種演變者所必要之智識；二者應能於舊史統貫中映照出現中國種種複雜難解之問題，為一般有志革新現實者所必備之參考。

3 見《師友雜憶》（收入《錢賓四先生全集・丙編》〔新北：聯經出版公司，一九九八〕），頁五四。

4 嚴耕望也早已見到這一分別，不過沒有詳作發揮而已。見《治史答問》（新北：臺灣商務印書館，一九八五），頁一一七。

這兩項關於「新通史」的期待使我立即想到上引〈書教〉篇中一句話：

夫「智以藏往，神以知來」，記注欲往事之不忘，撰述欲來者之興起，故記注藏往似智，而撰述知來似神也。

很明顯地，錢先生的第一「條件」相當於「欲往事之不忘」，第二「條件」則相當於「欲來者之興起」。可知《國史大綱》的終極追求雖在「神以知來」，但是這一追求卻必須和「智以藏往」緊緊地連成一體，而且「藏往」在前，「知來」在後，這一次序也是不容顛倒的。前引章學誠藉《通鑑》之例闡明「撰述」為建立於「記注」之上，已是此意，錢先生則把這一論點發揮得更為明確。《國史大綱》的最重要特色便在這裡顯現了出來。

這一特色充分體現在《國史大綱》所運用的龐大史料上面，錢先生對這部書的實際內容，曾作過一個很扼要的描述，他說：

拙著側重上面政治，更重制度方面；下面社會，更重經濟方面；中間注重士人參政，於歷代選舉考試制度及時代士風，頗亦注意。[5]

前面我們已看到他特別強調，講中國通史必須「先有一系統之觀點」及「先立一『體』」；現在我們才能確定，他心目中的「觀點」和「體」在實踐中究竟呈現出何種形態；這裡姑且稱之為「上、中、下三層結構論」。《國史大綱》中史料的取捨和章節論題的抉擇都是為了展現這一特殊結構而決定的。

錢先生在北京大學講授通史的第一年（一九三三—一九三四），主要精力都用在設計和確定這一課程的整體綱要上面。其所以如此艱苦，是因為他「必求一本全部史實，彼此相關、上下相顧，一從客觀，不騁空論」。不但如此，每講的前一天，他又必化半日的時間，斟酌史料的取捨。第二年以下他雖然不必再重複備課的艱苦，但仍「隨時隨地不彈精思，於每一講之內容屢有改動」。所以六年之中，他的大宗旨雖然未變，而所講內容則每年「不斷有增損」。[6]

著述宗旨和創始歷程得到澄清以後，接下來讓我們對《國史大綱》處理史料的特色試作具體的揭示。關於這一問題，可分兩方面言之：第一，原始史料的徵引和處理；第二，現代研究成果的吸收。

所謂原始史料指二十四史、十通等中國各代原有的歷史記載而言。過去有人說，《國史大綱》「只是根據二十四史而已」。[7]這是一個很誤導人的看法。寫通史必不能離開二十四史，自不待言。但就我先後閱覽所及的一、二十種通史而言，歷朝正史在《國史大綱》中所

5 〈致嚴耕望書〉，見《素書樓餘瀋》（收入《錢賓四先生全集・丙編》），頁三九一。
6 見《師友雜憶》〈北京大學〉章，頁一七六—一七七。
7 見嚴耕望，《治史經驗談》（新北：臺灣商務印書館，一九八一），頁二八。

占的比重是最低的。其中原因很多。首先是此書有它獨特的構想，因此所需要的資料往往超出正史之外。最明顯的例子是關於「南北經濟文化之轉移」三章（第三十八至四十章），主要是靠二十四史、十通以外的種種記載來闡明這一唐宋以下歷史上的大變動。錢先生也曾無意中透露出他的史料來源：一九三七年底，他從北平逃難到湖南，在南嶽市圖書館借閱新出版《四庫珍本初集》，他記當時的情形說：

> 余專借宋明各家集，為余前所未見者，借歸閱讀，皆有筆記。其中有關王荊公新政諸條，後在宜良撰寫《國史大綱》擇要錄入。惜《國史大綱》為求簡要，所鈔材料多不注明出處，後遂無可記憶矣！[8]

這條回憶最可證明《國史大綱》的史源決不限於正史。事實上，《國史大綱》中隨文注明出處的史源，仍不在少數。據我一再檢閱，自唐宋以下，所引出自文集、筆記、小說以至語錄者不勝枚舉。

再就二十四史、十通等一般史料而言，《國史大綱》的運用也有兩大特色：第一是先對所引史料作一番章學誠所謂「記注」的工夫，如廣引事例以建立某一時代特有的歷史現象，或依據時代與地域編製各類表格（如戶口、稅收等等），並引其他相關史料為參證，以凸顯變動的趨向。第二是徵引史文以最關重要的字句為限，因此絕大多數是一般通史中所不常見的。陳寅恪先生讀此書後，在答錢先生信中說過一句話：「惟恨書中所引，未詳出處，難以偏檢。」[9]錢先生僅取其字面含義，也引為憾事。其實這是陳先生的謙詞，意謂所引都是他不熟悉或未見過的材料。這顯然是對錢先生運用史料之廣博和深入表示欽佩，而不是對「未詳出處」有任何不滿之意。一九四〇年他為陳垣《明季滇黔佛教考》寫序，也說「寅恪頗喜讀內典，又旅居滇地，而於先生是書徵引之資料，所未見者，殆十之七八。其搜羅之勤，聞見之博若是」。[10]兩相比較，則「未詳出處」四字的原意昭然若揭。

總之，《國史大綱》中的原始史料包羅萬象，並且經過了「整輯排比」、「參互搜討」等系統性的處理，以密切配合全書「三層結構」的構想。這樣的史料不但具有深度而且往往潛藏多重涵義，是值得讀者反覆玩味的。

其次，《國史大綱》中所吸收的現代研究成果也值得稍作檢視。錢先生在「書成自記」中說：「其時賢文字，近人新得，多所采獲，亦不備詳，義取一律，非敢掠美。」[11]可見他重視同時代史家的創獲不在原始史料之下。其他中國通史的作者對於第二手資料的參考和使用則未見有如此鄭重其事者。這主要是因為《國史大綱》中有許多章節的討論都具有專題研究的性質。所以書中對於「近人文字」、「時賢新得」，並不僅僅止於「采獲」，而往往有

8 《師友雜憶》，頁二一六。
9 《師友雜憶》，頁二三七。
10 見《金明館叢稿二編》（北京：生活・讀書・新知三聯書店，二〇〇九），頁二七二。
11 《國史大綱》（見《錢賓四先生全集》本），上冊，頁六四。

所商榷。姑舉一二例以示梗概。錢先生接受了王國維《殷卜辭中所見先公先王考》及《續考》兩文之「新得」，故一一「采獲」之而不疑。[12]但王氏《殷周制度論》以周代「封建制從父子相傳制而來」，錢先生卻不肯認可而備舉史實以證其誤。[13]這是第一例。

第二例是關於西魏府兵制的起源。陳寅恪先生有一篇名文，題作〈府兵制前期史料試釋〉。[14]據陳先生考證，宇文泰初立府兵制而有八柱國之設，實是摹仿鮮卑八部之制。但為了加強他自己的力量並提升自己的地位於其他柱國之上，他設計了種種策略，最後僅以六柱國分統府兵，以比附於周官六軍之制。但《國史大綱》第二十章「西魏的府兵制」一節對陳說竟一字未及。一九五〇年我曾特別提出這一問題向錢先生請教。他說：寫通史和專題論文不同，前者必須從歷史的整體動態著眼。陳文自是一篇出色當行之作，但府兵制在中古中國前後延續了兩百年之久，其重要性不問可知。在通史中追溯這樣一個重大制度的起源問題，當然要找出其背後的歷史動力。宇文泰個人的動機和策略只能視為其中一個偶然的助因，而不是決定性的主因。所以《國史大綱》特別強調胡漢勢力長期消長所發生的作用，因為自西魏以來，軍隊主體已不斷移到漢人一邊，如所謂「關隴豪右」之類。推錢先生之意，宇文泰部下既越來越多漢族，則如何採取漢化體制以安頓他們應該是一個更迫切的問題，而府兵制即是其中的環節之一。事實上，反覆閱讀之後，我發現陳文中也已觸及此點，不過未加發揮而已。所以錢先生對於陳文也是「采獲」與商榷兼而有之。

錢先生引用「近人新得」照例不注出處，前引王國維諸文則屬例外。宇文泰立府兵事，如果不是他親口說明原委，我不可能認識到《國史大綱》論西魏府兵制一節和陳先生論文之間存在著那樣微妙的關係。但《國史大綱》中吸收現代研究所得的地方甚多，除非偶然機遇，讀者無從一一尋其出處。讓我再舉一個與宇文泰有關之例。《國史大綱》第十五章「五胡十六國撮要」節「宇文氏建國曰北周」條下，有按語曰：

> 晉書以宇文莫槐為鮮卑，惟魏書、北史則謂是匈奴南單于之遠裔而鮮卑奉以為主。又謂：「其語與鮮卑頗異。」則宇文或是匈奴而雜有鮮卑之血統也。[15]

自《資治通鑑》（卷八二「晉武太康十年」條）明言「鮮卑宇文氏」以來，一般讀者大致默認其說。為什麼錢先生卻斷言宇文氏「或是匈奴」呢？這個問題我在一九五〇年讀《國史大綱》時並未注意到，因此也失去了向錢先生請教的機會。很多年後我讀了周一良先生〈論宇文周之種族〉一文，[16]偶然心血來潮，想查查《國史大綱》在這一問題上是怎樣交代

---

12 郭沫若曾對王氏考證提出質疑，錢先生竟詳加反駁。《國史大綱》上冊，頁二六—二八。

13 同上，頁四二—四三。按：後來胡厚宣在《甲骨學商史論叢》中論「封建」則加強了錢先生的論點。

14 初刊於《中央研究院歷史語言研究所集刊》七．三（一九三七．十一），後收入陳氏《隋唐制度淵源略論稿》，為「兵制」章。

15 《國史大綱》，上冊，頁二七八。

16 原刊於《中央研究院歷史語言研究所集刊》七．四（一九三八．五），後收入周一良，《魏晉南北朝史論集》（北京：中華書局，一九六三）。

的？出乎意料，我發現當時此文雖出版不久而錢先生竟已讀過，因為上引幾句話便是周文的提要。更有趣的是周先生晚年回憶此文的撰寫，說：

> 我又根據傅斯年先生的啟發寫了一篇文章，論證宇文氏是匈奴而不是鮮卑，這個說法後來也得到承認。[17]

我不知道他所謂「得到承認」是不是也包括《國史大綱》在內？無論如何，這個例子使我們看到，錢先生當時收集第二手資料是如何的勤勞和細大不捐。

大量現代研究成果的吸收也是《國史大綱》時代背景的一種反射。從「五四」運動到「七七」抗日這二十年間恰恰是中國史學現代化的鼎盛時代，國史各個領域的研究，從政治、社會、經濟、文化、學術思想、制度，以至宗教等，都取得了重大的進展。錢先生講授通史自然不能不密切注視這些日新月異的創獲。我們只要稍稍回顧一下二十世紀上半葉的中國史學史，便會立即發現，今天大家公認的中國現代人文學大師，特別是第一流史學家，都是在「五四」以來的二、三十年中出現的。由此我想進一步推論，錢先生寫出《國史大綱》這部通史經典，誠如嚴耕望先生所言，首先必須歸功於他的「學力才識」（或章學誠所謂「別識心裁」）。但是這部經典之作橫空出世於一九四〇年，則清楚地顯示：它同時也必須理解為現代中國史學鼎盛時代的結晶。

現在我要換一個方向，追問一下：這部「圓而神」的通史經典為什麼在今天還值得我們用心地閱讀？

前面已指出，《國史大綱》以系統的觀點建立了一個通貫全史的大架構（「三層結構論」）；通過它，不但中國史的整體動態豁然呈露，而且各時代變化的特徵也被一一抉發了出來。更難能可貴的，作者往往能用一兩句話概括出劃時代的動向，使讀者悟境頓開而觸類旁通。如書中（第三十八章）論中國經濟文化之支撐點，唐中葉以前在黃河流域，以後則移向長江流域，即是其中最顯著的一個例證。太史公所謂「究天人之際，通古今之變」在《國史大綱》中得到了充分的體現，它之成為治史者所必讀的一部現代經典，是不在話下的。

但中國史學經典同時又必然是「一家之言」，這就意味著「一家」之外還有「別家」。《國史大綱》作為經典也必須理解為錢先生的「一家之言」。所以一九五〇年我寫《國史大綱》的筆記，錢先生一再囑咐我，每頁筆記之後一定要留下一頁空白，將來讀到別人史著中不同的論斷，可以記下來以資比較和進一步探究。錢先生不肯以自己的「一家之言」掩蓋他人的「一家之言」，在此顯露無遺。這是我們讀這部通史經典所必須具備的開放心態。

最後，讓我以《國史大綱》在史學研究上所發生的影響來展示它何以仍是治史者所不可或闕的一部必讀書。據我的長期觀察，《國史大綱》的影響主要通過兩個互相關聯的方式發揮出來：一是對於研究者發生參證作用，另一則是啟示作用。所謂參證，是指研究者——尤

17 周一良，〈我和魏晉南北朝史〉，收在《郊叟曝言》（北京：新世界出版社，二〇〇一），頁八〇。

其是有成就的研究者——對歷史上一些重大問題或事件已形成某種論斷的傾向，但卻在《國史大綱》中找到了或同或異的看法。這些同異之見為研究者提供了新的參考點，使他不能不將原有的論證向更高的層次發展。但他最後達到的論斷則仍可能與《國史大綱》截然相異。所謂啟示，大致是指研究者讀到《國史大綱》某些論述而發生思想的躍動，使他在研究題旨上有所突破，終於取得有價值的成果。這種經驗往往發生在較年輕的研究者身上，然而年齡並不構成絕對的限制。而且參證和啟示之間也不存在一道清楚的界線，在通常情況下，不過是畸輕畸重之別而已。

《國史大綱》中足以提供讀者參證和激發讀者思維的地方多至不可勝數。這一特色是和上面關於史料處理的析論分不開的。錢先生對於原始史料的廣泛搜羅和深入整理以及他對於第二手史料（即近人論著）的吸收和商榷，使《國史大綱》成為資源最豐富的一部通史。但更重要的則是錢先生從這一豐富資源中所發展出來的睿識和創見。由於所掌握的史料相當全面，更加上思之深而慮之熟，他幾乎在各方面大大小小的歷史問題上都試圖尋求自己信得過的看法（即《國史大綱》「書成自記」中所謂「孤往之見」），而不肯輕易接受傳統之說。《國史大綱》中到處都存在著他獨特的睿識和創見，便是這樣形成的。而這些睿識和創見才是直接引起上述參證和啟示作用的源頭活水。但錢先生特別強調通史必須「簡要明當」，因此落筆力求言簡意賅，以致對於他的睿識和創見都只能微引端緒而止，較詳的論證則無法展開。不僅此也，《國史大綱》的撰述方式是所謂綱目體，大號字的正文是「綱」，中號字而低一格排印的則是「目」。但此外還有小號字的雙行夾註，多數見於「目」中。這大致相當於傳統經學的註疏，即「經」為正文，「注」是解「經」之文，而「疏」則為解「註」而存在；由上而下，分成三個不同的層次。所以《國史大綱》與一般平鋪直敘的通史不同，其中歷史論斷是通過三層深度分別呈現出來的，而且每一層次都有作者的睿識和創見，有待讀者去抉發。《國史大綱》的難讀處在此，但引人入勝處也在此。因此無論是參證還是啟示，都不是一覽無遺式的閱讀所能得到的，讀者只有達到太史公所謂「好學深思，心知其意」（「五帝紀贊」）的境地，才能在《國史大綱》的世界中自由出入。下面舉幾個實例以堅讀者之信。

首先我要介紹一個關於「參證」的例子。一九四一年錢先生和前北平研究院徐炳昶（旭生）老先生同在重慶青木關開會，會後曾討論《國史大綱》至一星期之久。錢先生在《師友雜憶》中記其事云：

> 會既畢，余因出席中學教師暑期講習會，仍留青木關。旭生方讀余《國史大綱》，欲相討論，亦不離去，遷來與余同室。上午余去上課，旭生留室中讀余《史綱》。午後……去至郊外，擇村間一茶座，坐樹蔭下對談，至晚方歸。如是以為常。余在講習會有課一星期，余與旭生作半日討論者，亦一星期。旭生讀余書既完，討論亦粗完。（頁二四九）

徐先生早年留學法國，回國後致力於考古與歷史研究，早已在古代民族和文化問題上取得卓越的成就。他願意花費整整一星期的時間，集中精力細讀《國史大綱》並當面和作者進行討論，主要當然是為了與他自己畢生治史的心得互相參證。與作者當面討論則是「心知其意」的最好保證。此時《國史大綱》才出版一年，史學家無論持肯定或懷疑的態度，大致多承認它不失為「一家之言」。徐先生必已先過目，認為有進一步了解的價值，所以才有此一舉。《國史大綱》當時的影響力也由此可見一斑。

第二例則介乎「參證」與「啟示」之間。一九五九年大陸學術刊物忽然對《國史大綱》進行大張旗鼓的討伐，我寫信給錢先生，報告其事。五月二十四日他在回信中說：

> 大陸批評《國史大綱》一文，此間早已閱及，此等無可計較，只有置之不問不聞而已。七八年前曾見范文瀾著《中國通史》，書中極多剽取拙著《國史大綱》所引用之材料，當時頗感意外。頃聞大陸於范氏亦有清算，乃益信學術自有涇渭，難可相混……。[18]

其實范先生採用《國史大綱》中史料事，他很久以前曾親自告訴過我。他們是否相識，我不清楚。但錢先生對范氏的學術則保持著一定程度的尊重，如後者以「武波」筆名所發表的《中國近代史》，錢先生的評語是：「觀點雖不足取，然亦佳著。」[19]至於採用史料一事，我當時的印象是錢先生不但不介意，而且還像《莊子‧徐無鬼》所說：「聞人足音，跫然而喜。」但從范文瀾一方面說，他在四〇年代編著《中國通史簡編》，觀點是早已決定了的，沒有任何變動的可能。然而他以《國史大綱》為參證，卻從所引文獻中得到啟示，發現其中很多材料也可以另作解釋，以支持他的特殊觀點，因此便毫不遲疑的移過來運用了。

我的最後一例比較複雜但卻相當有趣，因為它清楚顯示出：《國史大綱》中的創見怎樣激動了「好學深思」的讀者的求真精神，從而使史學研究的園地得以不斷向前開拓。

《國史大綱》第十九章第三節所引西晉「戶調式」中有以下幾句話：

> 男子一人占地（按：「田」字之誤）七十畝，女子三十畝。其外丁男課田五十畝，丁女二十畝；次丁男半之，女則不課。（按：見《晉書・食貨志》）

錢先生對這段話提出了下面的解釋：

> 男子占田七十畝，女子三十畝，合一百畝，即古者一夫百畝之制。云「其外丁男課田五十畝，丁女二十畝」者，並非占地百畝之外別給七十畝，乃是在其占地百畝之內以七十畝為課田。換辭言之，即是課其十分之七的田租。（頁三五五—三五六）

18 《素書樓餘瀋》，頁四一五—四一六。

19 見一九五三年七月二十七日「致徐復觀書」，同上，頁三二九。

可知他以「占田」即是「授田」，「課田」則是「課其租收」。所以他接著便引了幾個實例，證明晉王朝本有「十七收租之制」。

呂思勉先生當年受錢先生之託，為《國史大綱》作最後一校，對魏、晉以下論田制、稅制部分特別賞識，許為「千載隻眼」。[20]因此後來著《兩晉南北朝史》（第十九章論「地產不均情形」一節），他在這一論題上全採錢說，並別引他證以加強十分之七收田租的斷案。

最早對錢說提出質疑的是楊聯陞先生。楊先生英譯《晉書・食貨志》為博士論文，自然對其中「戶調式」的每一個字都必須求其確解。因此「導論」第三節（「The land system of the Chin dynasty」「晉代田制」）對《國史大綱》所引的那幾句話詳加論辯。他所徵引的現代參考文獻都是英、日文論著，相關的中文著作則只有《國史大綱》一種，可知他對錢先生新說是特別重視的。據楊先生的分析，他與錢的分歧主要是對「占田」和「課田」兩個名詞有著不同的理解。他認為「占田」不等於「授田」，而是人民可以「占有」（或擁有）多少田的一種規定，相當於漢代所謂「名田」。所以「占地七十畝」是說一個人可以占有土地的最高限度是七十畝，並不是政府實際上將七十畝授予每一丁男。「課田」也不是「課其租收」的意思，楊先生譯「課」字為「assign」與「assignment」，即政府指派丁男丁女去耕田之意。[21]所以他在正文中將「課田五十畝」譯作「〔may be expected〕to work 50 *mu*」（即「期待耕作五十畝」，頁一七九）這是因為戰亂之後，地廣人稀，政府期待每一丁男都耕作五十畝田，丁女耕作二十畝。否則不但全國的食糧不足，而且政府財政也成問題了。

最後我還要補充一句，楊先生雖未接受錢先生關於「占田」和「課田」的解釋，但他之得出自己的結論，卻是通過對錢說的深入研究而來。最明顯的證據是錢先生斷定「戶調仍沿三國以來兵士屯田之舊規」。[22]楊先生完全接受了錢氏這一創見，因此說：「我們有很好的理由假定，課田方法最初用之於軍事屯田，後來才延伸到一般人民。」他接著還引西漢趙充國之例以進一步坐實錢先生的觀察。[23]這又為《國史大綱》的啟示作用增添一例。

另一位對錢說提出質疑的則是唐長孺先生。唐先生在一九五九年刊布的〈西晉田制試釋〉的長文中對「戶調式」中有關「占田」與「課田」的幾句話進行了極為詳盡的討論。他提到現代以「課田」為「傜役地租」共有兩種說法；其第一說如下：

> 一、認為占田即授田，課田即包括在占田數內。在服役年齡時男子受田七十畝，其五十畝的收穫物為政府所有；女子受田三十畝，二十畝的收穫物為政府所有。這樣算來

---

20 見《師友雜憶》，頁五二—五三。

21 相當於中文「督課耕田」。見 Lien-sheng Yang, "Notes on the Economic History of the Chin Dynasty," 原刊於 *Harvard Journal of Asiatic Studies* 9.2（1946），現收入其 *Studies in Chinese Institutional History*, Harvard-Yenching Institute 20（Cambridge, Mass.: Harvard University Press, 1961）, pp. 119-197. 關於「課」字譯法的討論，見 pp. 137-140.

22 《國史大綱》，頁三五五。

23 見前引文：Lien-sheng Yang, "Notes on the Economic History of the Chin Dynasty," *Studies in Chinese Institutional History*, pp. 137-138.

一夫占田七十畝，一婦占田三十畝，合計百畝，其中七十畝為徭役地租，等於一夫一婦授田百畝，與政府三七分租。[24]

緊接著他還舉出三個例證，「都證明魏晉時期三七分租是極普通的稅率」，限於篇幅，姑且從略。讀者試將這一段概括和上面所引錢先生的解釋作一對照，便立刻可以發現：這明明是錢先生原文的白話改寫，一絲一毫也沒有走樣。但由於當時「錢穆」兩個字是不許露面的，所以唐先生不得不隱去立說者的姓名。他是呂思勉先生的門下，而且最初也曾一度接受過錢、呂兩先生「徭役地租」的假設，後來才改變了看法。可見他和楊聯陞先生一樣，對於《國史大綱》也是入乎其內，然後復能出乎其外。

唐先生自己對於「占田」、「課田」的看法大致如下：

我以為占田只是空洞的准許人民有權占有法令上所規定的田畝；法令上已經規定貴族、官僚的占田數字，那末也得規定一下平民的占田數字。至於占得到占不到，那是另外一個問題。……課田是督課耕田之意。一般人民自十六歲至六十歲不論你是否自己有田，政府一定要你耕種五十畝（丁女則二十畝），這是所謂「驅民歸農」的意思。占田規定七十畝，政府並不要求你全部耕種，但至少要有五十畝不被荒廢。[25]

我當年讀到這一節文字簡直驚詫到瞠目結舌的地步，因為我萬萬料不到他的看法竟和楊先生的結論完全一致。楊先生英譯《晉書・食貨志》在四〇年代中葉，當然不可能知道唐先生多年後的見解，而唐先生當時也完全沒有接觸《哈佛亞洲研究學報》的機會。

中國人所謂「不謀而合」——或西方人所謂「convergence of independent discoveries」——在這一案例中可以說獲得了最大限度的實現。[26]

以上我試圖對我所理解的《國史大綱》作一整體性的評述，始於內在結構，終於外在影響。現在曲終奏雅，讓我用兩句話來總結我的感想：第一，對於一般讀者而言，這部「圓而神」的經典之作體現了中國史的主要特色及其整體動態；[27]第二，對於各種層次的研究者而言，《國史大綱》中潛藏著數不清的睿識和創見，處處都可以引人入勝。

---

24 見唐長孺，《魏晉南北朝史論叢》（北京：生活・讀書・新知三聯書店，一九五五），頁四七—四八。

25 同上，頁四九—五〇。

26 案：楊、唐二先生之間的「不謀而合」，尚不止於此，參見拙著〈追記與唐長孺先生的一次會談〉，現收在余英時著，彭國翔編，《師友記往：余英時懷舊集》（北京：北京大學出版社，二〇一三），頁一五五—一六一。

27 《國史大綱》特別能激起一般讀者對於民族文化的自覺和古今盛衰的感受。有關這一方面的作品甚多，最近的例子有二：一、胡楚生，〈以國史昭蘇國魂——錢穆《國史大綱》探微〉，收在《烽火下的學術論著：抗戰時期十種文史著作探微》（台北：台灣學生書局，二〇一五），頁一—二九；二、莫名，〈滿目盛衰興亡事——《國史大綱》筆記〉，收在《不信東風喚不回：隨錢穆先生讀書》（香港：天地圖書有限公司，二〇一四），上冊，頁四—一二八。但本文的論述範圍限於專業史學，因此不能旁涉，讀者諒之。

總而言之，統而言之，這是一部應該人手一編的中國史學無盡藏！

二〇一六年七月二十六日於普林斯頓

（原載《古今論衡》第二十九期，二〇一六年十二月）

文化認同與中國史學

——從錢穆先生的《國史大綱・引論》說起

梁院長、錢夫人、各位朋友：

今天是紀念我的老師錢穆錢賓四先生的一百年紀念的講演，所以我選的題目與錢先生的歷史思想有關：「文化認同與中國史學」，副題是「從錢穆先生的《國史大綱・引論》說起」。《國史大綱・引論》內容非常豐富，有高度的抽象性，如果要詳細解釋這篇引論，不僅時間不容許，也不是我的能力所能及。所以我只是用引論，作為一種根據及出發點講一講文化認同與中國史學的關係，當然也涉及史學思想的各方面。

首先，我要請大家注意：這篇〈引論〉不只是說一本中國通史教科書前面的導引，這是一般人的印象，如果大家有這個印象，是完全不正確的。這篇〈引論〉是一九四〇年在昆明寫的，寫完以後，發表在當時的昆明《中央日報》上，引起了極大的轟動，並且持續多年。這是錢穆先生對中國史學通過比較的歷史，通過對西方歷史的對比，跟世界其他地方的對比，做出一個高度概括性的理論的說明，所以它不是一篇簡單的導引。錢先生在〈書成自記〉中特別講到這部《國史大綱》跟我在裡面所講的理想不是一回事，它很清晰的地方是他不一定做到〈引論〉所說的一切，因為〈引論〉是一個理想的歷史，理想的歷史永遠不會真正的達到。寫完一本史書，也許你覺得滿意，但跟你的理想也有距離的。所以這個〈引論〉是一個很特別的文章，希望大家有時間看一看，二十多頁，一萬多字，可是看起來很費勁。

我現在先說這本書出版以後的反應，當時在昆明一個老學生李埏先生，李先生現已過世了，他寫了一篇紀念錢先生的文章說：「一九四〇年昆明是中國學術文化中心，因為西南聯大在那裡。」西南聯大由三間大學組成：北京大學、清華大學及天津南開大學。這三所大學是中國最好的大學，他們加起來，中國自民國成立以來，沒有一所大學有它如此強大的教學陣容，有這樣高的學術水平。西南聯大不僅在中國文史方面達到前所未有的強大，就是在自然科學方面也是了不得的，如吳大猷先生、饒泰俞先生，出色的物理學家都在那個時候。中國最早得到諾貝爾獎的楊振寧教授與李政道教授也是當時西南聯大的大學生。我舉這些的例子是想說明西南聯大不是一間普普通通的大學，在短短八年時間，三間大學聯合起來，栽培了無數優秀的人才，遍布世界各個角落上。

錢先生這篇言論出來以後，不僅所有報紙賣光了，很多人甚至手抄，這篇文章很快從昆明傳到外地，我雖然沒有收集所有的評論，但我所見的也有不少。譬如說最著名的詩人、古文字學家、文學研究者聞一多先生，當時的聞一多已走上左傾方向，他認為錢先生是保守的，但他在罵中國文化的文章中特別引到錢先生：「就是最冥頑的教授，復古派像錢穆教授也不能不指中國文化有病」，他沒有說這句話從哪裡而來，這句「中國文化有病」是從《國史大綱》的〈引論〉而來的。錢先生在〈引論〉中說中國文化不是一個普通的情況，而是有病，並且病得很重。另外在重慶的共產黨負責宣傳人員，今天北京的社會科學研究院院長胡繩，特別批評並指名批評《國史大綱》的言論是過於大膽，而且是唯心的，他認為錢先生把西方和中國作了不合適的對比。過了兩三年，在上海，有一位很有學問的老史學家，特別研究經學史的學者周予同先生寫了一篇〈中國近代的史學的回顧與展望〉，這篇文章在上海出版，最近收在他的選集內。他是比較持平的，對《國史大綱》的言論是有相當同情的，雖然也有一些意見，也只是出於寫書範圍的意見。前面我所說的批評實際是政治上的批評，不是學術的批評。我所見到不是有意收集而來的意見，而是可見這篇文章的空洞，同時，沒有建著文章。譬如代表中國史學主流意見的中央研究院一派的傅斯年先生的所謂史料學派，或者是考訂學派，錢穆先生在《國史大綱》中稱為科學派，考訂派的那一派也有批評，因為錢先生做這樣大的宏觀的史書，在西方稱為 Grand Analysis，特別是後現代派，喜歡攻擊 Grand Analysis，這樣宏觀的史書不夠科學，因為有很多實際的問題還未有研究清楚。

這一派批評比較客氣，沒有見諸文字，不過意見是存在的。可是當時也有一位史學家，雖然跟錢先生雖然不是完全志同道合，可是有一部分相當吻合，相當有同情了解，這就是陳寅恪先生，那時候他也在昆明。陳先生說這是一篇大文章，應該看一看，他沒有說贊成不贊成，但相信他看過後很有感受。陳寅恪先生屬於中央研究院，人家也稱他為考訂派、科學派，實際上他從來不完全是科學派，因為他在德國受了相當重大 humanities 人文科學傳統的影響。研究人跟研究自然不一樣，很注重精神，這在陳寅恪先生早年及中年著作中看不出來，要從他晚年的《柳如是別傳》、《再生緣》，看他其他的文章，可以看出陳寅恪先生也講中國文化精神。雖然他不說宏觀的史書，可是他做了中程的宏觀的史書，對中國的文化有所論斷。所以他看過錢先生這篇文章，有所批評，不同一般人的了解，相當同情。

我舉這些例子說明錢穆先生《國史大綱》在三四十年代引起很大的波瀾。因為時間的關係，我只能說幾點。

第一點，我要把《國史大綱．引論》所表現的思想放在四十年代、三十年代，甚至整個二十世紀上半期，中國史學思想作一個了解，為什麼這篇文章引起這樣大的反應？根據錢穆先生在《國史大綱．引論》中所說的中國史學分為三派，一是傳統派，或者記誦派。這是當時的老一輩的人對典章制度記得很熟，對於某些篇章都能背得很熟，這是中國的一個老傳統，其實這個傳統很有價值，從前德國的學者也往往有這個傳統，長篇大論也可以背誦的，但是他們不講究現代的研究方法。在二十世紀以後，中國的思想界沒有引起很大的影響，所以這一派我就不談了；我只談錢穆先生所說的另外兩派：革新派，也可稱為宣傳派，這派所指的並不是當時的人，抗戰所指的，大家都知道馬克思是那一派，對中國歷史提出很大的論斷，當時中國是資本主義社會還是封建社會，還是封建社會已過渡到資本主義社會呢？這是三十年代的人所特別注意的，這一派的想法不是完全想研究歷史，只是為了提出怎樣指導中國前途的一種方案。這個政治方案根據歷史的判斷，如果我們決定中國是一個封建主義的社會後期，那麼我們現在的任務當然是要發展資本主義，你不能跳過資本主義一步到社會主義，如果已經是資本主義。下一步的行動的綱領當然是社會主義，這是後來的。錢先生所說的宣傳派應該追溯到二十世紀初年，一九〇一年、一九〇二年，梁啟超先後在東京發表兩篇文章，一篇講中國史的序論，另一篇是新史學，可以說是宣傳派或革新派史學思想的開始。一些很有名論斷，譬如中國一部二十四史，中國的兩千年的政治都是專制，這都是梁任公在東京提出來的，得到很大的響應，今天還有迴響。錢穆先生認為這一派對中國史學的記述很有貢獻，他們每說一句話，都為人所接受，然後我們對中國史學宏大的觀察就是以這句話為根據，錢先生也不滿意這一派另外一個方面。就是他們過分熱心於改革，熱心追求進步，而對歷史研究不夠細緻。

另一方面所謂科學派或考訂派。周予同先生有一個分析，錢先生的科學派或考訂派應該有兩支，一支是尊重史料，一種是專門考訂的，這種講法當然也有道理，待我們去分析。

我現在要說的雖然這是兩個不同的派別，可是他們有共同的來源。這個共同來源要從二十世紀初年，我們中國很多史學家，包括章太炎、劉師培、梁啟超在東京接受西方的思想，這個思想主要是西方的社會進化論，或稱為社會達爾文主義。那就是 Herbert Spencer 的說法，在歷史上可以找到進化的階段，進化的痕跡，這個進化的階段是普遍性的。雖然 Spencer 跟較早的法國實證派的大師都提出三個階段說，但是他們基本的想法、基本的工作或者例子是根據西方的研究，以西方作為一種標準，化為歷史階段，然後把這個階段認為人類所有社會都必經過的階段。這種想法首先在日本世界引起很大的反響，甚至於模仿，因此影響中國的史學界、史學家。這一派在歷史上尋求規律，或者法則，那就是說歷史跟物理學一樣，都在科學主義巨大的影響下。因為錢穆時代的史學已受到科學革命的影響，但是人文的研究、社會的研究也同樣可以跟自然科學一樣達到精確的程度，這種精確的方式就是要找出規律來。如果找出規律來，雜亂無章的歷史便可井井有條了。

另一方面就是西方的史學，整體的史學可以達到完全客觀的程度。這一派人不一定完全講規律，譬如說像德國的 Ranke，他是十九世紀末及二十世紀初最有影響力的史學家，他並沒有講歷史的規律，只是根據第一手檔案，各種材料，另一方面注重建立歷史的絕對客觀性。這兩派實際上都是以科學為模範，不過一派比較謹慎，不願意提出歷史的規律問題；另外一派比較大膽，作宏觀的論斷，希望對總的歷史在三言兩語中把握住。這兩派的發展就是錢先生所說的宣傳派跟科學派。這兩派都是以自然科學為模式的，甚至是西方科學為模式。今天還在流行的把歷史分為古代、中古、近代，這就是西方史的三個階段。這三個階段始於文藝復興，是十四世紀、十五世紀時代的事情，這兩派的人都不大能同情對歷史，對精神方面的注重。因為這兩派同樣有傾向如社會結構或經濟下層決定的精神，決定人類的思想、歷史、文化，所以多多少少都有一種決定論的情況。這也是他們共同之處。錢先生在《國史大綱》的言論，恰恰是超過了他們的要求。錢先生並不是不注重歷史的考證，他明明說得清楚的歷史如果不考證清楚，不應隨便發表很大的意見，所以要從歷史的具體精密的考證中，建立一種宏觀。這是錢先生基本的想法。但是他認為這個宏觀，整體的觀察，西方人稱為

holistic，就是全部的，當整個來看，譬如我們今天有上百的聽眾，這個聽眾一個一個分析看是另一個事情，我們以聽眾一個整體來看也是另外一個事情。這兩種觀察會得到不同的東西的。所以錢先生這個觀察，第一是注重宏觀整體的觀念，第二是有同情的了解，或者是正確的了解，一個心靈的溝通，這是中國人以自己的心推論古人的心。這是中國老傳統，包括朱熹、表示這個意思，甚至是孟子所講的，對於古人了解的也需要通過新的了解，司馬遷講的好學深思知其意，或者是 positivism 這種想法，並不是否定客觀，而是在客觀之上，還有一個同情的了解，所以這是錢先生的。我想他的想法當時受到懷疑、批評的一個很重要的原因。另一個原因可以說是錢先生直截了當提出來，中國的一部歷史不能跟西方歷史相提並論，不能看成一類，但是都是歷史，都是人，都有各種要素。可是都是不同的。他說了一些很有趣的比喻，其中一個比喻是西方的歷史像一部劇，一幕一幕的，清清楚楚的，而中國的是一首詩綿延不斷的，這個說法在當時很大膽的，甚至沒有人敢做這個講法。可是在今天是一個很平常的看法。這是由於當時得不到某些人的同情，這是由於當時史學思想的限制。

第二部分我想講的是清代，《國史大綱・引論》寫於一九三九至一九四〇，〈引論〉寫在最後，到今天已相隔五十六年了。五十多年世界的史學變化很大，特別是過去二三十年來的變化尤其大，史學給實證論、科學主義這些觀念所籠罩，一直要到五十年代都在這個籠罩之下。這裡面有很多基本的假定，譬如說經濟社會的結構，我是一般講，不是講哪一家，包括馬克思主義，決定了上層建築，決定了你的思想，決定你的意識形態。譬如說文化，文化在最上層，不是很重要的，重要的是要社會基數，比如法國很有名的，從一九二九年到今天，這個七十多年的 Annales School 的年鑑學派，受到馬克思主義的影響。他們一般不講馬克思，他們講歷史，也是講長期的（long duration），長期的觀察，要看深層的結構，然後決定歷史基本力量在哪裡？這是一九二九年特別是法國的 Brandel，現在很有名，著作很多，從地中海研究起，然後到資本主義，現代的文明，還有三大日常生活 Everyday Life，都是很了不得的著作，他基本假定相信社會結構，實際的東西，無知的東西，決定真實的東西，簡單的可以這樣說。我說得很粗略，因為時間的關係，我不是要歪曲它。

這種說法是一直支配的思想，可以說到五十年代、六十年代，到年鑑學派的第三代叫 Michel Vovelle，她有一本書講六十年代到八十年代以後，年鑑學派的後輩已經慢慢不接受 Brandel 的看法，她不認為這個地下層就決定了上面閣樓，他們慢慢從社會史轉向到文化史，這個我在前幾年在這裡以英語講演，叫做 Clio's New Cultural Turn，有一本中文翻譯本，但翻譯得不好，說到近幾十年的文化轉向。這個轉向文化是史學家慢慢從社會結構轉向文化的研究，這是三十年代的研究。這個年鑑學派提供這樣一個很好的例子，特別是第四代的 Chartier 認為決定歷史力量並不是什麼社會結構，或者是生產力，物質有形的東西，而是文化決定了一切。接受文化可以無知的下層結構同樣決定的力量，慢慢超越無知，或者偏重於物質的歷史決定論，慢慢脫離下層決定上層的想法，這是六十年代到八十年代年輕學派的發展，我可以舉出無數的例子。比如說西方的馬克思主義，最新的一派講文藝的——新歷史主義（New Historicism）。這新歷史主義根本就認為文化決定無知，文化決定了上層許多同情，後現代的人對於這個看法覺得太偏，現代人對精神的力量越來越看重。這是六十年代史

學上的發展，我們看到哲學上有類似的發展。我們在社會科學也有這種情況。社會科學

Charles Taylor 的講話，有一種新的解釋性的社會科學，因為意義接受東西來研究我們的文化及社會，因為人是有意志的，人不能跟研究自然科學劃上等號，因自然科學研究東西，不論任何，它沒有意志，沒有想法的。人是有意志的，這是很重要的一種演變。人的意志對目標有所追求，最近研究一般的生物不一樣，研究生物可以研究他的行為，研究人也研究他的思想，研究他的觀念。我跟各位所說的都是很普遍的現代的文化現象，並不是認為這個文化現象籠罩了一切，對傳統的決定論，對量化史學有興趣的還要繼續貢獻還有很多，不能根據自己的意志、愛好把歷史的觀察作片面的論斷。如果是好好的口味，我就說這是當代潮流不可抗拒，對胃口不合的便說這個不成，根本不存在，馬上對它奚落。我不能採取這樣的講話態度。我也要承認就是傳統的時間派種種看法，在世界上還有它的力量，有廣泛的基礎。不過這個新的史學文化轉向，社會科學的詮釋化，講追求意義，這個很重要。像普林斯頓的高級研究所，有一位人類學家 Clifford Geertz 的研究，對全世界有很大的影響。它的影響是通過他的文化解釋，文化不是尋求規律的，一種實驗科學（Experimental Science）而是尋找意義的一種學問。所以現在尋求 meaning 這個東西，大家都注意。如果你注意 meaning，不可能不注重文化、思想、觀念種種方面。從這裡想，慢慢可以脫出實證主義的，實證主義的路向。所謂實證主義路向是我們把研究歷史等於把人觀察時候，把他當客觀對象，不在其中找意義。意義是中國史學的老傳統。像孟子引孔子《春秋》所說的「其事則齊桓、晉文，其文則史」。

所以我說錢先生的思想放在四十年代實證主義影響之下，也會覺得他不合潮流，格格不入。可是放在今天，卻是非常普通，很合胃口的。有相當多的人對他同情了解，所提出的問題，解釋的史學的方向都是很重要，但是我要回頭再講一句，錢先生並沒有否定實證，實際上是一個經驗的科學。不是老是在空想，一定要有實證，一定有客觀性。我們又碰到另一個當代史學家的危機，這是客觀性的危機，我簡單地說，後現代主義內容複雜，但始終懷疑歷史的客觀性，像美國一個很有名，講思想史的學者，叫 Hayden White，把歷史的大史書看成跟小說沒有分別，也都是一個開頭，一個中間和一個結尾。你怎樣知道你所寫的歷史是當時的情況呢？這是後現代主義的學者特別攻擊的客觀性的問題。

我們不能跳到繁複的論證上，史學家我所看到的基本上認為歷史上不可能沒有客觀性，歷史客觀性就在它的政治上，政治是當時留下來的。譬如說在安陽發現的甲骨文，法國地下的銅器，銅器上有銘文，這是當時留下的，不可能是小說，這絕對有客觀性的。不過我們如何重建當時的情況，當然有主觀的成分。可是它的客觀性也沒有人否認。所以否認客觀性，是一個極端的看法。會流於絕對相對主義及虛無主義，這是很危險的。不過有一個作者提出一個很有趣的說法，我們在法庭上講證據，那歷史證據跟法庭證據一樣，如果你今天犯了罪，你想靠辯論說事件沒有客觀性，法官不會放你走的。平常不會說你無罪，因為你證明沒有客觀性。如果你有證據，便可被判決無罪。這在我們的人生中可以體現，很有客觀性。錢先生在北大的時候，反對錢玄同先生的盡量疑古，譬如我姓錢，我的祖宗沒有什麼可變，可變是我的存在，我的存在便是一個證據。所以你不可能否定客觀性。我也不是攻擊 post-modernism，post-modernism 有某些作用，就是打破某些 domination。文化霸權，它有它某些作用，但不可以推展太過，我不是站在傳統守舊派攻擊後現代主義，我只是說後現代主義可能帶來很危險的後果。如果推行過分的話，有問題的。所以現在的歷史學家提出了新的客觀性，這種客觀性是互動的解釋或者了解。史學家跟它研究對象有一種互動的關係，不是我是一個觀察者，我就觀察一個東西，那東西是死的，現在我們承認觀察的東西也有活的，這個活的跟時代也有關係，這就牽涉到我要說的第三點。從錢先生的《國史大綱》言論中，你可以看出另一個關懷，錢先生為什麼要寫《國史大綱》，為什麼早不寫，他看到抗戰時期，中國需要有一種共同的精神，你為什麼要炸日本人，為什麼不投降，你為什麼覺得中國人是做中國人不應當侵略，裡面必有道理，這是史學家的責任。在國難時間，史學家有責任對社會服務，這是當時社會需要。這不是錢先生或一個國家有這樣一個問題。現在研究美國史的人，每個人都知道美國從十八世紀末到十九世紀初年，由最早參加獨立革命的人寫的歷史，後來由專門的史學家寫參加獨立歷史的人寫的書，他們都是寫建國，獨立的意義。美國要做一個平等的社會，是崇尚自由的，它也有自己一套宏觀的敘述，沒有是完全沒有的。譬如大家都認為在十九世紀末二十世紀初是很落後的歷史，司馬遷寫的過去時代的，和西方過去的歷史，例如十七世紀《羅馬帝國衰亡史》，這都是大的史事，新的史學家不需要再做。他們要做專題，特殊研究的成果。最近我認為這個敘事又回來了。譬如一位英國著名的史學家 Lawrence Stone 講敘事的歷史怎樣慢慢回頭。錢先生做的就是這一種，包括錢先生所說的考訂派、科學派，他們的領袖人物也都包括了宏觀的敘事在裡面。像傅斯年，你看他們的書，可以看到他們對中國的歷史有另外一種看法，跟錢先生的敘事不同，著重點不同。如胡適講中國歷史要從中國歷史中找出科學與民主的變化，像傅斯年能夠從周口三個甲骨文，推出一大篇殷周關係來，這證明都有宏觀的，所以絕不可能沒有一個人沒有宏觀的歷史在後面。

你可以用不同的宏觀作不同的比較，看你的證據如何，然後才可決定誰的比較可信，這是一個現代民主社會民主學術界不可避免的現象。沒有一個人能獨霸的，不過，說服性多少決定於史材，研究的成果種種，所以我從這方面看，回到史學家的責任來說，有兩種，一是史學專業的本身，另一是史學對社會的責任，對公共史學的用法，歷史拿來怎樣用。有些後現代主義認為所有霸權地位的人，都以歷史作為自己控制的工具，這是一個說法。其他的說法，任何一個時候，你需要歷史來支持你的某些責任，所以這兩者之間有衝突。我們一個是專業的責任，我們研究歷史還像錢先生所說的要求這樣的客觀，另一方面，錢先生又說你要在極客觀中找出意義來。對我們的時代；對我們的危機，對我們的民族，認同，錢先生所講的主要是民族認同，需要有所照應，這是他說的史學意義，到現在為止，有關文化認同，又回來了。回來的原因就是在冷戰結束以後，大家發現社會的進化不是資本主義的問題，不是資本主義轉到社會主義，轉到共產主義的問題，而是最後一切的，人類還是不能跳出原來的民族文化所規定的東西。你是中國文化圈圈中的人，你就有一些想法不大可能跟西方文化相提並論，所以我在提綱上舉的一個例子，哈佛大學的 Huntington 教授講到文化的衝突，他說到的文明的衝突，借用湯因比的說法，這理論在三十年代出版，最後在四十年代全部出版，我的時代沒有一個史學家看得起湯因比的，認為他說得太大，把全世界文明包括二十一個，然後每一個加以概化，而且他的史學知識也不夠，荷蘭的史學專家就說你對荷蘭的歷史完全不清楚，你又隨便加以論斷，這是宏觀史學很難逃避的。但是今天湯因比的理論就給Huntington應用了，他認為這個衝突最後是一個文化衝突，文化衝突最後變成宗教的衝突，中國的儒教跟伊斯蘭教聯手就不得了了。對西方是一個極大的威脅。這篇文章我覺得沒有很大的價值，但為什麼它引起全世界的反應，去年在日本我每到一個地方演講，都問我這個問題：Huntington的價值意義何在？我認為是其他文化出現了，西方文化不能占據全世界，所以文化的認同變成史學家很重要的責任。最近我看到幾篇講歷史責任的文章，俄國的史學家在Wisconsin任訪問教授說二十一世紀的史學家在不同文化中做溝通的工作，首先建立文化認同，俄國成立了幾個文化單位，種族、宗教都不同，像南斯拉夫雖然打仗，弄得一塌糊塗，完全是一個種族、宗教的衝突。所以現在文化的認同慢慢成為每個社會史學家特別注意的問題。像義大利一個史學家也討論這個問題。他說文化認同重新回頭是今天史學家終身的責任，我們必須做這個工作，但並不是這個工作要把歷史歪曲，我們有兩種責任：一是要研究好，另一方面我們要客觀，要正視，我們也要為文化認同服務。所以我剛才舉的義大利、俄國的史學家，還有墨西哥的史學家都有這樣的看法，這是一個時代的任務，並不是說史學家永遠做這個文化認同的工作。將來文化認同的問題過去了，歷史又會發生另外一些問題，這些問題也需要史學家盡他的雙重責任。一方面把自己的專業做得好，專業有一定的水平，另一方面是把歷史怎樣擴大到社會的教育去，對自己的民族，對自己的國家做出貢獻。我想錢先生《國史大綱・引論》都觸及這些很重要的問題，當時也許了解的人不多，今天我們再回顧一下，特別拿現代這個近代史書上的文章，可以看出錢先生引論的先見之明。

（原載《錢賓四先生百齡紀念會學術論文集》，頁四三七—四五五，香港中文大學新亞書院，二〇〇三〔錄音整理未經作者審閱〕）

錢穆《中國通史參考材料》出版前言

這部「中國通史參考材料」是業師錢賓四先生在民國二十三年秋至二十四年夏之間編寫的。這是錢先生在北京大學正式講授「中國通史」課程的第二年。他在《國史大綱》的〈書成自記〉中曾談到這部材料的緣起，他說：

越一年，學者苦於聽受，群要余為講義。余曰，通史大業，殊不敢輕率為之。無已，姑約余所講為綱要，聊備諸生筆記之一助，可也。自是每一講，必編一綱要，僅具倫脊，悉削游辭，取便總攬，然又恐諸生久習於此，則事近策括，以為治史可以空腹也。乃別選一參考材料以副之。凡與余所講綱要相牽涉者採摘前史陳文，或昔人考訂論著為參考，以便學者之自相闡證。綱要編至東漢，自嫌太簡，遂未繼續。並謂講堂大義，學者自可筆記，乃獨發參考材料。

最近錢先生在《師友雜憶》「北京大學時代」一節中也提到了這部材料：

> 下及第二年……又增寫參考材料，就二十四史、三通諸書，凡余所講有需深入討論者，繕其原文，發之聽者，俾可自加研尋。然此工作迄唐、五代而止。因史料既多，學生自加研尋亦不易，此下遂未再續。所發姑以示例而止。

以上兩段話使我們知道這部材料是錢先生在四十多年前配合他講授中國通史而選錄的；從民國二十三年到二十六年抗日戰爭爆發以前，這部材料一直是北京大學學生的基本歷史讀物之一。錢先生獨力擔任中國通史的教學在北大歷史系是一件破天荒的大事。因為在此之前，這門課是由許多斷代專家合教的。錢先生認為通史必須貫通，需要有一個系統的觀點，因此只能由一個人來承擔，不能由多人分任。這樣，北大中國通史一課便落到了錢先生一個人的身上。但是另一方面，錢先生又深信，觀點、系統雖可以因人而異，一切觀點和系統則都必須建築在大家共同承認的史實的基礎之上。所以當年錢先生授課時編寫了兩套教材：以《中國通史綱要》來表現他個人的系統觀點，以《參考材料》來培養學生直接閱讀史學原典的能力。錢先生後來寫成了《國史大綱》，這郡參考材料對他個人而言，已到達了功成身退的境地，從此就被棄置在一邊了。

這部史料書雖然編輯到五代為止，未能完編，但是它在今天重版至少在中國通史的研究與教學方面具有兩層重要的意義。第一，近代自有中國通史教科書以來，錢先生的《國史大綱》無疑是最具精闢見解的一家之言，也是取材最豐富的史學著作。但是由於體裁所限，《國史大綱》在論斷與取證方面都力求潔淨，不僅初學未必能遽窺其意，即專家商榷也往往不免有誤會文旨之處。現在有了這部參考材料，我們就比較能夠具體地把握住《國史大綱》立論的一部分根據之所在了。不過《國史大綱》的底蘊則遠非此書所能盡。錢先生回憶他在雲南蒙自每日避空襲的情況云：

余每出則攜通史上堂隨筆數原冊。自在北平始授此課。先一日必作準備，寫錄所需資料：逐月逐年逐項加以添寫，積五六原本。及離北平藏衣箱底層夾縫中攜出，至南嶽蒙自又續有添寫。此乃余日後據寫史綱所憑之惟一祖本，不得不倍加珍惜。（《師友雜憶》「西南聯大時代」）

將來錢先生的筆記若能整理出版，其價值自然更大。但筆記是錢先生給自己參考所準備的材料，而此書則是為初學所提供的基本讀物。兩者的功用並不相同。

第二，就此書之為初學的讀本而言，它的重印尤其有普遍的意義，不限於對《國史大綱》的了解這一點上了。近代史學家編著中國通史教材者頗不乏其人，如鄧之誠先生的《中華二千年史》和雷海宗先生的《中國通史講義》基本上都是史料選錄之作。錢先生這部參考材料則自有其特色。錢先生著眼於中國民族在長期歷史進程中的整體動態，因此對於政治制度、社會經濟、學術思想諸方面在不同時代的變遷與發展特加重視。此書所選資料之中頗有不少是中國史上極具關鍵性的大文字。錢先生在北大講授中國通史時正值地下考古初與此書故討論史前及商代部分雖曾盡量斟酌引用最新出土資料；但周、秦以下的部分則都採自一般習見的史籍如二十五史、三通之類。錢先生正是希望通過這本參考材料使學生們能夠直接接觸到原始史料，不致走上以空論代實學的道路。這對於今天初學歷史的人來說，尤其不失為一劑對症的良藥。近幾年來，中國史學界對於史料常常流露出兩種不太健康的態度：一是根本輕視史料，以為治史只要有新理論、新觀點、新方法，便自然會有新發現，一切史料不過是用來證成一己的新說而已。另一種態度則是在史料中嚴格分別新與舊，認為新史學必須建築在新史料的基礎之上，至於傳世已久，人人易見易讀的書籍則不免一律以陳舊視之。在這種風氣之下，二十五史、十通、資治通鑑等等基本史學著作幾乎已無人肯認真地加以研讀，但是對於新發現的資料，自甲骨文、漢簡、敦煌卷子以至最近的秦簡、馬王堆帛書、臨沂古佚書之類，則群趨之若鶩。甚至不少初學中國歷史，尚未盡入門的人也都想在這些新材料上面一顯身手。新材料的發現當然是使史學家最感興奮的事。但是一個史學家究竟能否對新史料作出恰當的估價和運用卻往往決定於他平時在舊史料方面的修養如何，不僅為此，新史料雖常能補舊記載的不足，至於專靠新史料而在史學研究上徹底翻案之事則並不多見，陳寅恪先生治隋唐史功力最深，搜羅新發現的史料也最勤，但是他在討論隋唐制度時便明白指出新出遺文關係重要者實亦甚少。有如陳垣先生也是近代最有功於搜集新史料的學者，但他教導初學讀書卻戒人勿以讀人問未見書相標榜。如果一個人專走偏鋒，以奇書逸文自限，而對普遍常見常用的書反不讀不知，那麼他所得到的多不過是一種捨本逐末的無根之學。我特別舉出兩位陳先生關於史料的見解，是希望有心的讀者可以進一步體會到這部歷史文獻的內在價值。古人讀書最注重鉤元提要，中國史籍浩如煙海，初學茫然不知所向，錢先生這部參考材料可以說是給有志於治史的青年朋友們指示了無數進修的門徑。讀者由此入門，再直接尋繹原典，便可終身逞馳於史學的世界，其樂無窮。至於成就的深淺高下，當然要看個人努力的程度而定了。

最後，我必須說明一下本書流傳海外的經過。本書原由北京大學講義部印行，專供北大學生之用。哈佛大學楊聯陞教授偶於四十年前在北平東安市場舊書店中購得此本。後來楊先生到美國來留學，隨身攜帶了這部講義，以備個人參考之需。一九六〇年錢先生訪問哈佛大學時，楊先生曾舉此書相贈，錢先生因為此書對他已不復有大用處，因此謝而未受。一九七三年夏天我從哈佛大學請假回香港新亞書院服務，楊先生特別檢出此書送給我，以為紀念。我在新亞時曾影印了一套存放在圖書館，但並沒有作重印的打算。今年五月間黃君俊傑過寓相訪，偶然看到此本，覺得它在今天的歷史教學上依然有參考價值，應該重版。我同意他的看法，因此請他把原書帶回台灣去接洽出版事宜，全書排印既就，黃君又來信要我寫一短文以為介紹。我希望此書的重印可以引起青年朋友們對於基本史料的重視，故略述其編纂的宗旨與原委如上。

余英時謹序於美國康州之橋鄉

（原載錢穆《中國通史參考材料》，東昇出版事業公司，一九八〇）

輯二

中國史上的儒家文化與王朝權力

傅揚　譯

引言

經過四十三年輝煌的執教生涯，友人田浩（Hoyt Cleveland Tillman）於二〇一八—二〇一九學年末自亞利桑那州立大學（Arizona State University）榮退。本文關於傳統中國文化與權力互動的個人觀點即緣此而發，以表敬賀。文稿原為主題演講，宣讀於二〇一九年三月二十九、三十日於亞利桑那州立大學舉辦之「中國歷史上的文化與權力」（**Culture and Power in China's History**）國際研討會（獲蔣經國國際學術交流基金會獎助）。本文概述儒家文化與國家權力如何互動而生生不息，不僅著意於這股動力在歷史脈絡中的發展與變遷，更運用連體嬰的比喻，強調二者既依賴對方而生，又彼此抗衡持平。

首先我想指出，文化與權力在中國，或可視為一對連體嬰，仰賴彼此的存在而生。簡言之，根據傳統說法，在上古夏、商、周三代（中國最早的幾個王朝），王朝的統治權力，已因天命而獲得合法性。有證據說明，至遲到了周初（約前十一世紀中），人們便普遍這麼理解天命之為物：當「天」發現王朝開創者具有「德」這類稟賦，如節制、納諫、虔敬等傾向時，「天」將授予其人統治並照料人民的「命」。只要「德」能代代相沿，賡續不失，「天」就不會剝奪王朝統治之「命」。很清楚的是，天命觀念意味著在中國歷史肇始之初，政權合法性便有賴以「德」為名的若干文化素質的支持。天命後來如何轉化為儒家文化體系，如孔子的「德治」和孟子的「仁政」，是值得注意的有趣問題。

另一方面，儒學作為一種亞里斯多德（Aristotle）所謂的「實踐智慧」（practical wisdom），關注的不僅是知識與觀念，還包含行動。換言之，透過實踐智慧所尋致，人類正向積極的性情質素，必須加以付諸實行。這或許能說明孔、孟何以周遊列國、遊說諸侯，欲將「道」落實在現實世界。據此，文化同樣需要權力，以證成其價值。

有了這個歷史背景，我想以漢、唐、宋、明四個重要朝代為例，非常簡要地描繪王朝權力與儒家文化的關係。

一般普遍認為，中國自漢代開始便全面地儒家化。漢武帝（前一四〇—前八七在位）採納董仲舒（約前一七九—前一〇四）、公孫弘（前二〇〇—前一二七）和其他儒生的建言，將儒學確立為國家意識形態，儒學意識形態也從此屹立不搖，直至一九一一年帝制終結。職是之故，在太學與地方學校，儒家經典成為培訓政府官員的唯一教材。尤有甚者，朝廷的重要國策與制度擘劃，也開始立基於各種經典所見的儒家準則。表面上看來，漢代的王朝權力與儒家文化相輔相成，既和諧又取得碩果纍纍的成就。

然而，當我們考察漢代帝王對儒生及儒家經典所持的基本態度，上述權力與文化相對關係的描繪，便不得不大幅修正。讓我用三個饒富興味的例子加以說明。首先是漢高祖劉邦（前二〇六—前一九五在位）。創建漢朝的高祖，出身於未受教育的庶民之家，對儒生不抱絲毫敬意。史稱他「不好儒」，若有「冠儒冠來者」，往往「解其冠，溲溺其中」；接見儒生時還「倨床，使兩女子洗足」。得到高祖信任，常「居左右」的陸賈，「時時前說稱《詩》、《書》」，高祖卻斥道「乃公居馬上而得之，安事《詩》、《書》」，可見一斑（《史記・酈生陸賈列傳》）。

第二個例子是漢宣帝（前七三—前四九在位）。據《漢書》（成書於一世紀末）所述，宣帝「所用多文法吏，以刑名繩下」，採法家路線。當太子（後來的漢元帝）勸他「宜用儒生」時，宣帝感到非常挫折，怒曰「漢家自有制度，本以霸王道雜之，奈何純住德教，用周政乎！」（《漢書・元帝紀》）。這個例子異乎尋常的是，距漢武帝時代僅僅不過十來年，一位漢朝皇帝竟會公開昭示其王朝並非純賴儒術。

最後一個例子乃漢武帝本人。如前所述，在董仲舒、公孫弘等人的影響下，武帝將儒學確立為國家意識形態。其中公孫弘的角色尤為重要，因為這個儒學大業，是在他任宰相時所推行的。宰相的重要性為百官之首，公孫弘則是首位以儒生身分擔此重任，「封侯拜相」之人。漢武帝何以如此信任公孫弘呢？

公孫弘「少時為獄吏」，四十多歲後才「學《春秋》雜說」，接觸儒家經典。根據《漢書》本傳，他在武帝時身居高位，「習文法吏事，緣飾以儒術」，甚得武帝之心（《漢書‧公孫弘卜式兒寬傳》）。我想請讀者特別注意「緣飾以儒術」一語，即在諸如《春秋》等儒家經典中找根據，以支持法家式的決策或判斷。其意涵至為顯豁：古代的儒家聖人，也會認可漢代政府的決策或判斷。不僅如此，漢武帝信賴董仲舒，也與「緣飾」有關。《漢書》便說董仲舒、公孫弘與兒寬三人「居官可紀」，因為「三人皆儒者，通於世務，明習文法，以經術潤飾吏事」，故武帝「器之」（《漢書‧循吏傳》）。

根據上引例證，我們可以合理地說，漢武帝選擇儒學作為國家意識形態，並非因為儒學作為一種信仰體系所蘊含的內在價值，而是出於經典字句所具備的「緣飾」或妝點功用。

接著讓我們看看唐代。過去一個常見的說法是，隨著隋、唐重新一統天下，「儒家復興」也應運而生。但如現代學術研究成果所示，此看法不免過甚其詞。在魏晉南北朝的分裂時代（約三至六世紀末），玄學與佛學的匯合乃當時思想主流。相反地，儒家經學墨守成規、杳無生氣，進入唐代一仍其故。當然，七世紀中編纂的《五經正義》整合豐富的注疏，對經學本身做出了絕大貢獻。但《五經正義》的編纂，其實僅是初唐時期出於教育目的所推動之許多大規模歷史與文化工程中的一環，並未開啟儒家發展的新局。要到隋、唐統一的兩個世紀後，韓愈（七六八—八二四）才開始對文士與思想家的世界產生衝擊，並因而促成儒家的突破。但到了此時，儒家突破與李唐的王朝權力已沒有多大的關係。

從政治上看，唐代政府讓儒、釋、道平起平坐，允許三教在朝廷上有各自的「代表」。唐初經常可見由皇帝主持，於內殿舉行的三教論議。但現有證據清楚顯示，對皇室而言，儒家在三教中最不得青睞。對此，我自己有如下的簡要解釋。

首先是道教的地位。從王朝伊始，唐太宗（六二六—六四九在位）便宣稱李唐皇室為老子（李耳）之胤。唐玄宗於七二二年和七四一年「詔兩京及諸州各置玄元皇帝廟一所」以褒祀老子，並設立「崇玄學」，「其生徒令習《道德經》及《莊子》、《列子》、《文子》等，每年準明經例舉送」（《冊府元龜》卷五三、《舊唐書・禮儀志四》）。其實在七三三年，玄宗也曾「制令士庶家藏《老子》一本」（《舊唐書・玄宗紀上》），更於七四五年下詔，以《道德經》為「諸經之首」（《唐會要》卷五〇）。這或許能解釋玄宗何以親自為《老子》箋注（《唐玄宗御製道德真經疏》，涵芬樓本《正統道藏》第三五六—三五七冊）。對照之下，孔子及與其直接相關的《論語》，在唐代從未得到可相比擬的待遇。

其次是佛教的角色。唐代以國家力量大舉崇佛，始於武后時期（六八四—七〇五在位）。此時次經《大雲經》（*Mahamegha*）的漢譯問世，預言彌勒以女身統治世界；武則天則是「彌勒下生，作閻浮提主」（《舊唐書・薛懷義傳》）。武則天見此女主符命，欣然將《大雲經》「頒於天下」，傳揚其說，「令諸州各置大雲寺，總度僧千人」（《舊唐書・則天皇后紀》）隨後唐朝延續崇佛之舉，但原因不同。如從七六二至八二〇年，唐代宗、德宗、憲宗等三位皇帝便因信仰而相繼崇獎佛教；憲宗和懿宗甚至分別在八一九和八七三年迎佛骨，「威儀盛飾，古無其比」（《舊唐書‧懿宗紀》）。八一九年迎佛骨一事，因為韓愈撰文激烈抨擊其「傷風敗俗，傳笑四方」、「身死已久，枯朽之骨，凶穢之餘，豈宜以入宮禁」，在唐代歷史上尤為知名（《舊唐書‧韓愈傳》）。

根據傳統看法，唐代在政治上標榜崇儒，是基於這樣一種預設：唐朝的政府官制，體現了保存於儒家經典《周禮》所見的周代制度。唐玄宗於七二二年下令，命官員編纂一部包羅當時唐朝典章制度的作品，題為《六典》。但玄宗進一步要求，這部典籍的體例必須根據《周禮》的官制體系，亦即「以今式分入六司，以今朝象周官之制」（《大唐新語》卷九）。《唐六典》最終於七三八年成書，並於翌年上奏。現代學者已令人信服地指出，唐代官僚機構運行的實況，與《周禮》體制相去甚遠，硬要將二者相比附，乃毫無意義的失敗之舉。由此可知，唐玄宗只不過想利用《周禮》進行「緣飾」，其意趣與前述的漢代人物並無不同。

最後我想指出，儒家經學在唐代思想世界的衰頹，也反映在科舉考試中。至少在理論上，唐初明經科與進士科的重要性不分軒輊。前者著意於博學通經，後者注重明當世之務。但從七世紀後期開始，明經主以帖文等方式考察瑣細的文獻知識，進士則試詩賦。不幸的是，明經考試漸淪為測驗舉子是否能熟讀、記誦儒家經典中的關鍵段落，令思想與政治精英對其益發鄙夷，認為「明經碌碌」，非「發跡之地」（《唐語林》卷三）。

第三個例子是宋代。在中國歷史上，王朝權力與儒家文化合作最成功的例子，就發生在宋代。開國皇帝宋太祖（九六〇—九七六在位）對晚唐五代的武臣力量深感不安，視其為新王朝的威脅，故決定將包含朝廷與地方的政事，都託付給士人。士或士大夫通過科舉選拔進入政壇，乃當時中國最有力量的行政官員和文化領袖。從太祖這道政策的伊始，士便展現極大熱忱，嘗試根據儒家觀點建立合理的人間秩序。宋代第一位宰相趙普（九二二—九九二）有種種憑藉《論語》治國的傳說，廣為人知。這些說法其實於史無據，但或可反映宋代儒家士人對宰相角色的期盼。在這之後的儒者，例如范仲淹（九八九—一〇五二）和王安石（一〇二一—一〇八六），他們居官在位後的作為，正符合人們此前對趙普的期待。以王安石來說，他和宋神宗（一〇六七—一〇八五在位）君臣相知相得，契合程度史無前例，「千載一時」（《朱子語類》卷一三〇）。神宗不僅全力貫徹王安石的改革計畫，還常在意見不合時遷就王安石，「屈己聽之」（陸佃，《陶山集》卷一一〈神宗皇帝實錄敘論〉）。

　　尤其應指出的是，變法運動也催生出一個新觀念，認為皇帝與宰相所領導的士大夫，在政治上須攜手合作。宋神宗與司馬光討論變法與相關人物，共識是皇帝須與士大夫「共定國是」（事見《續資治通鑑長編》卷二一〇；語出《新序》卷二）。與此同時，身居高位的文彥博（一〇〇六—一〇九七）也在神宗面前強調，皇帝須「與士大夫治天下」（《續資治通鑑長編》卷二二一）。程頤（一〇三三—一一〇七）後來以「同治天下」定調這種政治上的合作關係（《河南程氏經說》卷二），已為今日歷史學者普遍接受。

　　這個合作關係在南宋賡續不斷，清楚見於孝宗（一一六二—一一八九在位）朝最後三年間（一一八七—一一八九），皇帝與朱熹（一一三〇—一二〇〇）領銜的理學家群體的互動。南宋的開國之君高宗（一一三〇—一一六二在位）雖於一一六二年內禪退位，仍時不時干涉政務，直至一一八七年離世。換言之，即位二十五年後，宋孝宗才首度得到統治自主權，並決心部署一場規模宏大的政治革新。朱熹和朝中許多理學派士大夫，對孝宗的改革深有同感，孝宗自然尋求理學家的支持，結成聯盟。他們為了共同目標密切合作，在朱熹眼中，這個合作關係可謂「得君行道」。後來朱熹門人曹彥約（一一五七—一二二八）上封事，稱士大夫為「天下之共治者」（《昌谷集》卷五），便不教人意外了。欲知詳情，請參閱拙撰《朱熹的歷史世界》。

第四個要看的是明代，也是情況最糟的例子。長期以來，全世界的歷史學者都將明代的政治體系，定調為君主專制。以下我想簡要說明儒家文化和明代君主專制的關係。

開創明朝的明太祖朱元璋（一三六八—一三九八在位）來自農家，幼時無甚教育背景。他出身明教一系宣揚「彌勒降生，明王出世」，反抗元朝統治的武裝集團；明教則是混雜了佛教、摩尼教與其他宗教的民間教派，信徒主要為未受教育的民眾（請參閱吳晗，〈明教與大明帝國〉）。直到一三六八年建立明朝的二、三年前，明太祖才與儒生有較多接觸。到了這時，他已清楚意識到，自己不僅需要士人仕官任事，還得透過儒家為政權取得合法性。但太祖並不信任士大夫，尤難忍受儒者在朝堂面折抗諍。他認為士有可能甚至已著手奪取政權；這種深層猜疑終於導致一場血腥肅清，即一三八〇年以謀反為名，誅殺丞相胡惟庸（一三〇一—一三八〇）及其上千名同黨一事。與此同時，太祖還採取「罷中書省」（《明史・職官志一》）這樣歷史性的大膽舉動，廢除至遲從西元前二二一年中國一統以來便存在的宰相制度。正因如此，宋代在宰相領導下，皇帝與士大夫間的政治合作關係，在明代已不復可行。

毋庸置疑，明太祖是法家的信徒。太祖撰寫的《大誥》清楚顯示，他秉持法家「君尊臣卑」的原則，也非常欣賞古代重要的法家思想家韓非（前二八〇—前二三三）。相較之下，他對儒家並無特別尊敬之意，對《孟子》尤有惡感。《孟子》許多話深深地觸犯了太祖，如「君之視臣如土芥，則臣視君如寇讎」、「民為貴，社稷次之，君為輕」（《孟子》〈離婁下〉、〈盡心下〉）。他甚而在一三九四年命令劉三吾（一三一三—一三九九）作《孟子節文》，刪去原書中數十條犯其大忌的文字。

太祖擁護程朱理學，也僅止於表面而已。李仕魯（卒於一三八三）之例頗可說明此點。明太祖「詔求能為朱氏學者」，李仕魯則是當時重要的朱子學者。李仕魯被舉薦入見時，太祖非常高興，還對他說「吾求子久，何相見晚也」。幾年後，篤守程朱傳統的李仕魯屢屢上奏，反對皇帝寵獎佛教，卻沒有任何效果。李仕魯因「言不見用」感到挫折和憤怒，便「遽請於帝前」，突然在朝廷眾目睽睽下「乞賜骸骨，歸田里」，「置笏於地」以表抗議。盛怒之下，太祖立刻「命武士捽搏之，立死階下」，李仕魯當場喪命（《明史‧李仕魯傳》）。扼於這種君主專制的政治生態，無怪明初儒者如吳與弼（一三九一—一四六九）及其重要門人如陳獻章（一四二八—一五〇〇）等，都「棄舉子業」、「絕意科舉」（《明儒學案》卷一、卷五）。

明代專制對儒家文化造成的最重大影響，是讓士人不再以宋代理學「得君行道」理想為念，因為這在明代不啻天方夜譚。但作為儒家的基本立場，「行道」的抱負絕不可亡，否則儒家便不成其為儒家，問題因而變成如何透過其他途徑以實現此抱負。把握這個背景，我們才能理解王陽明（一四七二—一五二九）及其「致良知」新說何以至關重大。王陽明說「天理即是良知」（《王陽明全集》卷三），且「良知即是道，良知之在人心，不但聖賢，雖常人亦無不如此」（《王陽明全集》卷二〈答陸原靜書〉）。陽明還認為良知可透過「大知覺於小知，小知覺於無知；大覺覺於小覺，小覺覺於無覺」，進而「覺於天下」（《王陽明全集》卷二一〈答儲柴墟〉）；故與其屈從皇帝和朝廷，不如將目光轉向喚醒「四民」，特別是「閭井田野，農工商賈」等社會大眾（《王陽明全集》卷二〈答顧東橋書〉），「使天下之人皆知自致其良知」（《王陽明全集》卷二〈答聶文蔚〉）。因此，他透過公開講學在社會上傳布良知觀念，並勉勵門人接踵為之。後來在王艮（一四八三—一五四一）泰州學派的幫助下，王陽明這條「覺民行道」的新路變成風行天下的民間運動，影響及於十七世紀初。對詳細論證感興趣的讀者，請參閱拙文〈王陽明時代儒家社會思想的轉向〉（*Reorientation of Confucian Social Thought in the Age of Wang Yangming*），收入本書。

總結而言，中國史上文化與權力的互動一直在變化，因為二者皆生機盎然、變動不居。文化與權力就像連體嬰，發展離不開彼此，也與對方爭競、為彼設限。在特定時間點，任一方可能展現出支配和輕而易舉操弄對方的態勢，但現實情況往往複雜得多。當然，在時間長河中，中國文化的「主流」不斷在法家、道家、佛教、儒家、以及深植於中國社會的各種宗教信念間流轉，變異程度相當可觀。在這篇短文中，我們也看到王朝在處理文化問題時，採取了各種大異其趣的手段。如漢代與唐代利用儒家文化與經典，主要不過是想「緣飾」、美化現實政治（Realpolitik）或法家政策。只有在宋代，我們才偶爾看到認真提倡且落實皇帝與士大夫「共治」的顯著作為。但宋代這種不完美的實驗，很快便因元代的軍事力量而失色，進而被明代的君主專制集權所掩蓋。不過儘管有來自君主專制的壓迫，如王陽明這樣透過轉向覺民行道，為社會開出一條儒學新路和倫理準則的例子，反映儒者仍松柏後凋、雞鳴不已。我們或許可以說，儒家文化與國家權力乃「勢均力敵的合作者」（counterposed collaborators, 語出 Joseph R. Levenson and Franz Schurmann, *China: An Interpretive History: From the Beginnings to the Fall of Han*）；若少了這種張力，中國政體與社會的歷史發展，絕不會如今日所知這般健全。

譯者附記

本文英文原稿題為「Confucian Culture vs. Dynastic Power in Chinese History」，發表於 Asia Major v.34, part 1 （2021）, pp. 1-10. 中譯除補充若干史料和訂正錯漏，另參閱余英時先生〈反智論與中國政治傳統〉（收入《歷史與思想》）、《朱熹的歷史世界》、〈明代理學與政治文化發微〉（收入《宋明理學與政治文化》）等作品，以調整中文表達方式，期能接近余先生所言，加強論證「在中文語境中的說服力」（《論天人之際：中國古代思想起源試探》，頁二五六）。

關於亭的性質

楊向奎、李中清兩先生此文考論郵亭制度的起源與演變，甚多創見。其中論先秦起源部分根據金文與其他典籍，甚可信從。其結論以「郵表畷」、「街彈」與亭燧制並論，亦有合理成分。但中段堅決否認《漢書・公卿表》（上）鄉亭里三級說則缺乏發展觀點。《公卿表》「大率十里一亭……」云云明是指縣以下行政單位而言，其「里」即是「里居」之里，決非「道里」之「里」，故文末於「鄉六千六百二十二」之下即列「亭二萬九千六百三十五」之數。此班氏校當時官書而書，不能輕易推翻。此文又引勞榦、嚴耕望兩先生之說而逐條辨駁，勞文與跋語確有矛盾，此由其誤執與亭相涉之「里」只能有一種標準，不能有雙重標準。事實上亭之原始作用雖屬治安方面，與軍事有密切關係，且在漢代邊境仍大體以防禦為主，但此不害其發展為行政單位中之一級，故兩種情形可以並存。不但此也，「亭」之作用甚複雜，以上兩種亦未必足以盡之，故不妨持多元論。唯《漢書・公卿表》所言之「亭」則只能有一種解釋耳。此皆有史料為據，嚴耕望先生之說實無可以推翻之充足理由。茲稍加說明如下。

此文引張春樹君文為證，說明漢簡冊籍中「縣下列鄉里，而不提亭」，張文余未寓目，但其斷案則與漢簡不合，漢簡中列人名往往由郡（或有縣）即直接跳至「里」，鄉與亭往往不提，偶有提及某郡某縣某鄉（或亭）某里者，為數極少。但其中確有如下一條：

> 河東、襄陵、陽門亭、長郵里郭彊、長尺三寸。（勞榦釋文二八二五號，台北版，頁五七上欄）

此條可證亭、里之關係，絕無可疑。襄陵為河東郡之一縣（見《漢書・地理志》上），何得雲漢簡中「縣下列鄉里而不提亭」耶？疏略頗出意外。且邊郡與內郡不同，居延為軍事防禦地區，亭自與烽燧有關，安得以此推至全國？且漢簡中郡下多不及「縣」及「鄉」者，吾人又安得據此而謂漢代地方制度僅郡、里兩級，或郡、縣、里三級乎？此思之未精也。「里居」之「里」自是最基本居住單位，故確定某人居籍，自宜及之，但不得以此否定其上有「亭」之一級，此在兩《漢書》中有顯證。

《漢書・酷吏傳・尹賞》：「賞以三輔高第選守長安令……乃部戶曹椽史，與鄉吏、亭長、里正、父老、伍人雜舉長南機中輕薄少年惡子、無市籍商販作務，而鮮衣凶服被鎧扞持刀兵者，悉籍記之，得數百人。」

此條不但明著「鄉、亭、里」之三級系統，而且所言里正、伍人亦與《續漢書・百官志》所言「里有里魁、民有什伍，善惡以告」記載全合。亭長之職責雖本為捕盜賊，然後來已演變為治民，此可證之《後漢書・循吏傳・仇覽》，傳云：

覽之年四十，縣台補吏，選為蒲亭長。勸人生業，為制科令，至於果菜為限，雞豕有數。農事既畢，乃令子弟群居，還就黌學，其剽輕游恣者，皆役以田桑，嚴設科罰。躬助喪事，賑恤窮寡。期年稱大化。覽初到亭，人有陳元者，獨與母居，而母詣覽告元不孝，覽驚曰：「……此非惡人，當是教化未及至耳。」……

注引謝承書亦有陳元故事，但略異，謂「覽為縣陽遂亭長，好行教化」云云。漢代循吏以「行教化」為最主要特色，亭長若不治民，何得為此？仇覽之例最足以說明亭長在漢代已不限於「捕盜賊」，或專負治安責任也。楊、李文中謂「雖然有不同的亭，但任何一種亭也不是行政單位，這是可以肯定的。」此一斷案是站不住腳的。

關於漢代亭制，可言者尚多，此僅及其要點，限於事忙，不克多及，總之，亭長由捕盜轉為治獄（《漢書・刑法志》：「獄豻不平」，服虔注：「鄉亭之獄曰豻」，即其證。）再轉為教化，皆歷史上人事制度活的發展，不可執古代起源一端，以斷一切。漢簡所發現者尚不足以概括全部漢制，尤不可據以推翻兩《漢書》中實例，此方法論上之重要關鍵所在也。治漢簡而不熟史書，則往往失之以管窺天，況所得結論即據簡文而言尚有疏漏乎？直言乞恕之。

（原載《紀念顧頡剛學術論文集》，巴蜀書社，一九九〇）

漢代亭制問題獻疑

楊向奎與李中清兩先生合撰〈論「郵表畷」與「街彈」〉一文，上溯甲骨、金文，下迄漢代，對古代制度史頗多貢獻。此文主旨在說明古代的「郵表畷」在漢代即流衍成「亭燧」制度。作者指出：「亭對外起防禦敵寇的作用，對內起警察的作用，而無論內外它都起郵遞傳舍的作用。」這一結論大致是合理的。

但作者在追溯漢代亭制的源與流之際，卻同時堅決否定「亭」可能為鄉里之間的一種行政單位之說，故文中備引勞榦與嚴耕望兩先生的專論而逐條加以辨駁。我覺得作者此處未免節外生枝，與論文主旨似無必然關係。姑獻所疑如下，以求教正。

作者根據張春樹先生〈漢代邊地上鄉和里的結構〉一文而有以下一節敘述和論斷：

在一般的文獻材料中，述及漢代地方制度時是在縣之下列以鄉、亭、里，但在漢簡的冊籍中，縣下列鄉、里而不提亭。由此看亭是與鄉里有基本性質上的區別。它不被用去辨別一個人的地域，當然不是一個地域性的單位，所以《風俗通》說到地方組織單位只說：「國家制度，大率十里一鄉」，而不言亭，是有其所本的。在居延地區「亭」是與作為基本單位的「隧」同性質的，有時且可互用的。……而「里」在簡中則載明為住區。根據這些例子，我們可以說「亭」不是一個地方上的組織單位，它和鄉、里在組織和功用上似都不相同，因此可以斷定《漢書・百官公卿表》中「十里一亭」之「里」是距離單位，而非鄉、里之「里」。……把漢代的「亭」當作鄉里間的行政單位，多是受有前、後《漢書》內關於鄉、亭、里並列的記載（引者案：此語似未完備）。雖然有不同的亭，但任何一種亭也不是行政單位，這是可以肯定的。

此中主要論點雖不盡出自作者，但既為作者討論漢代亭制問題的基本根據，則作者自應對它們負完全的責任。我們現在不妨逐一加以檢查。

第一，「在漢簡的冊籍中，縣下列鄉里而不提亭」這一斷案與事實完全不符。漢簡中關於籍貫的記載，通常都是郡、縣之下直接里的一級，鄉與亭皆略而不及。例如：

漢中郡・安陽・康福里

漢中郡・南鄭・宜門里

漢中郡・沔陽・則平里
漢中郡・成固・仁里[1]

這四個都是漢中郡戍卒之例。

田卒：淮陽郡長平東洛里公士尉充，年卅。
田卒：淮陽郡長平北利里公世（士？）陳世，年廿三。
田卒：淮陽郡長平二里士王李。[2][3]

這三者則是來自淮陽郡的田卒。長平是縣名，故屬汝南，後改隸淮陽。[4][5]

觻得武安里黃壽，年六十五。
水門隧長：張掖下都里公乘江陵，年卅。

1 均見勞榦，《居延漢簡考釋》（台北，一九六〇），釋文之部，頁一九下欄，以下所引同。
2 見同上，頁三〇上至下欄。
3 見《後漢書・續郡國志二》「陳國」條。
4 見勞榦，《居延漢簡考釋》（台北，一九六〇），釋文之部，頁三，上欄。
5 見同上，頁四七，下欄。

從者：居延市陽里張他，年廿一歲。

這三個是邊郡的例，或以里居逕系之郡（張掖），或系之縣（觻得，居延均屬張掖郡）。可見我們最多只能說漢簡中郡或縣之下所列里居而往往不提鄉與亭。這種情況或不限於過去發現的漢簡，一九七二—一九七六年間新發現的居延漢簡恐怕也未能例外。新簡雖尚待刊布，但我在《文物》一九七八年第一期圖版肆第四號簡牘中便看到下列一條：

戍卒：南陽宛邑臨洞里魏合衆。

郡、縣之下即直接里居，鄉、亭不包括在內。其實這是漢代記載籍貫履歷的通例。《史記・太史公自序》：「遷為太史令」下《索隱》引《博物志》云：

太史令：茂陵顯武里，大夫司馬遷，年二十八。

縣與里之間不列鄉、亭，這是一個最著名的例子，不必待漢簡的發現而始知。

另一方面，漢簡中偶然也有縣之下列鄉或亭之例，但極為少見。縣下列鄉者有下面三個例子：

滎陽曲鄉春成里

魏郡繁陽北鄉佐左里公乘張世

河南郡雒陽北鄉北昌里公乘□□年[6]

滎陽即滎陽，屬河南郡。但縣里之間列亭者也有下面一條：

河東襄陽陽門亭長郵里郛疆，長七尺三寸[7]。

襄陽是河東郡的一縣，陽門是「亭」名，長郵則是「里」名。此條證明里在亭之下，絕無可疑。根據以上所舉漢簡的材料，我想沒有人能夠得到關於漢代鄉、亭、里系統的確切答案。以一般情形而言，縣里之間不列鄉亭，並不能證明里之上便沒有鄉亭；以特殊情形而言，鄉與亭都曾分別出現在縣與里之間，我們也沒有理由肯定「鄉」的一級，而否定「亭」的一級。

第二，說《風俗通》提及地方組織單位只言「國家制度，大率十里一鄉」而不言亭，並進而肯定這是「有其所本的」。這一論斷尤其輕率。今案：《續志》所引「國家制度，大率

6 同上，頁二五，下欄。

7 同上，頁五七，上欄。

十里一鄉」，為《風俗通》「古制」篇的逸文。同篇另有逸文則云：

謹案：《春秋國語》「畺有寓望」，謂今之亭也，民所安定也。亭有樓，從高省，丁聲也。漢家因秦，大率十里一亭。亭，留也，今縣有亭長。……亭亦平也，民有爭訟，吏留平處，勿失其正也。[8]

則《風俗通》實曾大談「十里一亭」，與《漢書・百官公卿表》並無不同，何得謂「不言亭」乎？且《風俗通》言「亭亦平也，民有爭訟，吏留平處，勿失其正」，已點明「亭」在治民方面的一項重要功能，即理辭訟是也。

第三，根據上述漢簡中甚不完備的材料，作者進而認定《漢書・百官公卿表》中「十里一亭」之里是距離單位而非鄉里之里。稍後作者更說「前、後《漢書・百官志表》」關於「十里一亭」的敘述是「不正確的」，值得注意的是，作者前後已顯然自相矛盾。因為如果「十里一亭」之「里」是距離而非里居，則從作者本文的觀點說正應當看作是「正確的」。只有把「十里一亭」解釋為里居之里才能說是「不正確的敘述」。而事實上，《漢書・百官公卿表》原文只能解釋為「里居」之里。《公卿表》原文有云：

大率十里一亭，亭有長。十亭一鄉，鄉有三老、有秩、嗇夫、游徼。……縣大率方百里，其民稠則減，稀則曠，鄉、亭亦如之，皆秦制也。

此處言縣的大小與戶口多寡成比例，並說「鄉、亭亦如之」，是最值得注意的。這可以確證《漢書》「十里一亭」之里，必應作「里居」之「里」解，不能視為「道里」之「里」。班固在此段文字之末列「縣、道、國、邑千五百八十七，鄉六千六百二十二，亭二萬九千六百三十五」的具體數字，乃據當時官方檔案而書，是不能輕易推翻的。縣（道、國、邑）與鄉都是與戶口成比例的，我們有什麼根據可以否定亭與里居戶數有關呢？

第四，作者謂「雖然有不同的亭，但任何一種亭也不是行政單位，這是可以肯定的」。這一結論尤其值得斟酌，因為只要有一條反證便站不住腳了。首先，我們當追問什麼叫做「行政單位」？古代社會組織並不像現代那樣分工細緻而系統井然。勞榦先生在《漢代的亭制》中，根據《續漢書・百官志五》的記載而斷定鄉一級主管戶籍和賦稅，亭一級主管盜賊，里一級主管監察人民行動。三者都是「行政單位」，不過各有所偏重而已。[9]但勞先生特別聲明這只是就大體而言，在制度的實際運行中則未必能如此清楚地劃分。這種看法是比較明通的。我們都承認「縣」是一個地方行政單位，現在讓我們看看縣令長的職責如何？據《續漢書・百官志五》所引本注曰：

> 皆掌治民，顯善勸義，禁奸罰惡，理訟平賊，恤民時務，秋冬集課，上計於所屬郡

8 見王利器，《風俗通義校注》（北京，一九八一），第二冊，頁四九三。

9 此文現收入《勞榦學術論文集》（台北：藝文印書館），上冊，頁七三五—七四五。

國。

我們在上面已看到亭長除了一般習知的「求捕盜賊」（即作者所謂「對外起防禦敵寇的作用，對內起警察的作用）以外，尚有《風俗通義》所說的「理訟」的功能，而「理訟平賊」正是縣令的「治民」職責之一種。在這一確定的意義上亭當然可以算是一種「行政單位」。何況按之實際，亭的功能尚有不止於「理訟平賊」者乎（後詳）？關於鄉、亭、里三級系統的問題。我們有《漢書・酷吏・尹賞傳》中一段材料可資分析：

> 賞以三輔高第選守長安令，……乃部戶曹掾吏，與鄉吏、亭長、里正、父老、伍人雜舉長安中輕薄少年惡子、無市籍商販作務而鮮衣凶服被鎧扞持刀兵者，悉籍記之，得數百人。

這段記載有兩點值得指出：第一，鄉、亭、里的系統井然不紊，至少可見長安一縣確有此三級「行政單位」。第二，這裡所記載的是糾察彈壓長安不良少年的特殊任務，可見漢代地方行政單位分工並不細密，遇有緊急事態時，整個縣以下的行政系統都要發動起來應付任務的。

亭的功用不限於「理訟平賊」，有一個最堅強的史證。《後漢書・循吏・仇覽傳》云：

覽……年四十，縣名補吏，選為蒲亭長。勸人生業，為制科令，至於果菜為限，雞豕有數，農事既畢，乃令子弟群居，還就黌學，其剽輕游恣者，皆役以田桑，嚴設科罰。躬助喪事，賑恤窮寡，朞年，稱大化。覽初到亭，人有陳元者，獨與母居，而母詣覽告元不孝，覽驚曰：「……此非惡人，當是教化未及至耳。……」

注引《謝承書》亦有陳元故事，但略異，謂「覽為縣陽遂亭長，好行教化」云云。「行教化」是漢代循吏的最主要的特色，亭長如不治民，如何能「行教化」呢？照上述仇覽所為，實已包括了「顯善勸義，禁奸罰惡，理訟平賊，恤民時務」等全部縣令的「治民」工作。這樣的「亭」如果還不能算作「行政單位」，那麼漢代便根本沒有「行政單位」可言了。

總結地說，由於史料不足，我們今天不易詳言漢代鄉、亭、里三級行政單位的實際運作狀況。但「亭」從最初「捕盜」發展到「治獄理訟」，再發展為一般性的「教化」，則史實俱在，決無可疑。漢簡雖為新發現的材料，但其中有關鄉、亭、里的記錄根本不足以說明縣以下的地方行政結構，尤不可據以推翻兩《漢書》中之實例。引用漢簡而不細考史籍則往往失之以管窺天。這尤其是方法論上重大關鍵之所在。作者強調「亭」在制度上與古代「治安」系統有特殊的淵源，這確是一個重要的發現，但似乎不必因此否定漢代在「亭燧」以外尚有治民的「亭」。如果說內地的「亭」其功能僅限於「治安」方面，因而與鄉、里性質完全不同，則作者似未能舉證以明其事。不但如此，作者對「亭」與「里」的功能並未能予以清楚的劃分。他們先肯定「里是一個農業生產單位，所以里宰主要掌管耕稼與徵收財賦」但緊接著又說「檢彈人民當然與治安有關，是在里的一級，治安工作屬於里宰」。如果「里宰」同時也屬於治安系統，那麼他的功能與「亭長」有何不同呢？作者不是明白指出「亭塾」是「鄉下的治安機構，因而可以捉拿逃犯並檢彈人民」嗎？何況照上引仇覽之例，亭長也同樣「掌管耕稼」，那麼亭長與里宰的分別究在哪裡呢？

（原載《紀念顧頡剛學術論文集》，巴蜀書社，一九九〇）

王僧虔〈誡子書〉與南朝清談考辨

《南齊書》卷三三〈王僧虔傳〉末有一篇〈誡子書〉，是魏、晉南朝清談史上的重要文獻。但這篇文字頗多難解之處，雖先後有不少學者曾加考訂，仍留下了一些待決的問題。本文想對其中幾個具體的問題作進一步的考察，以供研究清談史者的參考。茲先摘錄其有關原文如下：

僧虔宋世嘗有書誡子曰：

（上略）往年有意於史，取《三國志》聚置牀頭，百日許，復徙業就玄，自當小差於史，猶未近彷彿。曼倩有云：「談何容易」。見諸玄志為之逸，腸為之抽，專一書，轉誦數十家注，自少至老，手不釋卷，尚未敢輕言。汝開《老子》卷頭五尺許，未知輔嗣何所道，平叔何所說，馬、鄭何所異，《指例》何所明，而便盛於麈尾，自呼談士，此最險事。設令袁令命汝言《易》，謝中書挑汝言《莊》，張吳興叩汝〔言〕《老》，端可復言未嘗看邪？談故如射，前人得破，後人應解，不解即輸賭矣。且論注百氏，荊州《八袠》，又《才性四本》，《聲無哀樂》，皆言家口實，如客至之有設也。汝皆未經拂耳瞥目。豈有庖廚不脩，而欲延大賓者哉？……汝曾未窺其題目，未辨其指歸；六十四卦，未知何名；《莊子》眾篇，何者內外；《八袠》所載，凡有幾家；《四本》之稱，以何為長。而終日欺人，人亦不受汝欺也。（《南齊書》中華書局標點本，頁五九八—五九九。以下所引各史皆同此本，不另注明。）

這是王僧虔（四二六—四八五）寫給兒子的信，教誡他應該讀哪些書、熟悉哪些「題目」，才有資格加入「清談」。周一良先生《魏晉南北朝史札記・王僧虔誡子書》條云：

> 書末「猶捶撻志輩」，僧虔長子名慈，次子名志，傳見《梁書》二一。志有弟揖、彬、寂等，見《南史》二二，所謂志輩即指此諸子也。（北京：中華書局，一九八五，頁二四六。）

據此，則此信是寫給長子慈的。《南齊書》說「僧虔宋世嘗有書誡子」，我們可以再進一步推斷此書撰寫的年代。齊之代宋在宋順帝昇明三年（四七九）四月，當年即改元為建元元年。可知此書最遲也在四七九年四月以前。但書中又有「汝今壯年」和「汝年入立境」兩句話，都明指作書時王慈已三十歲。今考《南齊書》卷四六〈王慈傳〉云：

永明九年，卒。年四十一。（頁八〇三）

上推四十年，他的生年應是四五一年。那麼王慈三十歲時已是齊建元二年（四八〇），〈誡子書〉似不可能撰於「宋世」。但是家人父子之間提到年齡時往往帶著警惕或策勵的意味，不能要求它在數字上絕對精確。試舉當時語言習慣上的一個例子：劉秉與袁粲謀抗蕭道成，事敗被殺，事在昇明元年（四七七），秉年四十五。《宋書》卷五一〈宗室劉秉傳〉云：

元徽（四七三—四七七，七月改元昇明）中，朝廷危殆，妻常懼禍敗，每謂秉曰：「君富貴已足，故應為兒子作計。年垂五十，殘生何足吝邪。」秉不能從。

劉秉死時才四十五歲，其妻勸誡事尚在前一二年，但已作「年垂五十」之語。以此類推，則王僧虔書中「汝今壯年」、「汝年入立境」未必便指三十整數。因此我們不妨假定此書作於元徽四年（四七六）至昇明三年（四七九）四月宋亡之間，即在王慈二十六歲至二十九歲之時。但〈誡子書〉有「設令袁令命汝言《易》」之語，使我們可以把作書年代推斷得更精密一點。近世學者都斷定「袁令」指尚書令袁粲，並無異辭。考袁粲任尚書令始於泰始七年（四七一）五月，迄於昇明元年（四七七）七月。（見《資治通鑑》卷一三三及一三四，標點本頁四一六〇及四一九九。）同年十二月，粲即因舉兵無成，為蕭道成部下所殺。他的死是當時震動一世的大事件，史稱百姓哀之，謠曰：「可憐石頭城，寧為袁粲死，不作褚淵生！」（見《資治通鑑》，頁四二〇七）。此事下距宋亡不過一年有餘；在這短短一年多的時間中，若王僧虔作書誡子，竟出之以「設令袁令命汝言《易》」這樣若無其事的語氣，則殊為不近情理。又考《梁書》卷二一〈王志傳〉，志卒於天監十二年（五一三），時年五十四（頁三二〇）。則生於宋大明四年（四六〇）。若〈誡子書〉撰於王慈三十歲時（四八〇）。則王志已二十有一，似與「猶捶撻志輩」之語不合。所以此書的撰寫時間要以四七六至四七七年之間最為可能，且應在袁粲任尚書令期間，即四七七年七月以前。

現在讓我們再接著考證〈誡子書〉中的「謝中書挑汝言《莊》」、張吳興「叩汝言《老》」究竟是誰。先師錢賓四先生早年著《國學概論》〈魏晉清談〉章，以「袁令」為袁粲、「謝中書」為謝朏、「張吳興」為張緒。（錢穆《國學概論》，上海：商務印書館，一九三一，頁一六三。）後來賀昌群先生撰《魏晉清談思想初論》即從其說。（上海，一九四七，頁五五；《賀昌群史學論著選》所收〈清談思想初論〉一文仍沿而未改。中國社會科學院出版，一九八五，頁一九二。）不過錢、賀兩家都沒有說明理由，而逕以此三人當之，視為當然。一九八〇年我撰英文稿〈個體主義與魏晉新道家運動〉（"Individualism and the Neo-Taoist Movement in Wei-Chin China"刊於 Donald Munro, ed., *Individualism and Holism: Studies in Confucian and Taoist Values*, University of Michigan Press, 1985），曾寫了一條長注討論這個問題。我接受「袁令」為袁粲、「張吳興」為張緒之說，但改謝朏為謝莊。我的根據是謝朏（四四一—五〇六）任中書令已入齊世，在四八九或四九〇年，其時王僧虔墓木已拱（僧虔死於四八五年），故不可能稱謝朏為「中書」。但謝朏父莊（四二一—四六六）曾加中書令銜，當是僧虔筆下的「謝中書」。周一良先生〈誡子書〉條也以謝莊當之（見《札記》，頁二四五），和我所見不謀而合，但未加論證耳。

〈誡子書〉中最難確定的是「張吳興」。我在〈個體主義與魏晉新道家運動〉中接受張緒之說也是經過考慮的。不過我所持的理由則是錯誤的：我誤認張緒為吳興人，又以為「張吳興」是指郡望而言。其實「吳興」也和書中的「令」與「中書」一樣，當指官位，而張緒的本籍則是吳郡而非吳興。周一良先生在《札記》（頁二四五）中定「張吳興」為「吳郘」（按：「興」字之誤）太守張劭（按：當作「郘」）；在解「吳興」為「吳興太守」這一點上，他無疑是正確的，因為這是當時的習慣用法。但是「張吳興」是否指張郘則尚有問題。最近唐翼明先生在《魏晉清談》新著中說：

按傳中說此書（按：即〈誡子書〉）作於宋世，書中「袁令」當指尚書令袁粲（四二〇—四七七），「謝中書」當指中書令謝莊（四二一—四六六），「張吳興」當指吳興太守張永（四一〇—四七五），周一良《魏晉南北朝史札記・王僧虔誡子書》條說「張吳興」指張劭，恐誤。張劭，《南史》、《宋書》並作「張郘」，卒於其兄張茂度之前，即四四一年前（參看《宋書》〈張茂度傳〉及〈張敷傳〉），其時王僧虔

（四二六—四八五）尚未成年也。（此書由台北三民書局印行，引文見頁三二〇，注一五七。）

唐君駁周說，以年代不合為據，考證頗能入細。張茂度名裕，避宋武帝諱，以字行，見《南史》卷三十一本傳。茂度卒於宋元嘉十九年（四四二），見《宋書》卷五三（頁一五一〇），唐君誤前一年。但唐君的張永說也有困難。《宋書》卷五三〈張永傳〉載：

> 前廢帝永光元年（四六五），出為吳興太守，遷度支尚書。太宗即位，除吏部尚書，未拜，會四方反叛，復以為吳興太守，加冠軍將軍，假節。未拜，以將軍假節，徙為吳郡太守，率軍東討。（頁一五一三）

按：《宋書》卷八〈明帝本紀〉：

> （泰始）二年（四六六）春正月……吳興太守王曇生……舉兵反。
> 二月……吳興太守張永……東討，平晉陵。
> 三月……壬辰，以新除太子詹事張永為青、冀二州刺史。（頁一五六—一五七）

可知張永第一次出守吳興不過數月即為王曇生所代。第二次則因王曇生舉兵反而臨時受任，但為時不過一個月，故本傳說他「未拜」。此後張永常在軍旅，不復與吳興有涉。（關於王曇生的活動，詳見《宋書》卷八四〈孔覬傳〉，頁二一五六—二一六二。）所以張永被稱為「張吳興」的可能性甚小。張永最後官至「使持節都督」、「南兗州刺史」。據《宋書・百官志下》，前者是二品，後者（刺史領兵者）也是四品，而郡太守則僅五品。（《宋書》，頁一二六〇—一二六二）王僧虔撰〈誡子書〉時，上距張永任吳興太守已十餘年，似不應在他身後仍以「張吳興」稱之。當時習俗，若某人卸太守任後，世仍以郡名稱之，則必因其治績有特足稱道者，《梁書》卷三七〈謝舉傳〉云：

> 大同三年……（舉）出為……吳郡太守。先是，何敬容居郡有美績，世稱為「何吳郡」，及舉為政，聲跡略相比。（頁五三〇）

即是一顯例，但張永任吳興太守僅數月，絕非其倫。不僅此也，如果我們必欲覓一張姓任吳興太守而年代又符合者以當〈誡子書〉中的「張吳興」，則張永之弟岱或更為適當。《南齊書》卷三二〈張岱傳〉云：

> 泰始（四六五—四七一）末，為吳興太守。（頁五八一）

又《宋書》卷九〈後廢帝本紀〉泰豫元年（四七二）五月丁巳條曰：

以吳興太守張岱為益州刺史。（頁一七八）

據此可知張岱任吳興太守當始於泰始七年（詳後），迄於泰豫元年五月。而且《南齊書》本傳又說：

世祖（按：即齊武帝）即位（建元四年〔四八二—三月〕），復以岱為散騎常侍、吳興太守、秩中二千石。岱晚節在吳興，更以寬恕著名。（頁五八一）

所以張岱是最有資格被稱為「張吳興」的。

但是細加推究，張岱恐怕仍不是〈誡子書〉中的「張吳興」。為什麼呢？我們可以舉出兩個理由：第一，〈誡子書〉的撰寫上距張岱第一次任吳興太守已四五年之久，其時張岱還沒有以治理吳興著稱。當時的另一習慣是在任之人可以所治之地名相稱。如張岱早年出補吳興東遷縣縣令時，吳興太守殷沖稱他為「張東遷」，這是因為他正在任上。（《南齊書》，頁五八〇。）第二，張岱再度任吳興太守時確有特殊成績，即所謂「晚節在吳興」。但這是入齊以後的事，王僧虔寫〈誡子書〉時尚不及見。所以無論根據上面哪一種理由，王僧虔似乎都不會稱他為「張吳興」。

上文推定〈誡子書〉當撰於四七六—四七七兩年之內。在此期內吳興太守是沈文季。《南齊書》卷四四本傳云：

> 元徽（四七三—四七六）初遷散騎常侍，領後軍將軍，轉秘書監。出為吳興太守。……昇明元年（四七七），沈攸之反，太祖加文季為冠軍將軍，督吳興、錢塘軍事。……明年（四七八）遷丹陽尹，將軍如故。（頁七七五—七七六）

又《宋書》卷十〈順帝本紀〉昇明元年閏十二月癸巳條云：

> 攸之弟登之作亂於吳興，吳興太守沈文季討斬之。（頁一九六）

可見沈文季任吳興太守大致起四七四，迄四七八，正包括了〈誡子書〉撰述時期。（按：沈文季守吳興先後將四年，此在宋末已為久任。蓋其時治民之官以三年為斷，謂之小滿。但事實上滿三年者甚少，本文所考諸任期可證。沈文季殆因適值沈攸之造反而成例外也。可參看《資治通鑑》卷一三五，頁四二五二及嚴耕望《中國地方行政制度史》上編（三），台北：中央研究院出版，一九六三，頁三八〇—三八一。）這樣看來，「張吳興」三個字在現存史料中是無從指實的。

現在讓我們再回到張緒，試看能不能找得到一個解決的途徑。先師錢先生最初提出張緒，大概是從清談的角度著眼的，因此沒有注意「吳興」兩個字究當如何交代。〈誡子書〉中「設令」「端可」的語氣當然是假定這三個人「談士」，它的意思是說：如果像「袁令」、「謝中書」和「張吳興」這三大名家分別和你談三玄，難道你也能推說沒有讀過這些基本的清談文獻嗎？我們現在已可確定「袁令」是袁粲，「謝中書」是謝莊。因此我們也可以肯定地說，「張吳興」必須是一位第一流的清談名士，和袁粲、謝莊的地位相等。王僧虔把已逝世十年的謝莊搬了出來，尤其耐人尋味。他顯然是考慮到只有謝莊才能和另外兩位銖兩悉稱。由於他的話是屬於假定的性質，因此我們倒不必拘泥於這三大名家是否真的能和他的兒子當面對話。著眼於此點，則張緒確是唯一適當的人選。至於上面提到的三個人——張邵、張永、張岱——雖都出任過吳興太守，卻沒有一個是以清談著稱的。這是可以從他們的傳記中得到印證的。《宋書》卷四六及《南史》卷三二張邵本傳中無一語及於清談，固不必說，張永、張岱也不是合格的「談士」。《南齊書》卷三二〈張岱傳〉云：

> 岱少與兄……寅、……鏡、……永、……弟……辨俱知名，謂之張氏五龍。鏡少與光祿大夫顏延之鄰居……辭義清玄，延之心服……。寅、鏡名最高，永、辨、岱不及也。（頁五七九—五八〇）

這是張永、張岱在清談世界中斷不能與袁粲、謝莊比肩的明證。張緒即是永、岱的侄兒（寅之子），叔父鏡許他為「今之樂廣」。史又言「宋明帝每見緒，輒歎其清淡」；袁粲則稱他「有正始遺風」。（見《南齊書》本傳，頁六〇〇。）所以他以「風流」兩字傳名千古。

然而張緒既非吳興人，又未任吳興太守，則何以解「吳興」之稱？經過反覆推究之後，我現在深信「吳興」或是「吳郡」之訛。《南齊書》本傳說：「時袁粲、褚淵秉政……出緒為吳郡太守。」（頁六〇〇）故王僧虔撰〈誡子書〉時張緒若適在吳郡太守任內或卸任未久，則可以稱他為「張吳郡」。所以我們現在要進一步考察張緒出任吳郡的年代。今按袁粲、褚淵秉政始於泰豫元年（四七二）。《宋書》卷九〈後廢帝本紀〉云：

泰豫元年四月己亥，太宗崩。庚子，太子即皇帝位，大赦天下。尚書令袁粲、護軍將軍褚淵共輔朝政。（頁一七七）

這個輔政的局面一直持續到元徽三、四年（四七五—四七六）間才因蕭道成的得勢而終結。所以張緒出守吳郡必在四七二至四七六年之間。首先我們必須考出這一段期間先後出任吳郡太守的人數及其任期。《宋書》卷五三〈張永傳〉：

後廢帝即位……出為吳郡太守……元徽二年（四七四），遷使持節、都督南兗、徐、青、冀、益五州諸軍事……。（頁一五一四，《南史》卷三一本傳略同，頁八〇六。）

可知張永任吳郡太守始四七二，迄四七四。《南史》卷二三〈王蘊傳〉：

桂陽之逼（按：指桂陽王休範之反，事在元徽二年）……蘊力戰，重創御溝側，或扶

> 以免。事平，撫軍長史褚澄為吳郡太守，司從左長史蕭惠明言於朝曰：「褚澄開城以納賊，更為股肱大郡，王蘊被甲死戰，棄而不收，賞罰如此，何憂不亂！」褚彥回慚。（頁六三七）

據此則繼張永為吳郡太守者當是褚淵之弟澄。但《南齊書》卷二三及《南史》卷二八〈褚澄傳〉都說他，「建元（四七九——四八二）中，為吳郡太守」，或是再任。也許第一次因褚淵迫於輿論，不久即調澄別任。桂陽王反事平定在元徽二年五月。茲假定褚澄數月即離吳郡任，大約也已在次年（四七五）年初。又《南齊書》卷二四〈張瓌傳〉云：

> 昇明元年（四七七），劉秉有異圖，弟遐為吳郡，潛相影響。（頁四五三）

《資治通鑑》定此事在昇明元年十二月（頁四二〇八），則劉遐出守吳郡或即在是年七月前後，蓋出於劉秉、袁粲與蕭道成政爭白熱化時期對地方勢力佈署的需要。對以上諸人吳郡任期加以排比，則張緒出守吳郡的上限不能早於元徽三年（四七五），下限不能晚於昇明元年（四七七），也許這正是他的全部任期。如果我們難斷〈誡子書〉的撰寫年代為不誤——即四七六至四七七年之間——則王僧虔稱他為「張吳郡」正是因為他在吳郡太守的任上。這兩件事在時間上密合得如此天衣無縫，更使我們相信「張吳興」必是「張吳郡」之誤。

接下來的問題是我們如何能斷定〈誡子書〉原文作「張吳郡」呢？《南史》卷二二〈王僧虔傳〉的〈誡子書〉是節本，恰好缺去這一段，許嵩《建康實錄》也未為王僧虔立傳，所以我們已不可能通過校勘來解決這個疑案了。但「吳興」和「吳郡」在《南齊書》和《南史》中因傳寫而誤的例子是存在的。錢大昕《廿二史考異》卷三六《南史・褚彥回傳》「後為吳郡太守」條云：

吳郡當作吳興。南齊書本傳及王儉碑文俱無守吳郡事。蓋傳寫之譌。下文亦有出為吳興之語。（商務印書館，排版本，一九三七年初版，一九五八年重印，上冊，頁六八〇。）

按：王儉碑文即《文選》卷五八王仲寶〈褚淵碑文〉。碑文有「丹陽京輔，遠近攸則；吳興襟帶，實惟股肱。頻作二守，並加蟬冕」之語。李善注引蕭子顯《南齊書》曰：「尋遷散騎常侍，丹陽尹。出為吳興太守，常侍如故。」與今本全同。可見《南齊書》的「吳興」不誤，而《南史》則訛為「吳郡」。唯《南齊書》本傳未敘褚淵守吳興的年代，僅言「明帝疾甚，馳使召淵，付以後事」。（頁四二六）此在泰始七年（四七一）五月，可證上文引《張岱傳》「泰始末，為吳興太守」即是繼褚淵遺缺。詳見《資治通鑑》卷一三三，頁四一五八—四一六〇考《宋書》卷八《明帝本紀》泰始五年（四六九）十二月己未條曰：

以……吳興太守建平王景素為湘州刺史。（頁一六六）

可定褚淵守吳興始於泰始五年十二月，西曆已在四七〇年了。

讓我們再舉一個「吳郡」誤為「吳興」的例子。《南齊書・張緒傳》：

> 復領中正。長沙王晃屬選用吳興聞人邕為州議曹，緒以資藉不當，執不許。晃遣書佐固請之，緒正色謂晃信曰：「此是身家州鄉，殿下何得見逼！」（頁六〇一）

這一段話《南史》卷三一〈張緒傳〉完全襲用了，但「吳興聞人邕」在《南史》則作「吳郡聞人邕」。（頁八一〇）遍檢殿本、百衲本《南齊書》與《南史》皆同，《廿二史考異》也漏考此條。唯《資治通鑑》卷一三六齊紀二永明七年條云：

> 太子詹事張緒領揚州中正，長沙王晃屬用吳興聞人邕為州議曹，緒不許。（頁四二九一）

司馬光顯從《南齊書》之文。此條無《考異》，胡三省注亦未及此。但《通鑑》以張緒此時領揚州中正則有可疑。據《南齊書》本傳，張緒曾領過兩種「中正」，先是「本郡中正」，後為「本州大中正」。下文又兩次提到他「復領中正」。依南北朝慣例，州稱「大中正」，郡稱「中正」，傳文即是明證。故「復領中正」疑指吳郡中正而言。溫公或因信聞人邕為「吳興」人，又以張緒「此是身家州鄉」語中有一「州」字，遂定其為「揚州中正」。其實此語中之「鄉」字更值得注意，意思是說「這是我的本鄉」或「此人是我的同鄉」，即指聞人邕為吳郡人。蓋長沙王晃想任聞人邕為議曹，因「資籍不當」，必須由他的本郡中正升品，所以才特地向張緒關說。（可參看唐長孺《魏晉南北朝史論叢》北京：生活・讀書・新知三聯書店，一九五五，頁二六。但唐先生僅引《南齊書》而未注意到聞人邕的郡望有問題，也沒有說明張緒是大中正或郡中正。）如果這樣解釋，「此是身家州鄉」語則顯得更有分量。所以我相信聞人邕的郡望當從《南史》之「吳郡」，而不應依《南齊書》之「吳興」。無論如何，這是「吳郡」和「吳興」在南朝史籍上容易互訛的另一例證。

以上我們進行了兩個系列的考證：第一，我們詳細考察了王僧虔撰〈誡子書〉前十幾年每一任張姓的吳興太守；但他們都不是第一流的清談名家，無人能夠和袁粲、謝莊比肩。而且〈誡子書〉撰寫時期的吳興太守是沈文季，因此「張吳興」三字更無著落。我們也論證了當時以官名（包括郡名在內）稱人的兩種習慣用法：其一是其人特有政績，則雖已去任，後人仍得以官名稱之。其二是其人正在任上。當然，我們也可以加上第三種用法，即其人最後所任的最高官職，如謝莊最後遷至中書令，故〈誡子書〉以「謝中書」稱之。（亦可稱「謝令」，但《書》中已有「袁令」，故爾。）無論根據上述任何一種用法，我們還沒有發現可當〈誡子書〉中的「張吳興」。第二個系列是關於同一時期吳郡太守的考證。經過一番比勘之後，我們發現在袁粲、褚淵輔政時代（四七二—四七七）守吳郡者凡四人，順序為張永、褚澄、張緒、劉遐。其中張緒任此職的時間恰好和〈誡子書〉撰寫的最可能的時間相符（四七五—四七七）。但是我們如果假定〈誡子書〉中「張吳興」是「張吳郡」之誤，則一切困難便都迎刃而解了。可惜《南史．王僧虔傳》中的〈誡子書〉是節本，缺了此段，無從取證。因此這一推測仍不能證實。所幸《南齊書》與《南史》兩書中「吳興」與「吳郡」互訛，頗有其例，因而又加強了這一推測的合理性。這是我們關於〈誡子書〉中「張吳興」問題的最後結論。最後，關於〈誡子書〉必撰於「宋世」，如史傳所言，我們還可以舉出一條有力的證據。《南史》卷三一〈張緒傳〉云：

王儉為尚書令、丹陽尹，時諸令史來問訊，有一令史善俯仰，進止可觀。儉賞異之，問曰：「經與誰共事？」答云：「十餘歲在張令門下。」儉目送之。時尹丞殷存至在坐，曰：「是康成門人也。」（頁八一〇）

按：王儉任尚書令在建元四年（四八二），領丹陽尹在永明二年（四八四）。此令史答語稱張緒為「張令」者，因緒入齊後第一年（建元元年，四七九）即為「中書令」。此令史列張緒門下當在緒任中書令時。而且中書令也是張緒的最高官位。如上文的推測為不誤，則王僧虔〈誡子書〉不可能撰於入齊以後，因為他決不會仍用「張吳郡」的舊稱也。王儉是僧虔兄子，出生後即由僧虔撫養；他對張緒雖抱有北人輕視「南士」的政治偏見，但在清談風流這一點上還是十分推重他的。這也可以旁證王僧虔平時對張緒的賞識，《南齊書》以王僧虔與張緒合傳，不是沒有理由的。由此觀之，王僧虔在〈誡子書〉中列舉劉宋一代的第一流「談士」若竟漏去眼前最負盛名的張緒，則未免太遠於情事。錢賓四師和賀昌群先生都遥以張緒當「張吳興」，而不更考其曲折，其故即在於是。我們可以十分肯定地說：只有張緒才足以在劉宋清談史上和袁粲、謝莊鼎足而三。

〈誡子書〉的重要性在於它具體地指示我們，清談到了南朝中期已演變成什麼樣的狀態。它的思想內容是什麼？它的表現形式如何？它在當時門第的生活中究竟扮演著何種功能？《世說新語》雖是清談的總滙，但止於劉宋之初；現存梁元帝《金樓子》和顏之推《顏氏家訓》也偶有涉及，但不及〈誡子書〉之集中與具體。此外散見於史傳的清談紀錄則更屬一鱗片爪。所以古今學人討論清談問題都特別重視它。唯本文以考辨〈誡子書〉的疑點為主旨，不能從思想史和社會史的觀點對南朝清談多所推論。下面將討論兩個具體的問題，即《書》中「荊州八袠」何指？「如賓至之有設」何謂？

湯用彤先生〈王弼之周易論語新義〉以《書》中「荊州八袠」指漢末劉表任荊州牧時期的新經學撰述。他說：

> 荊州學風，喜張異議，要無可疑。其學之內容若何，則似難言。然據劉鎮南碑（全三國文五六）稱表改定五經章句，「刪剗浮辭，芟除煩重」，其精神實反今學末流之浮華，破碎之章句。又按南齊書王僧虔誡子書有曰，「荊州八帙」，「言家口實」。又曰：「八帙所載，共有幾家。」據此不獨可見荊州經學家數不少，卷帙頗多，而其內容

必與玄理大有契合。故即時至南齊，清談者猶視為必讀之書也。（收入《魏晉玄學論稿》，北京：人民出版社，一九五七，頁八六。）

湯氏此說，大體有據，所以賀昌群《魏晉清談思想初論》亦依之立論。他說：

劉表為荊州牧時，廣徵儒士，使綦毋闓、宋忠等撰五經章句，謂之後定。儒者新義蔚起，故書中謂「荊州八袠，凡有幾家」。（頁五六。引湯氏之文見頁六〇—六一。）

一九六五年牟潤孫先生撰《論魏晉以來之崇尚談辯及其影響》（香港中文大學出版，一九六六），前半篇幾乎全以駁湯氏之說為主。茲僅摘引其與王僧虔〈誡子書〉直接有關的一段文字於下，其他不能廣涉。牟氏曰：

湯氏節引數語，使人不知原書為論三玄，尤以略去「論注百氏」極重要一語，殊易滋生誤會……。意者「百氏」為「百家」之義，上文既云「命汝言易，挑汝言莊，叩汝老端，可復言未看邪」？則此；論注百氏，蓋指莊老易三玄之論注有百家，而「荊州八帙」者，亦即此類論注書荊州有八帙也。……湯氏過信蒙（文通）氏，驟見南齊書王僧虔傳，未及細審，匆匆立論。如齊書明云：「僧虔宋世嘗有書誡子」，而湯氏云時至南齊。又如「論注百氏，荊州八袠」指書而言。其下有云「又才性、四本、聲無哀樂皆言家口實」。指論題而言，皆玄學也。湯氏以荊州八帙為荊州之經學，認為亦是言者口實，殊可商也。如此書中之荊州果指劉表時，則其時荊州學人既有千數，當有莊老易注論者，王粲即有撰此類著作之可能，八帙或指此而言。既名曰論注，又曰「凡有幾家」，為非宋忠等之章句後定。然余頗疑此荊州，或非劉表時。隋書經籍志有周易論一卷，晉荊州刺史宋岱撰。……安知宋岱之著作不在荊州八帙內乎？潤孫以為荊州八帙之論注百氏，極可能括有庾亮桓溫在荊州時談玄諸人之論著（中略）然別無確據，姑言其推測如上，未敢遽作定論也。（頁一九—二一）

今按：牟氏所論有是有不是，但整體而言似過於苛求。湯氏原文明說荊州學的「內容若何，則似難言」，他所強調的是荊州學的精神引導出後來的玄風。牟氏咬定湯氏以「荊州八帙」即是宋忠等之章句後定，殊失平恕。牟氏讀〈誡子書〉也失之於鑿。他以「叩汝老端」斷句，是依據百衲本，並未與他本對勘，其實「老」字上漏一「言」字，而「端」字當屬下讀。《論語・子罕》「叩其兩端」的句法在這裡是不適用的。他以湯氏「時至南齊」語為失檢，則由於他沒有細察此書撰述年代而吹毛求疵。此書之作下距齊世最多不過一、二年，且王僧虔及其長子慈都卒於南齊，則湯氏之語亦未為不可。清談之風並未因宋、齊易代而有所變動。他又說：「論注百氏，荊州八袠」指書而言。「又才性、四本、聲無哀樂皆言家口實。」指論題而言。這不但是強作分別，曲解原文，而且還暴露了他不明「才性四本」何所指，實出人意外。原文「皆言家口實」不僅指「才性四本、聲無哀樂」同時也包舉了「論注百氏、荊州八袠」。此處「口實」指清談所根據的文獻。「口實」一詞有好幾種用法，但這裡是借食物為喻，所以接著才說「如賓至之有設也」。周一良先生以《書》中之「設」字「有饗宴之意」，自是確解。（見《魏晉南北朝史札記》，頁二四五，又頁一三。）《金樓子》卷六〈雜記篇上〉載：

劉穆之居京下，家貧。其妻江嗣女，穆之好往妻兄家乞食，每為妻兄弟所辱，穆之不為恥。一日往妻家食畢，求檳榔。江氏兄弟戲之曰：「檳榔本以消食，君常饑，何忽須此物？」後穆之為宋武佐命。及為丹陽尹，乃召妻兄弟設盛饌，勸酒令醉，言語致歡。座席將畢，令廚人以金柈貯檳榔一斛，曰：「此曰以為口實。」客因此而退。（此據許德平《金樓子校注》本，台北：嘉新水泥公司文化基金會，一九六九，頁二四〇。）

在這個故事中，我們最可以看出「口實」的原義是專指能填飽肚子的食物。檳榔是飯後助消化的，因此不能作為「口實」。王僧虔所謂「言家口實」正指清談家「必讀之書」，如湯氏所云。牟氏說：「又才性、四本、聲無哀樂皆言家口實。」指論題而言。這更是嚴重的誤解。牟氏所謂「才性、四本、聲無哀樂」事實上也指《書》而言，並非「論題」。他在下文又說：

世說謂王導過江止道聲無哀樂、養生、言盡意三論。又謂殷浩善言才性、四本。王僧

虔所稱言家口實，浩擅其二，導通其一，皆東晉初年人物也。（頁二〇）

考《世說新語・文學篇》云：

鍾會撰四本論始畢，甚欲使嵇公一見，置懷中。既定，畏其難，懷不敢出，於戶外遙擲，便回急走。

劉孝標注引《魏志》曰：

會論才性同異傳於世。四本者言才性同、才性異、才性合、才性離也。尚書傅嘏論同、中書令李豐論異、侍郎鍾會論合、本騎校尉王廣論離。文多不載。

這個故事的歷史背景和意義，陳寅恪先生的《書後》，言之甚詳。（初刊於《中山大學學報》，一九五六年六月），茲不復及。但由此可知才性四本原是一事，不容歧而二之。王僧虔所言「才性四本」即指此四人之「論」。此四「論」至劉孝標（四六二—五二一）注《世說新語》時尚存，故王僧虔列為其子必讀書之一。《世說新語・文學篇》又云：

殷中軍雖思慮通長，然於才性偏精，忽言及四本，便若湯池鐵城，無可攻之勢。

牟氏誤解此節，離「才性」與「四本」為二，遂謂「王僧虔所稱言家口實，浩擅其二」。其實「才性」可說是「題目」，「四本」即關於才與性之同、異、離、合之四種理論，其文獻則傅嘏、李豐、鍾會、王廣四家之《論》也。殷浩特精「才性」一題，所以談及這四種理論——「四本」，便無懈可擊。若捨去「才性」，又何來「四本」乎？〈誡子書〉下文云：「《八袠》所載，凡有幾家；《四本》之稱，以何為長」，明明同指清談文獻而言。今牟氏竟離「才性」與「四本」為不相干的兩個「題目」，於「四本」之外又增一「本」。倘有人寫，更擴而充之，再添「合」、「異」、「同」三論，不將有「八本」乎？此一言以為不智也。又王僧虔《書》中之「聲無哀樂」也指文獻，即嵇康「聲無哀樂論」是已。《世說新語‧文學篇》「王丞相過江左，止道聲無哀樂，養生、言盡意三理」條，劉孝標注即略舉嵇康〈聲無哀樂論〉、〈養生論〉及歐陽建〈言盡意論〉之文以實之。更可證牟氏強分「書」與「題目」為二，並專以「口實」歸之後者，為絕不可通之論。牟氏曾及陳援菴先生之門，學有師承。其所以蹈此謬誤者，蓋由於必欲立異為高，以求駁倒湯用彤先生之說。思路既歧，則曲解臆說，勢所必至。斯為治史者所必戒，故辨如此，非好持摭前人之失也。

但牟氏說「論注百氏，蓋指莊老易三玄之論注有百家」，則大體可信。此中「論」當包括下文《才性四本》、《聲無哀樂》；注則包括上文所舉王、何、馬、鄭。梁玉繩《瞥記》論「馬、鄭何所異」句云：

馬、鄭未嘗注老。王西莊光祿云「老子」當作「老易」，蓋是也。（標點本《南齊書》卷三三《校勘記》所引，見頁六〇四—六〇五。）

王僧虔既泛指漢晉間莊、老、易三玄之注，其數量當然可觀。《世說新語・文學篇》云：

初，注莊者數十家，莫能究其旨要。向秀於舊注外為解義。

劉孝標注引《秀本傳》曰：「唯好莊子，聊應崔譔所注，以備遺忘云。」向秀是魏晉（三世紀）間人，在他之前《莊子》便已有數十家舊注，惜皆無考。《隋書》卷三四《經籍三》云：「梁有《莊子》十卷，東晉崔譔撰。亡。」（頁一〇〇一）不知是否別一人。如即是《秀本傳》中的崔譔，則「東晉」兩字恐誤。《後漢書》本傳言劉表在荊州，「關西兗、豫學士歸者蓋有千數」。（頁二四二一）此數字恐有誇張。王粲〈荊州文學記官志〉則言「自遠而至者三百有餘人」。（見嚴可均輯，《全後漢文》，卷九一，頁九六五。中華書局影印《全上古三代秦漢三國六朝文》，一九五八。）兩說相較，後者似得其實，安知此三百餘人中後來無「論注百氏」者乎？且王粲《記》明有「百氏備矣」一語，尤堪注意。牟氏也承認：若王僧虔〈誡子書〉中之荊州果指劉表時，其中「當有為莊老易注者」，並舉王粲為一可能的人選。這個推測倒是合理的，雖然他自己對此說並不當真。《金樓子》卷六〈雜記篇上〉：

王仲宣昔在荊州，著書數十篇。荊州壞，盡焚其書。今存者一篇，知名之士咸重之。見虎一毛，不知其斑。（頁二五二）

如果我們推斷王粲此一篇書在「荊州《八袠》」之內，也許不算離題太遠吧。（牟氏也曾引此條論王粲之學，但是先入之見使他忽視了此條可能是「荊州《八袠》」的證據。見牟文頁一一二。）

至於牟氏欲以東晉庾亮至桓溫時代（三三四—三六四）的荊州代替湯用彤先生所提出的劉表時代的荊州，似乎極少成立的可能，因為完全沒有證據。東晉時荊州清談雖盛，並未見留下任何有關三玄的《論》和《注》。以東晉清談的中心地而言，建康和會稽似都在荊州之上。渡江以後，清談所用的主要仍是西漢末至西晉初年流傳下來的舊《論》、《注》和舊題目。王僧虔〈誡子書〉本身，便反映了這個事實。遍檢《世說新語注》，我們很難找到幾篇足以稱為新經典的「論注」，支道林的〈逍遙論〉大概是最重要的例外。此外見於著錄的不過孫安國的〈易象論〉、王脩的〈賢人論〉、殷融的〈象不盡意論〉、〈大賢須易論〉等寥寥數篇而已。（均見《文學篇》）就見於記載的清談而言，絕大多數是臨時擇一題目，各逞機鋒，有如「咳唾落九天，隨風生珠玉」，是否都留下寫本，則甚難言。這種清談當然必須具有高度的語言和思理的訓練，因此平時精讀三玄和百家《論》、《注》是決不可少的。殷仲堪說「三日不讀《道德經》便覺舌本閒強」，正說明了這種情況。王僧虔〈誡子書〉則代表著此一傳統在南朝中期的延續。如果說東晉一代的清談只有荊州一地產生了《八袠》，而建康、會稽反無《論》、《注》留傳下來，這是很難講得通的。我們不敢武斷「荊州《八袠》」必是劉表時代的作品，但其時代當在漢晉之際則是可以肯定的。王僧虔《書》中兩次提及《八袠》都在《四本》之前，第二次說六十四卦、《莊子》、《八袠》、《四本》歷數而下，更在無意之間露出了時代的順序。於此等極顯著的事實視若無睹，主要還是因為他樹新義以求爭勝於人的願望過於迫切。

最後，我們要就「如客至之有設」一語略論南朝清談的一般狀態。陳寅恪先生論魏晉清談的演變說：

> 當魏末西晉時代即清談之前期，其清談乃當日政治上之實際問題，與其時士大夫之出發進退至有關係，蓋藉此以表示本人態度及辯護自身立場者，非若東晉一朝即清談後期，清談只為口中或紙上之玄言，已失去政治上之實際性質，僅作名士身分之裝飾品者也。（《陶淵明之思想與清談之關係》，哈佛燕京學社，一九四五，頁二。）

陳先生分清談為前後兩期，以晉室南渡為斷，從政治上自然與名教之爭來說，無疑是有堅強的根據的。但東晉一朝的清談也不全是「口中或紙上之玄言」，「僅作名士身分之裝飾品」。東晉仍然有自然與名教之爭，不過不在政治領域，而在社會秩序，特別是家族倫理方面。其具體的表現即是情與禮的衝突。因此東晉清談仍然有一部分與實際生活有關。僅就《世說新語》所記者觀之，如支遁〈逍遙論〉、王坦之〈沙門不得為高士論〉、（〈輕詆篇〉）、王導好言《聲無哀樂》、僧意與王脩關於聖人無情、有情之辯，都不能說與實際生活毫不相干。（參見拙著〈名教危機與魏晉士風的演變〉一文，收入《中國知識階層史論》。新北：聯經出版公司，一九八〇；《士與中國文化》，上海人民出版社，一九八七。）但南朝以下清談確是越來越變成「口中或紙上之玄言」了。王僧虔「客至之有設」的比喻便反映這一情況。〈誡子書〉中的清談已純是一種「智力遊戲」了。（唐翼明《魏晉清談》發揮此義頗詳。）《書》中說：「談故如射，前人得破，後人應解，不解即輸賭矣。」這段話也特別值得注意。此處的「射」即是《顏氏家訓・雜藝篇》的「博射」；這不是兵射，而是士大夫遊戲的一種。（參看周一良《魏晉南北朝史札記》「博射」條，頁一六六一—一六六九）「博」字此時可能已有「賭」義，不是「六博」之「博」了。《南齊書》卷三五《武陵昭王曅傳》：「後於華林賭射，上敕曅壘破，凡放六箭，五破一皮，賜錢五萬。」（頁六二五）即是「前人得破」之「破」。「後人應解」之「解」不解，俟考。清談如射，賭勝負，所以是一種遊戲。當時門第名士的各種雜藝無不可賭，支道林以圍棊為「手談」（《世說新語・巧藝》），故有「賭墅」、「賭郡」的故事。書法也可賭，王僧虔曾與蕭道成「賭書」。（《南齊書》本傳，頁五九六。）但清談以「學」為本，地位最高，因此不列於「藝」中。當時門第中人以清談的勝負定子弟優劣。清談既為門第升沉之所繫，為父兄者自不能不責望子弟精通三玄。王僧虔〈誡子書〉便是在這種文化背景之下撰寫的。

所以《書》末語重心長地說：

或有身經三公，蔑爾無聞；布衣寒素，卿相屈體。或父子貴賤殊，兄弟聲名異。何也？體盡讀數百卷書耳。（頁五九九）

這數百卷書便是上面所說的易、老、莊三玄和有關的「論注百氏」了。只有精讀了這些書才能在清談時不為人所屈。清談誠是一種遊戲，然而卻又是門第人生中最嚴肅的一種考驗。錢賓四師〈略論魏晉南北朝學術文化與當時門第之關係〉對王僧虔〈誡子書〉有十分親切的觀察。他說：

細玩僧虔此書，可見當時清談，正成為門第中人一種品格標記。若在交際場中不擅此項才藝，便成失體，是一種丟面子事。故云如客至之有設。……當時年長者應接通家子弟，多憑此等話題，考驗此子弟之天姿與學養。故當時門第中賢家長必教戒其子弟注意此等言談材料，此乃當時門第裝點場面周旋酬酢中一項重要節目，故既云談何容易，又說端可復言未嘗看耶。風氣所趨，不得不在此方面用心。其實在魏晉之際，時人所以好言莊老虛無，又所以致辨於才性四本及聲無哀樂等問題者，此皆在時代苦悶中所逼出一套套思想上之新哲理與新出路。當時人確曾在此等問題上認真用心思。至後則僅賸下這幾個問題，用來考驗人知也不知，答應得敏速剎落與否，僅成門第中人高自標置之一項憑據。……任彥昇為蕭揚州作薦士表有云：

> 勢門上品，猶當格以清談；英俊下僚，不可限以位貌。

此見當時人實以清談為門第中人考驗夠格與否之一種標準也。則當時門第有清談，豈非如此後考場中之經義與八股，惟一出政府功令，一屬社會習尚，不同在此而已。（收入《中國學術思想史論叢》（三）台北：東大圖書公司，一九七七，頁一九〇—一九一。）

此一觀察也強調清談有初期與後期的分別，與陳寅恪先生所論大端相合，但著眼點在社會習尚，可補陳先生過分看重政治之偏。錢先生以後世考場中之經義與八股為比擬，說明南朝清談在思想上已失去創造力，尤為允切而生動。惟所引任彥昇〈薦士表〉中之「清談」一詞則當作「清議」解，指中正定品，與玄學清談的涵義有別。（參看唐長孺〈清談與清議〉一文，收在《魏晉南北朝史論叢》，特別是頁二九四—二九五）但錢先生的整體論斷並不因此而失效。

以歷史分期而言，我也可以接受陳寅恪先生把（魏——西晉）和（東晉——宋初）分成兩個不同的階段。但我認為清談還有第三個階段，即南朝以下才真正是後期。陳先生的後期其實只能算是中期。王僧虔擬清談於「客至之有設」才完全符合陳先生所謂「口中或紙上之玄言」和「名士身分之裝飾品」。莊、老玄言在三世紀時本是最具破壞力的一股激進思潮，漢末的名教秩序在相當大的程度上便是被它摧破的。但到了五世紀之末，莊、老已完全失去批判的光芒，僅成為門第中人的談資了。要了解這個變化，我們必須研究其間兩百年社會和文化從解體到重建的過程，儒家的禮制革新和佛教的濟俗都有密切的關係。這當然已遠遠超出本文的範圍。《金樓子》卷四〈立言篇〉云：

> 世有習干戈者，賤乎俎豆；修儒行者，忽乎武功。范寧以王弼比桀紂，謝混以簡文方赧獻，季長有顯武之論，文莊（按：「度」字之誤。文度，王坦之字），余以為不然。余以孫、吳為營壘，以周、孔為冠帶，以老莊為歡宴，以權實為稻糧，以卜筮為神明，以政治為手足。一圍之木持千鈞，五寸之鍵制開闔，總之者明也。（《金樓子校注》，頁一六四—一六五。）

梁元帝（五〇八—五四六）欲恃一心之明總攬文治武功與一切學術，其志量甚宏，此處可以置之不論。但文中「以老莊為歡宴」一語頗能說明老莊在南朝晚葉帝王以至士大夫心中所占的位置。原來在他們的日常人生中，老莊是和「歡宴」結合在一起的。這句話恰好可以用來注解王僧虔〈誡子書〉中「如客至之有設」和「豈有庖廚不脩，而欲延大賓者」，故引之以終此篇。

一九九二年十月廿五日

（原載《中國文哲研究集刊》第三期，一九九三年三月）

從政治生態看宋明兩型理學的異同

關於朱熹和王陽明之間的異同，早已有無數學人提出種種看法。大體上說，這些看法多數集中在義理內部的分歧方面。我最近刊行的《朱熹的歷史世界》（台北：允晨文化，二〇〇三）與《宋明理學與政治文化》（台北：允晨文化，二〇〇四）二書則專注於理學與政治文化之間的歷史關聯。今天我的講題是「從政治生態看宋明兩型理學的異同」，其基本論據便在這兩部專著。但是在這篇提綱式的短文中，為了使題旨更鮮明、論點更集中，我只準備討論宋、明兩代「政治生態」的差異怎樣影響了朱熹和王陽明的理學結構。這是從一個特殊的角度對理學作歷史的觀察，而不是闡釋理學的哲學含義。這一點必須先說清楚，以免誤會。

所謂「政治生態」和我在上述二書中所用的「政治文化」不同，後者的含義遠為廣泛而抽象。「政治生態」則比較具體，我在這裡主要只涉及兩個相關的層面：一是王朝的取向，二是皇權的性質。但在進入本題之前，我不能不說明我所理解的理學和儒學的關係。

宋代是儒學的復興時代，這是大家都承認的事實。但所謂「復興」並不是先秦儒學的單純復原，而是包含了創造性的新發展。這個創新的部分便是一般中國思想史上所說的「理學」（或「道學」）。粗略地說，「理學」所講的是以心、性、理、氣等為中心觀念的形而上學；宋儒和今人大都稱之為「內聖之學」。但「內聖」只是儒學的一半，另一半則是所謂「外王」，而且「內聖外王」構成一連續體，根本不能彼此孤立而隔絕。因此我們雖肯定理學的創新意義，但不能把理學看作宋代儒學的全部。事實上，宋代理學家仍然自視為儒家（「吾儒」），他們所發展的「內聖」之學也仍然是為了「外王」的實現。二程教門人，首重〈大學〉與〈西銘〉，便是因為這兩篇作品都是從「內聖」一步步推出「外王」的儒學綱領。程頤自著《易傳》，強調「體用一源，顯微無間」，也同樣是為了闡明「內聖外王」為一連續體，不容分裂。所以《易傳》對於政治思想頗多發揮。

這裡我要提及我最近揭出的「儒家的整體規劃」（The Confucian Project）的觀念。儒學從先秦開始到宋代的復興，一直貫穿著一個基本的整體規劃，即通過「內聖外王」的活動（或實踐）歷程，以建立一個合理的人間秩序。孔子便是這一基本規劃的創建人，《論語》可以為證。（詳見〈試說儒家的整體規劃〉）北宋理學家之所以全力以赴地開拓「內聖」之學，便是要為「外王」的實現（建立合理的人間秩序）尋求更堅實、更可靠的形而上的根據。歷史地說，這一努力與佛教的挑戰和王安石「新法」的失敗有重要的關聯，但這裡不必詳說了。從這個角度觀察，所謂「儒學復興」必須理解為「儒家整體規劃」的全面復活。只有如此理解，我們才能談「政治生態」與理學之間的互動關係。而朱熹與王陽明之間的學說分歧，除了義理的內在線索之外，也另有其歷史的脈絡可循。

上面所說的「儒家的整體規劃」，用孔子的話來表述，便是變「天下無道」為「天下有道」。「天下有道」自然是指合理的人間秩序的全面建立，並不止於政治秩序。但儒家自始便有另一預設，即政治秩序是「天下有道」的始點。北宋儒學復興仍然繼承了這一預設。此所以政治革新構成北宋的主要動態，前有范仲淹的慶曆之政，後有王安石的熙寧新法。初期理學家如張載、程顥也都曾一度熱心參加過王安石的革新運動。孔子早就說過：「如有用我者，吾其為東周乎？」所以在政治上「行道」必須「得君」也是傳統儒家的一種共識，宋代新儒家仍然如此。宋代儒者，包括理學家在內，為什麼特別對「得君行道」抱著莫大的期待呢？這一點必須從宋代的政治生態中去尋找解答。

趙宋王朝是在唐末五代武人橫行天下的混亂局面下建立起來的。宋太祖本人登上皇帝寶座便是「陳橋驛兵變」的結果。這已是五代軍人擁立新主的第四次。為了新政權的穩定，不再蹈「兵變」覆轍，宋太祖即位後第一個重大措施便是所謂「用文吏而奪武臣之權」（《宋史・文苑傳序》）。關於他怎樣收宿將和藩鎮的兵權的經過，這裡不用細說了。另一方面，當時民間久受武人控制地方行政的痛苦，也普遍希望文治秩序的重建。所以宋代第一次舉行科舉考試，「白袍舉子」大批出現，父老都額手相慶，認為，「此曹出，天下太平矣」（見《文獻通考》卷三〇）。宋太祖和他的佐命大臣（如趙普）很了解民心所向，因此更下定決心，要「息天之下兵，為國家建長久之計」。宋王朝的文治取向便是這樣建立起來的。

在文治取向下，宋代皇權對於在朝的士大夫是特別優容的。南宋以後，一直有一個傳說：宋太祖曾立誓約，藏之太廟，戒子孫不得殺大臣及言事官。這個說法據說是徽宗被俘後托曹勛帶回南方的（《宋史》卷三七九《曹勛傳》）。但哲宗也有「朕遵祖宗遺制，未嘗殺戮大臣」之語（《宋史》卷四七一《章惇傳》），可見傳說必有根據。所謂大臣專指「執政大臣」而言，即宰相、參知政事及樞密使。無論如何，宋代不誅大臣，確是事實。程頤舉三代而後，「本朝超越古今五事」，即以「百年未嘗誅殺大臣」為其中之一。（《程氏遺書》卷一五）

但這不過是宋代皇帝尊重士大夫在消極方面的表現。更重要的，宋代皇權在積極方面還充分顯示了與士大夫「共治天下」的雅量。宋神宗時代是一個重大的轉變關鍵。他為了支持王安石施行新法，不惜公開接受皇帝與士大夫「共定國是」的原則。所謂共定國是，即關於國家的最高施政綱領，不由皇權方面片面決定，而必須取得以宰相為首的執政士大夫集團同意和支持，例如熙寧新法最初是王安石提出的，經過當時在朝的士大夫討論和一致接受後，神宗才決定全面採納並立即付諸實行。後來反對新法的士大夫領袖如劉彝、程顥、蘇軾、蘇轍等人，在開始時也都參加了變法運動，朱熹告訴我們：

新法之行，諸公實共謀之，雖明道先生不以為不是，蓋那時也是合變時節。（《語類》卷一三〇）

所以熙寧變法實際上是神宗和士大夫的執政集團「共定」的「國是」。從此以後，「共定國是」便成為宋代的「法度」；任何關於「國是」的變更都必須在形式上通過這一「共定」的法律程序。元祐時期司馬光執政，盡廢「新法」，回歸神宗以前的「祖宗舊制」，也是由元祐太后和士大夫「共定」的，因為回向「祖宗舊制」也是一次重大的「國是」變更。以後哲宗親政，政局再變，以「紹述」為「國是」，也同樣經歷了一個「共定」的程序。下至南宋，和、戰、守成為「國是」的主要內容，朝廷上也有過多次激烈的辯論，然後高宗才和宰相（秦檜）作出最後的共同決定。關於這些活動，我在《朱熹的歷史世界》第五章〈國是考〉中已有詳細的分析，這裡便不多說了。

「共定國是」成為有宋一代的「不成文法」（unwritten law）之後，士大夫與皇帝「同治天下」（程頤語）取得了制度性的基礎。所以「士」在宋代不但是文化主體，而且也發展了高度政治主體的意識。南宋寶慶元年（一二二五）朱熹門人曹彥約（一一五七—一二二八）上封事，仍守熙寧以來的習慣不變，直稱在位的士大夫為「天下之共治者」，可證皇帝與士大夫「共治天下」的觀念持續了一百五十年之久，未嘗斷絕。

以上我們大致說明了宋代政治生態的一般狀況，對於儒家士大夫而言，它提供了一個前所未有的「得君行道」的可能性。王安石和神宗的遇合更加強了他們的信心，認為皇帝是可以被說服，為變「天下無道」為「天下有道」而共同努力。

明代的政治生態與宋代適成最鮮明的對照。

明太祖早年在皇覺寺為僧，後來參加了韓山童、林兒父子一系的武裝集團。這一集團崇奉摩尼教（即明教）、白蓮教、彌勒教等民間混合信仰，並以「明王出世」、「彌勒佛下生」等口號煽動民心，和當時儒生、文士所代表的上層文化（elite culture）之間存在著很大的隔閡。

但是明太祖的政治直覺是很敏銳的。在（元）至正十六年（一三五六）取得金陵（南京）為根據地之後，他已有建立王朝、取元而代之的雄圖。他深知民間武力與宗教信仰只能使他「得天下」，然而卻不足以「治天下」。為「治天下」做長遠的準備，他開始爭取江浙地區著名儒生的支持，至正二十年徵劉基、宋濂、章溢、葉琛「四先生」便是最富於象徵意義的一件大事，所以特筆大書於《明史》之上。（見《太祖本紀一》）

表面上看，明太祖在建立新政權的前後似乎對「士」也表現了應有的尊重。但深一層觀察，問題卻不如此簡單。在儒生和文士一方面說，他們雖應明太祖的徵召而輔佐新朝，但始終抱有一種不得已的心理，絲毫未見有歡欣鼓舞的情緒。[1]這一異常的歷史現象究竟應該怎樣理解呢？讓我引《明史・劉基傳》中一段記載作一最扼要的說明：

> 初，太祖以韓林兒稱宋後，遙奉之。歲首，中書省設御座行禮，基獨不拜，曰：「牧豎耳，奉之何為！」因見太祖，陳天命所在。（卷一二八）

劉基的態度在當時儒生、文士中是有代表性的。他們對於明太祖出身所自的民間信仰與武裝集團，絕對拒絕認同；「牧豎耳，奉之何為！」這句話是非常傳神的。他們之中很多人是迫於形勢才應召而至，對於明太祖也未必心悅誠服。

在明太祖一方面，他當然也對儒生、文士不肯屈就的心理有深刻的體會。但為了「治天下」的緣故，他在開始時也只好暫且隱忍不發，甚至還故示謙遜，而有「我為天下屈四先生」之語（《明史》卷一二八〈章溢傳〉）。他在創業階段雖然禮遇儒生、文士，然而並沒半點與士大夫「共定國是」的意識，更不必說什麼「共治天下」了。相反地，他心中的「士」不過是一個必需的統治工具，只能被動地聽皇帝使用，而不能稍有違抗。著名文士張孟兼因為違背了他的旨意，史載：

> 太祖大怒曰：「豎儒與我抗邪！」械至闕下，命棄市。（《明史》卷二八五〈文苑一〉）

太祖又當面對茹太素說：「金杯同汝飲，白刃不相饒。」（《明史》卷一三九本傳）這才顯露出他對待士大夫的本相。

由於明太祖和他出身所自的武裝集團自始即對士大夫抱著很深的敵意，所以明開國以後太祖特別針對著士階層設立了種種凌辱和誅戮的方法。洪武九年（一三七六）葉伯巨上書

---

1 詳見錢穆，〈讀明初開國諸臣詩文集〉，收在《中國學術思想史論叢》（六），聯經《全集》本，頁一〇一—一二三。

說：

> 古之為士者，以登仕為榮，以罷職為辱。今之為士者，以溷迹無聞為福，以受玷不錄為幸，以屯田工役為必獲之罪，以鞭笞捶楚為尋常之辱。其始也，朝廷取天下之士，網羅捃摭，務無餘逸，有司敦迫上道，如捕重囚。……洎乎居官，一有差跌，苟免誅戮，則必在屯田工役之科。率是為常，不少顧惜。（《明史》卷一三九本傳）

這就是說，朝廷一方面強迫天下之士出來任職，另一方面則把他們當囚犯看待；一旦觸犯法網，則逃不出以下三種懲罰：一、誅戮；二、做苦工（「屯田工科」，相當於勞動改造）；三、鞭打。葉伯巨說第三種刑罰是士的「尋常之辱」，這句話應該略作說明。明代有一種特創的刑法，始於太祖，叫做「廷杖」。（見《明史》卷九五〈刑法三〉）在位士大夫在朝堂當眾受杖的，三百年間史不絕書。十六世紀以前，廷杖並不去衣，受創尚較輕。但武宗正德時期（一五〇六—一五二一），改為「去衣廷杖」，往往死在杖下。王陽明在正德元年（一五〇六）所受廷杖，便是「去衣」的，所以「既絕復蘇」。[2]除了廷杖之外，從中央到地方各級衙門的屬官也經常挨打。洪武末年解縉上封事，便說：

> 而今內外百司捶楚屬官，甚於奴隸。（《明史》卷一四七本傳）

可知「尋常之辱」四個字是一點也不誇張的斷語。「士可殺不可辱」是儒家世代相傳的古訓，但士在明代卻受到既「殺」且「辱」的待遇。明初有一則筆記，生動地寫出了當時在朝士大夫朝不保夕、人人自危的深刻心理：

時京官每旦入朝，必與妻子訣；及暮無事，則相慶以為又活一日。（趙翼《廿二史札記》卷三二「明祖晚年去嚴刑」條引《草木子》）

在這一政治生態之下，「明初文人多不仕」（《廿二史札記》同卷）便絲毫不足驚怪了。《明史・刑法二》載：

貴溪儒士夏伯啟叔侄斷指不仕，蘇州人才姚潤、王謨被徵不至，皆誅而籍其家。「寰中士夫不為君用」之科所由設也。（卷九四）

我們必須牢牢地掌握住這一歷史背景，然後才能懂得明代理學何以與宋代截然異趨。朱熹學與陽明學之間的分歧也必須由此而得到更充分的理解。

2 見《年譜》，收在《王陽明全集》（以下簡稱《全集》）（上海：上海古籍出版社，一九九二），下冊，頁一二二七。

由於政治生態的極端相異，宋、明理學家首先在政治取向方面幾乎是背道而馳。前面已指出，宋代理學家全面承繼並發展了孔子的「儒家整體規劃」，要從「內聖」中推出「外王」，重建一個合乎「道」的人間秩序。因此，張載特別強調「道學」與「政術」是一體的兩面，絕不容分為「二事」。[3]然則「道學」和「政術」怎樣才能連成一體呢？關鍵自然是皇帝必須接受「道學」為「治天下」的根本原則。程頤「儒者得以道學輔人主，蓋非常之遇」（《上太皇太后書》，《程氏文集》卷六）一語已將這個觀念表達得十分清楚，這便是所謂「得君行道」。南宋朱熹、陸九淵、張栻、呂祖謙四大宗師無不以政治主體自居而終身致力於「道學」與「政術」的合一，作為秩序全面重建的始點，他們顯然不是追逐權位的世俗士大夫，但是卻不肯放過任何一個「得君行道」的可能機會。這是因為他們期待孝宗可以成為第二個神宗，毅然推動政治上的「大更改」。[4]甚至在孝宗內禪之後，朱熹也依然沒有完全放棄對「得君行道」的嚮往。[5]

與宋代相對照，明代理學家大體上都是從個人受用的角度，探討性、命、理、氣的「內聖」之學，而往往能自得其樂。以初期三大家而言，曹端（一三七六—一四三四）說：

> 活潑潑地只是不滯於一隅。……道理平平正正處，會得時，多少分明快活。（四庫本《曹月川集・語錄》）

薛瑄（一三八九—一四六四）《臨終口號》末二句云：

七十六年無一事，此心惟覺性天通。（四庫本《敬軒集》卷五）

吳與弼（一三九一—一四六九）在《日錄》中也說：

淡如秋水貧中味，和似春風靜後功。（四庫本《康齋集》卷二）

這都表現了個人修養有得的深趣，絕不是門面語。但是在他們三人的詩、文、語錄中卻完全看不見宋代理學家對於「得君行道」的強烈要求了。換句話說，明代初期理學家所關懷的主要是個人如何成聖成賢，至於怎樣從「內聖」推出「外王」，他們大體上是保持緘默的。這並不表示他們已拋棄了「儒家的整體規劃」，而是因為明初的政治生態（特別是太祖、成祖兩朝）切斷了任何「得君行道」的可能性。

上舉三位初期理學家中，吳與弼的影響最大，他的政治取向因此也對第二代理學家發生了示範作用。他似乎繼承了明初「不仕」的傳統，十九歲時便已決心「棄舉子業」，中年則「省郡交薦不赴」，晚年（天順元年〔一四五七〕）雖被徵至京，仍然堅不受官而歸。有人

3 見〈答范巽之書〉，《張載集》（北京：中華書局，一九七八），頁三四九。

4 詳見《朱熹的歷史世界》，下冊，第八章第三、四節。

5 見同上書第十二章，頁五二七—五三二，五八五—五八六。

問他為什麼如此，他答道：「欲保性命而已。」這句老實話已將他視朝廷為危地的心理和盤托出。（見《明儒學案》卷一〈吳與弼傳〉）他在《日錄》中也說：

夜坐思一身一家苟得平安，深以為幸。（《康齋集》卷二）

格於政治生態的險惡，明代初期理學家只好退至《大學》修身、齊家的安全領域，而不敢觸及治國、平天下的危地。從現存《曹月川集》看，曹端的主要關懷也不出修、齊的範圍，如〈夜行燭〉、〈家規粹略〉、〈語錄〉等都是明證。他在〈續家訓〉詩中說：

修身豈止一身休，要為兒孫後代留。

言為心聲，正可與吳與弼的心態互相印證。與弼的大弟子如胡居仁、陳獻章、謝復、鄭伉等也都絕意科第，以示「不仕」的決心（見《明儒學案》卷一、卷五及《明史・儒林一》各本傳）。陳獻章更明白地說：

天下之責不仕者輒涉於僕。（四庫本《陳白沙集》卷二〈復趙提學僉憲第三書〉）

理學家即以「不仕」為標榜，則治國、平天下自是無從說起了。

澄清了明代初期理學家的心態和政治生態之間的關聯之後，我們才能進一步闡明陽明學出現的劃時代意義。王陽明（一四七二—一五二八）中進士在弘治十二年（一四九九），因此他在政治和思想領域中活躍的時期已進入十六世紀。這時政治生態雖然繼續惡化，但社會卻正處於轉型期間。主要由於士與商互動的影響，民間社會展現了空前的躍動。一五二五年他為一位商人寫〈墓表〉便說了「四民異業而同道」這樣驚人的話。[6]他的語錄中也常常出現「須作個愚夫愚婦，方可與人講學」、「如此格物，雖賣柴人亦是作得」、「雖終日作買賣，不害其為聖為賢」、「滿街都是聖人」等說法。可見他已將「道」的重任從「士」的身上推拓出去，由所有社會成員（「四民」）共同承擔了。這是他的「良知」說的社會背景，但限於篇幅，這裡不能詳論。[7]

王陽明開創明代理學的第二階段，但同時也可以說是明代儒學的再出發。前面已指出，「儒家的整體規劃」因受阻於政治生態，自始便被擱置了起來。王陽明則是明代理學家中復興這一規劃的一位先驅。但他對於儒家規劃的理解最初仍是以朱熹為依歸。十五、六歲時（一四八六或一四八七年）他已開始依朱熹關於「致知、格物」的指示而有「格竹子之理」

6 見〈節庵方公墓表〉，《王陽明全集》，上冊，頁九四一。

7 參看我的《中國近世宗教倫理與商人精神》（新北：聯經出版公司，一九八七）及〈現代儒學的回顧與展望〉、〈士商互動與儒學轉向〉兩篇長文，收在《現代儒學論》（上海：上海人民出版社，一九九八）。

的嘗試，後來又作了兩次「格物」的努力（一四九二與一四九八年），也都以失敗告終。這都證明他奉朱注《大學》為無上寶典，而《大學》在程、朱系統中則是「儒家整體規劃」的基本綱領。因此在正德元年（一五〇六）上封事，受廷杖之前，他大體上仍遵守宋儒「內聖外王」的模式，「得君行道」的意識也在潛滋暗長之中。最明顯的證據是他在弘治十七年（一五〇四）主持山東鄉試所出的題目和所收的範文——〈山東鄉試錄〉。（按：範文是否陽明所撰，今不易決定，但其內容必是他認可的。）其中如「所謂大臣者以道事君不可則止」一題，認定「大臣」的主要任務便是「引君於道」；如果「諫有不聽」則必須「奉身而退，以立其節」。[8]又如「人君之心惟在所養」，則強調「人君之心」是「天地民物之主」和「禮樂刑政教化之所自出」，因此人君必須「自養」其至公無私之心，才能治天下。「養心」之道即以「義理之學」來「克其私」而「擴其公」。[9]這明明上承宋儒「內聖外王」及「正心、誠意」而來。他在正德元年上〈乞宥言官去權奸以章聖德疏〉，犯顏直諫，終至貶逐龍場，便十足體現了「引君於道」的精神。

正德三年（一五〇八）王陽明在龍場中夜大悟，這是「陽明學」的始點，與「朱熹學」判然劃分界線，因此也是儒學史上驚天動地的一件大事。讓我試論其意義，以結束這篇講詞。

《王陽明年譜》正德三年春「先生始悟格物致知」條記：

> 因念：「聖人處此，更有何道？」忽中夜大悟格物致知之旨，寤寐中若有人語之者，

不覺呼躍，從者皆驚。始知聖人之道，吾性自足，向之求理於事物者誤也。乃以默記《五經》之言證之，莫不吻合，因著《五經臆說》。[10]

從「聖人處此，更有何道」八個字，我們清楚地看到：陽明之「悟」絕不僅僅是關於「格物致知」的純理論問題，而是在人生何去何從（existential choice）的問題上找到了最後的歸宿。這一「何去何從」的困惑起於他個人生命中一個最深刻的危機，因此我必須先把這個危機的性質簡單地說出來。陽明無疑是一位非常人物，不但才氣浩瀚而且抱負遠大；他早年在精神世界的種種追求便是明證。他在一四九九年中進士前後，已決意繼承宋代士大夫「以天下為己任」的傳統，因此晚年追憶當年所上〈邊務疏〉，他坦承自己的動機是要「以身任天下」。[11]但宋儒「以天下為己任」是因為皇帝不但接受了「與士大夫同治天下」的原則，而且也默認了「儒家的整體規劃」。所以，「得君行道」在宋代並不是一個完全脫離現實的幻想。王陽明在明代——特別是在「朝綱紊亂」的武宗時期——竟認真地重彈此調，則簡直印證了「與虎謀皮」那句古語；他的主觀的嚮往和客觀的政治生態太格格不入了。他獻

8 《全集》，頁八四一—八四二。
9 同上，頁八五四—八五七。
10 同上，下冊，頁一二二八。
11 見《傳習錄補遺》，《全集》，下冊，頁一一七一。

身於「儒家的整體規劃」——變「天下無道」為「天下有道」——的決定雖已不可動搖，但對於「得君行道」這一先決條件卻一直感到困惑。這一困惑自然不能直接而明確地表達出來，每次都以曲折而隱晦的方式呈現在下面這個問題上面：「理」（或「天理」）究竟是外在於事物，如朱熹所強調的呢，還是內在於「心」，如陸九淵所說呢？（理由見後）龍場之悟，專就理學內部言，似乎僅僅關乎「格物致知之旨」，但就陽明自己的生命抉擇而言，則恰恰是他在「得君行道」的老路之外發現了另一條新途徑，可以變「天下無道」為「天下有道」。

從正德元年（上封事、下詔獄、受廷杖）到三年貶逐至龍場，這是王陽明生平最大的一次精神危機，所以他用「百死千難」四個字來形容它。為什麼說它是危機呢？這是因為一方面在巨創深痛、奇恥大辱之餘，他的「得君」殘夢即已徹底破滅，而另一方面他的儒家立場又不允許他完全拋棄「行道」的承諾（commitment）；他陷入了進退兩難、無所適從的絕境。龍場一悟才將他從危機中解救出來，即「得君」不必是「行道」的絕對前提（後詳）。然則此悟何以又和《大學》「格物致知之旨」緊密地糾纏在一起呢？下面試申其說。

問題的關鍵仍在「儒家的整體規劃」。程、朱一方面以《大學》為基本綱領，循著格、致、誠、正、修、齊、治、平的次第逐步從「內聖」推出「外王」。另一方面他們又以「治道」為重建合理秩序的始點，因此採取「得君行道」為運作模式。在這一規劃中，「格物、致知」是全部活動歷程的第一步，其重要性自不待言。但程、朱解「格物」為「即物而窮其理」，「致知」則使「心」對於天地間一切事物之「理」的知識不斷擴充，最後達到「一旦豁然貫通」的境界。（見朱熹《大學》補傳）所以「格物致知」其實是一件事，不能分開。只有在這個堅實的基礎上，一個人才能逐步展開，從「內聖」推至「外王」。很明顯地，這一儒家規劃是特別針對著「士」到「人君」這一部分的人而提出的，因為他們負有「同治天下」的責任。「士」固然必須在各個不同的崗位上「即物而窮其理」，「人君」也同樣應該從整體的觀點不斷進行「窮理」的努力。不過他的「窮理」不必一定要採取「今日格一物，明日又格一物」的方式，而不妨「先立其大」，從「已知之理」而見於聖賢之書者下手。所以朱熹上寧宗奏札，特別強調：「為學之道莫先於窮理，窮理之要必在於讀書」；「窮理」之後「則自君臣之大，以至事物之微，莫不知其所以然，與其所當然，而無纖芥之疑，善則從之，惡則去之，而無毫髮之累」（見《朱子文集》卷一五〈甲寅行宮便殿奏札二〉）。朱熹假定從「士」到「人君」都可以通過「格物致知」而掌握住天地萬物之「理」，因此他始終不肯拋棄對於「得君行道」的嚮往。

　　程、朱「求理於事物」也與「得君行道」的要求有內在關聯。朱熹所構想的「君道」具有「順理」和「無為」的顯著特色。[12]人君所「順」的「理」就是「天理」或「太極」。他曾說：「理卻無情意，無計度，無造作。」（《語類》卷一〈理氣上〉）；又形容「太極」「無方所，無形狀」，以詮釋「無極而太極」一語。（《文集》卷三六〈答陸子靜五〉）這

12 見《宋明理學與政治文化》，頁二四二—二四三。

樣的「理」或「太極」，落在「君道」層面便必然出現「無為而治」的虛君觀念。程頤說：

> 為人君者，苟能至誠任賢以成其功，何異乎出於己也。（《周易程氏傳》卷一「六五・童蒙吉」條）

朱熹完全接受了這一觀點，所以他理想中的「人君」只要能「用一個好人作相」、「有一好台諫」便足夠了。（《語類》卷一〇八〈論治道〉）他又借用《尚書・洪範》中「皇極」兩字來代表「君道」的「太極」。他反對孔安國以來解「皇極」為「大中」之義，而認定「皇極」是對人君「修身以立政」（《文集》卷七二〈皇極辨〉）的嚴格要求，最後達到「王者之身可以為下民之標準」的高度（《語類》卷七九〈尚書二・洪範〉）。這雖然是「理想型」（ideal type），不能求之於任何一位歷史上的「人君」，但宋代理學家早自神宗、哲宗時期起便不斷向皇帝宣揚《大學》正心、誠意、修身之說，目的便在於塑造出可以共同「行道」之「君」。[13]

討論至此，我才能正面解答「得君行道」與「窮盡天地萬物之理」之間的內在關聯。試讀朱熹下面這句話：

> 以言夫人君以身立極而布命於下，則其所以為常教者，皆天之理，而不異乎上帝之降衷也。（《皇極辨》）

這便是說：「儒家的整體規劃」中關於「君道」的種種規定並不是儒者或理學家師心自用而虛構出來的；相反地，它們都本於「天之理」。既是「天理」，根據「理一分殊」的原則，自然必須在「天地萬物」上面一一加以印證，否則將何以起人之信，更何能期「人君」之必從？引文末句「不異乎上帝之降衷」即在借宗教語言強調「天理」的不可違抗性。程、朱為什麼解「格物」為「即物而窮其理」至此便圖窮而匕首見了。至於這一套「格物致知」說的內部困難和是否真能收到預期的理論效果，則又當別論。這裡我只是要指出，「求理於事物」確是「得君行道」設想中的一個重要環節。

回到王陽明的龍場頓悟，我們現在便完全懂得為什麼他的突破點是「向之求理於事物者，誤也」。他早年雖三番兩次地與朱熹的「格物窮理」說奮鬥，但因此說是通過「得君行道」以重建秩序的基石，他一直抱著很深的投鼠忌器的心理，不敢公開拋棄它。但是經過下獄、廷杖、貶逐等一連串的巨創深痛，龍場之夜他終於徹悟「得君行道」在當時的政治生態下是毫無根據的幻想。生活在一個「治」既無「道」、「君」也不體現「理」的政治世界，他無論如何也不能再接受「求理於事物」的說法了。

他的徹悟起於剛剛發生的切身經驗，而不是單純的哲學思辨的結果，這在他悟後所寫《五經臆說》的殘篇中可以得到清楚的印證。其中論「失身枉道之恥」一節必與「去衣受

---

13 見《朱熹的歷史世界》，下冊，頁四六—四八。

杖」的痛切感受有關，是非常明顯的。[14]另一篇〈龍場生問答〉也證實了他的頓悟契機在於「得君行道」觀念的破滅，他答「龍場生」關於「汲汲於求去」之問，說：

君子之仕也以行道。不以道而仕者，竊也。今吾不得為行道矣。[15]

此文作於「戊辰」（正德三年〔一五〇八〕），當在悟後數日之內，恰好透露出他當夜悟從何起：他最初進入仕途本是為了「行道」，悟後已知此路不通，因此不得不「汲汲於求去」。此路為什麼不通呢？這當然是因為由「仕」而「行道」，則「得君」是一個先決條件。他的政治經驗已徹底否定了「得君」的可能性。總之，他理想中的人間秩序與朱熹並無不同，都不出「三綱五常」的基本模式；他們也同樣承認這個秩序是從「天理」中出來的。但是朱熹的「天理」流行於「宇宙之間」，是在外的。[16]陽明在政治世界看不到「理」的存在，因此龍場一悟，將「天理」收歸內心，終於和朱熹分手了。

王陽明放棄了「得君行道」的舊路，皈依「理」在「心」而不在「天地萬物」的新信仰之後，立即面對如何落實「儒家的整體規劃」的新挑戰。變「天下無道」為「天下有道」仍然是他所肯定的儒學的基本功能，並未因信仰改易而動搖。但「得君行道」之途既斷，「內聖」又將如何能推出「外王」，而通向「治天下」呢？這裡必須鄭重指出，陽明與明代初期理學家如吳與弼、薛瑄、胡居仁、陳獻章等不同，不能僅僅流連在「內聖」的境域以苟全性命。事實上，如前面所言，他是明代理學界重新發動「儒家的整體規劃」的一位先驅。悟後他雖不再抱「得君」的妄想，甚至還有意退出「仕」途，但「行道」以「治天下」的宏願卻是他一天都不曾忘懷的。龍場之悟的另一重大突破便是他找到了一條推動「儒家的整體規劃」的新路，可以繞開荊棘叢生的政治生態，以落實儒家關於「行道」的基本要求。「知行合一」和「致良知」的提出都和這一要求密切相應。

陽明悟後第二年（正德四年）便在貴陽書院揭出「知行合一」的宗旨，視之為「知行之本體」。此說與「行道」的關聯可從兩方面觀察：第一，在消極方面它破除了朱熹以知行為二及「知先行後」的觀點，因為所謂「得君行道」還是從這一觀點中引申出來的。（人君必先「知」，然後才能與士大夫共同「行道」。）第二，在積極方面「合一」既是「知行的本體」，則「行道」一觀念已失去獨立存在的依據。為什麼呢？因為「知者行之始，行者知之成；聖學只一個功夫，知行不可分作兩件事」。[17] 因此循著陽明的新教法以求「聖學」，則即知即行，即行即知，全部過程中既無間隔，也無停頓。這便給「儒家的整體規劃」的實踐提供了一重比較確實而可靠的保證，「得君行道」的重要性也相應地大為減輕了。

陽明所謂「知行之本體」即是後來所說的「良知」。他說：

14 詳論見《宋明理學與政治文化》，頁二七八—二八二。
15 《全集》，上冊，頁九一二。
16 見《讀大紀》，《朱子文集》，卷七〇。
17 《全集》，上冊，頁一三。

吾「良知」二字，自龍場已後，便不出此意，只是點此二字不出，於學者言，費卻多少辭說。[18]

正因如此，他晚年（一五二五）在〈答顧東橋書〉中說：

若鄙人所謂致知格物者，致吾心之良知於事事物物也。吾心之良知，即所謂天理也。[19]

此即龍場所悟的「格物致知之旨」，不過當時尚未有「良知」之名而已。「良知」兩字到手以後，他頓悟所得的新信仰與「儒家的整體規劃」之間的關係也得到了十分清楚的陳述。嘉靖五年（一五二六）〈答聶文蔚〉說：

僕誠賴天之靈，偶有見於良知之學，以為必由此而後天下可得而治。是以每念斯民之陷溺，則為之戚然痛心，忘其身之不肖，而思以此救之，亦不自知其量者。[20]

「致良知」是為了「天下可得而治」和「救斯民之陷溺」，這個大目標和宋代的「儒家的整體規劃」一脈相承，絕無二致。但是「致良知」卻不必寄望於上面的皇帝和朝廷，而是廣結「同志之士」徑自從下面的社會和平民下手。所以同書又說：

僕之不肖，何敢以夫子之道為己任？顧其心亦已稍知疾痛之在身，是以傍徨四顧，將求其有助於我者，相與講去其病耳。今誠得豪傑同志之士扶持匡翼，共明良知之學於天下，使天下之人皆知自致其良知，以相安相養，去其自私自利之弊，一洗讒妒勝忿之習，以濟於大同，則僕之狂病，固將脫然以愈，而終免於喪心之患矣，豈不快哉！[21]

他雖自謙「不敢」，其實已當仁不讓，慨然「以夫子之道為己任」；很明顯地，這是宋儒「以天下為己任」的明代新版。宋代程、朱一系的理學家往往向皇帝陳說「格物、致知、正心、誠意」。陸九淵從「心即理」的立場上曾提出異議，他說：

諸公上殿，多好說「格物」，且如人主在上，便可就他身上理會，何必別言「格物」。[22]

18 錢德洪，《刻文錄敘說》，《全集》，卷四一，下冊，頁一五七五。
19 《全集》，卷二，上冊，頁四五。
20 同上，頁八〇。
21 同上，頁八一。
22 《象山先生全集》，卷三四《語錄上》。

但他雖不言「格物」，卻仍然要在「人主身上理會」。這當然是因為宋代理學家具有一項共識：權源是握在皇帝的手上，他如果不肯在源頭發動任何更改，政治革新便根本無從開始，士大夫更何能承擔起「治天下」的大任？因此他們首先必須說服人君，積極支持「儒家的整體規劃」。這是「得君」兩字的確切含義。（儒學文獻中所謂「得君」絕不能和世俗觀念中所謂「邀君寵」混為一談。）王陽明的「明代新版」則完全不同，他的眼光已從人君移向一般人民，最終目的是在「使天下之人皆知自致其良知」。這當然是一個無限艱巨的任務，所以他不得不到處接引所謂「豪傑同志之士」，以期「共明良知之學於天下」。與宋代理學家的「得君行道」相對照，陽明「致良知」之教的最顯著特色是「覺民行道」。這是他在龍場所悟出的全新構想，具有劃時代的重大意義。這一點可以從他在正德七年（一五一二）〈答儲柴墟〉中得到證實。他說：

> 伊尹曰：「天之生斯民也，使先知覺後知，使先覺覺後覺。予天民之先覺也，非予覺之而誰也？」（按：見《孟子・萬章》）是故大知覺於小知，小知覺於無知；大覺覺於小覺，小覺覺於無覺。夫已大知大覺矣，而後以覺於天下，不亦善乎？……夫仁者，己欲立而立人，己欲達而達人。僕之意以為，已有分寸之知，即欲同此分寸之知於人；已有分寸之覺，即欲同此分寸之覺於人。人之小知小覺者益眾，則其相與為知覺也益易且明，如是而後大知大覺可期也。[23]

這便是他後來所強調的「使天下之人皆知自致其良知」和「偶有見於良知之學，以為必由此而後天下可治」，稱之為「覺民行道」，是再恰當不過的。

「覺民行道」是一個偉大的社會運動和傳「道」運動，而不是政治運動，在十六世紀的中國曾掀起萬丈波瀾。我在《宋明理學與政治文化》第六章已有較詳細的論證，這裡不能涉及了。這篇講詞的主旨是從政治生態論朱熹學與陽明學的異同，我希望上面的論述基本上澄清了這一論旨。

二〇〇四年七月二十九日於普林斯頓

附記：這是二〇〇四年九月日本大阪關西大學召開的「東亞儒學國際研討會」上的「基調講演」詞。

（原載《中國文化史通釋》，牛津大學出版社，二〇一〇）

23 《全集》，卷二一，頁八一三。

近世中國儒教倫理與商人精神[1]

我很榮幸應邀參加這次「涉澤國際儒教研究會」。我的基調演講的題目——「近世中國儒教倫理與商人精神」——是陶德民教授建議的；這當然是因為我以前寫過一部《中國近世宗教倫理與商人精神》（一九八七），並且已由森紀子教授譯為日文（一九九一）。一九八七年以後，我又繼續在這一領域中做了更進一步的研究，同時用漢語和英語發表了不少論文。最近的一篇是〈士商互動與儒學轉向〉，已收入我的《現代儒學論》（上海人民出版社，一九九八）。所以在這篇講詞中，我準備根據這些研究的成果做一提綱式的報告。

但在正式進入主題之前，我要特別對涉澤榮一先生的《論語與算盤》表示我的敬意。我

1 本文未曾發表過，陶德民教授的日譯本收在陶德民、姜克實、見城悌治、桐原健真合編，《東アジアにおける公益思想の變容》（東京：日本經濟評論社，二〇〇九）。

在寫完《中國近世宗教倫理與商人精神》一書以後，偶然讀了《論語與算盤》的漢譯本。我驚異地發現，我關於明、清商人精神的歷史觀察，竟和涉澤先生在《論語與算盤》中的主張不謀而合。因此我在《商人精神》日本語版的〈自序〉中特別指出：他所創造的「士魂商才」（《論語與算盤》卷一）的觀念完全可以用來描寫明、清時代的中國商人。當然，中國的「士」是指「文士」或「儒士」，這和日本的「武士」是有區別的。但是涉澤又告訴我們：日本「武士道」所體現的道德價值包括正義、廉直、俠義、禮讓和敢作敢為等等（卷八）；而這些價值大部分都可以從《論語》中找到來源（卷一）。因此從比較的歷史和文化角度說，日本的「武士」和中國的「儒士」所扮演的社會功能是確有很多相似之處。至於《論語》是中國「儒士」的精神泉源，那更是不在話下了。

如果我的理解大致不誤，《論語與算盤》的中心論旨是主張儒家倫理在現代必須與企業經營互相支援、互相配合，以造成一個經濟富裕和道德修養交相映發的社會。正如本書「導言」作者草柳大藏所指出的，涉澤投身實業界以後，便宣稱「以《論語》為商業上的聖經」。他說以現代企業經營的特殊角度來讀《論語》，發現孔子並沒有把「仁義道德」和「生產謀利」放在互不相容的絕對位置；以「義」與「利」不能並存的極端觀點毋寧是後世儒家對孔子原始教義的曲解或誤解。涉澤關於《論語》的現代解讀是相當合理的。我願意舉一個具體的例子，來支持他的新觀點。他在卷四引了孔子下面兩句話：

富而可求也，雖執鞭之士，吾亦為之。如不可求，從吾所好。（《論語．述而》）

根據他的理解，這句話決沒有「鄙視富貴」的含義。相反地，上句是說：「能以正道，雖執鞭之士亦可致富」；下句則是說：「如果是不正當手段取得，毋寧處於貧賤。」他更作了一個更大膽的推斷說：「孔子其實是主張：為了求富，像執鞭之士這樣微賤的工作也不太排斥。」[2]

涉澤榮一不是「漢學家」，他沒有進一步去追問孔子所謂「執鞭之士」究竟在當時是一種什麼職業？為什麼孔子談論「富而可求」，首先竟想到「執鞭之士」呢？現在讓我根據《周禮》來試解此謎。《周禮》「地官司徒下：司市」云：

凡市入，則胥執鞭度守門。

鄭玄注曰：

凡市入，謂三時之市。（按：即指「一日三市」）市者，入也。胥，守門，察偽詐也，必執鞭度，以威正人眾也。

2 見蔡哲義、吳璧維合譯，《論語與算盤》（台北：允晨文化，一九八七），頁二七—二八。

孫詒讓《周禮正義》卷二七疏「胥，守門，察偽詐也。……」曰：

據「胥師」文，謂市人有為偽飾虛詐者，察而糾之。以市門為市人所出入，易以司察，故使吏守之。云「必執鞭度以威正人眾也」者，……案：繫羊於木，以繫人馬，通謂之鞭。《書・舜典》云：「鞭作官刑。」據此即市刑只用鞭矣。

綜合上面所引經典文字與後代注釋，我們現在完全可以斷定：「執鞭之士」便是古代看守市門的「胥」，以維持和監督市場制度的公平運作為主要職責。如果入市交易的人有任何「偽詐」的行為（如虛報商品的數量或品質之類），「胥」發現之便會對他們施以「鞭刑」。歷史背景得到了澄清以後，孔子為什麼因「富」而立即聯想到「執鞭之士」，便已絲毫不難索解；而涉澤推測孔子並不反對以「正道」致富，也由此而得到了相當程度的印證。

這裡我必須順便提到原始儒家和商人的歷史關聯。孔子恰好出現在中國商業第一次繁榮的時代，所以孔子對於當時的市場制度有親切的認識。其中最值得重視的是他的大弟子之一——子貢（端木賜），便是一位最有開創本領的大企業家，司馬遷寫〈貨殖列傳〉，以陶朱、子貢開端，則他在古代商業史上地位之重要可想而知。孔子在《論語》中曾對子貢有下面一句描述的話：

賜不受命，而貨殖焉，億則屢中。（〈先進〉）

這是說子貢不甘心受既定的社會身分（「士」）的安排，自己主動地去經營商業，很能把握商機，因而獲得成功。（這是現代注釋家的共同意見。）所以這句話中並沒有譴責子貢從事「貨殖」的意思。《論語》所載孔子和子貢的對話，也有不少很可注意的地方。〈學而〉篇：

子貢曰：「貧而無諂，富而無驕，何如？」子曰：「可也；未若貧而樂（道），富而好禮者也。」

子貢此時大概已「貨殖」有成。他知道同門中多貧者（如顏回、原憲）而自己則走上了「富」的道路，所以才有此一問。孔子的答案當然更深了一層，但肯定了「富而好禮」也同樣可以合乎「道」，則是很清楚的。另一次對話更為有趣：

子貢曰：「有美玉於斯，韞櫝而藏諸？求善賈而沽諸？」子曰：「沽之哉！沽之哉！我待賈者也。」（〈子罕〉）

子貢在這裡是借「美玉」比孔子的「道」，希望老師出仕以行「道」。孔子的答語甚急，流露出「得君行道」的迫切心情。但是這段對話最值得注意的還不是內容，而是語言。他們師弟都具有高度的幽默感，竟完全用當時市場的語言作為「論道」的媒介。孔子對「貨殖」或市場多少是採取了一種道德中立的態度，上引的《論語》對話便是最有力的見證。我相信子貢在這一方面對孔子曾發生了重要的影響，因為孔子是通過他才認識當時正處在上升階段的「貨殖」世界的。[3]

總之，原始儒學創建時期，由於子貢的出現，已與商人發生了關係。孔子「富而好禮」一語即在指點子貢，怎樣將經商所得的財富納入「仁義」的道德規範。司馬遷很懂得這個意思，所以說：

禮生於有而廢於無。故君子富，好行其德；小人富，以適其力。……人富而仁義附焉。富者得勢益彰，失勢則客無所之，心而不樂。（《史記・貨殖列傳》）

他接著論子貢，又說：

子贛既學於仲尼，退而仕於衛，廢著鬻財於曹魯之間，七十子之徒，賜最為饒益。……子貢結駟連騎，束帛之幣以聘享諸侯，所至，國君無不分庭，與之抗禮。夫使孔子名布揚於天下者，子貢先後之也。此所謂得勢而益彰者乎？（同上）

如果我們相信司馬遷的論斷，那麼孔子之教之所以流佈天下，子貢是很有貢獻的。但因為漢以後的儒者逐漸發展了「輕商」的偏見，許多人都不肯接受司馬遷的意見。一直要到明、清之際，商人的社會地位發生了重大的變動，儒家倫理才再一次進入商業世界，而子貢也正式成為商人崇拜的偶像。所以清末以來中國商店的門前，往往有下面這副對聯：

經營不讓陶朱富，

貨殖何妨子貢賢。

《論語》和「算盤」終於結合起來了。下面讓我簡單追溯一下，儒家倫理和商人精神怎樣由分而合的過程。

自漢至宋，儒學思想雖經過種種變遷，大體上說，對於商人和商業世界都不免抱著消極甚至否定的態度。宋代的新儒學（「道學」或「理學」）在這一問題上也沒有提出新的觀點。涉澤榮一因為十七世紀（元和，一六一五—一六二四，寬永，一六二四—一六四四）日本的朱子學過於鄙視「貨殖功利」，發生了不良的社會影響，因此斷定程頤、朱熹「誤傳了孔、孟之教」。[4]程、朱是否誤解了孔、孟這個問題太複雜，不是這裡所能討論的。但朱熹

3 詳見 Ying-shih Yu, "Business culture and Chinese Traditions – Toward a study of the Evolution of Merchant culture in Chinese History," in Wang Gungwu, Wong Siu-lun, eds. *Dynamic Hong Kong: Business and Culture* (Hong Kong), 1997, pp. 14-16.

4 《論語與算盤》，漢譯本，頁一二九—一三〇。

不鼓勵儒者經商則是不可否認的事實。《朱子語類》卷一一三〈訓門人一〉：

> 問：「吾輩之貧者，令不學子弟經營，莫不妨否？」曰：「止經營衣食亦無甚害。陸家（按：指陸九淵家）亦作鋪子買賣。」

可見朱熹對於「子弟經營」只給予最低限度的認可，即止於維持「衣食」。他的基本預設顯然是以行商致富足以害「道」。

宋、明理學史上第一位公開肯定「商」的價值的是王陽明。他在一五二五年為商人方麟所寫的「墓表」中說：

> 古者四民異業而同道，其盡心焉，一也。[5]

「四民異業而同道」真是一句「石破天驚」的話，從來儒者沒有人曾如此說過。《論語》中也只有「士志於道」（〈里仁〉）一語，陽明則進一步肯定「商」也「志於道」了。他在《語錄》中還有一段話，可以和上引之語互相印證。他說：

> 雖治生（按：即指商業經營）亦是講學中事。但不可以之為首務，徒啟營利之心。果能於此處調停得心體無累，雖終日做買賣，不害其為聖為賢。何妨於學？學何貳於治

生？[6]

陽明所謂「講學」便是講關於「道」的學問，可見他不但承認商業經營（「治生」）是「道」中應有之一事，而且明明白白地宣告：整天做買賣的商人也同樣可以「成聖成賢」。宋代理學家還只說「士」可以「成聖成賢」，如周敦頤《通書・志學》篇所謂「聖希天，賢希聖，士希賢」。現在陽明則將「商」提升到和「士」完全平等的地位了。這個思想上的變化實在太大了。

涉澤榮一的「士魂商才」說強調「仁義道德」和「生產謀利」必須互相支援，所以在他的心中，真正的「商才」一定要具備深厚的精神修養；只有「以仁義道德、公正之理為本」的「商才」才能用他們的財富為全社會增加福利，不至於自私自利，最後陷溺在「腐敗墮落」之中。（參看草柳大藏的〈導言〉）他的看法顯然和王陽明「調停得心體無累」之說，是完全相通的。

為什麼不遲不早，儒家倫理和商業經營在十六世紀才開始合流呢？有兩個歷史因素必須提及：第一是十五、十六世紀中國的市場經濟空前活躍，許多全國性和地域性的大型與中型企業都出現在這一時期。這屬於經濟史的範圍，這裡不能深論。第二是在這一時期中，大批

5 《王陽明全集》（上海：上海古籍出版社，一九九二），上冊，頁九四一。
6 《全集》，下冊，〈傳習錄拾遺〉，頁二七一。

的「士」加入了商人的行列，形成了一個長期的「棄儒入賈」的社會運動。其結果是「士」與「商」之間的界線變得越來越分不清了。王陽明的「四民異業而同道」便代表了儒家倫理在一個全新的社會現實面前所做的重大調整。下面讓我對「棄儒入賈」的歷史現象稍作說明。

據現代人口史研究的大概估計，明初（一四〇〇年左右）的中國人口約為六千五百萬，但到一六〇〇年前後，則已高達一億五千萬，幾乎增加了兩倍。這種情況在科舉制度上有非常清楚的反映：明初地方學校的生員（即「秀才」）原有一定的名額，但十五世紀以後便不斷擴增。這是士人的隊伍隨著人口增加而擴大的顯證。但地方生員並不能直接入仕，必須進入中央國子監為監生以後才有機會任官。而監生名額有限，每歲通過「貢監」途徑而由生員升為監生的人則少之又少。這是從地方學校升入中央國子監以入仕的一條軌道。另一條軌道則更重要，即通過每三年一次的鄉試（舉人）和會試（進士）而取得入仕的資格。這是有明一代的所謂「正途出身」（清代也沿續這條路）。但舉人、進士的名額也有一定的限制，遠不足以容納越來越多的士人。所以十六世紀初葉時民間已流行著一個說法：「士而成功也十之一，賈而成功也十之九。」[7]這個說法決不誇張。一五一五年文徵明（一四七九—一五五二）便指出，以蘇州一府（八州縣）而言，一千五百名生員之中，三年之內由「貢」途出身的不到二十名，由鄉試而成舉人的不及三十名，合起來不足五十人，其成功率是三十分之一。[8]而同時陝西的韓邦奇（一四七九—一五五六）也說，一個人二十歲成為生員，往往要等到五十歲才能入「貢」為監生，而且還要再過十年，到了六十歲才得「選官」，所以他主張多設進士和舉人的名額，以解決大量生員終身沉滯的危機。[9]這是明代中葉以後「棄儒入賈」運動的真正背景。

據我檢查十五、十六世紀數以百計的商人傳記，「棄儒入賈」的個案幾乎占十之八九；另一方面，同一時期的儒家學者（包括思想家和文學家）之中，出身於商人家庭的也占了一個很高的比例。所以我們可以推斷，至少自十六世紀始，中國商人的社會性格已發生了一個重大的變化：商人不再是「四民之末」，而是僅次於「士」的社會階層。更重要的，由於士與商之間的界線已混而難分，當時的「商才」幾乎都具有「士魂」。簡言之，中國史上出現了一個「士商互動」的全新局面。

明代以朱註《四書》取士，早年從事於舉業的儒生無不熟讀《論語》、《孟子》、《大學》、《中庸》。所謂「棄儒入賈」，是指他們放棄了科舉考試，不再在仕途上求發展，轉而在商業世界求發展。但他們不可能完全忘卻儒家的價值和精神訓練。相反地，這些儒家價值和修養往往成為他們事業成功的動力。我在研究過程中發現了無數具體的例證，但限於篇幅，這裡只能略舉二三事以見其大概。陸樹聲為十六世紀的大商人張士毅寫〈墓誌銘〉，說他：

7 見張海鵬、王世元主編，《明清徽商資料選編》（合肥：黃山書社，一九八五），頁二五一。
8 見《莆田集》，卷二五〈三學上陸冢宰書〉。
9 見《洛苑集》，卷一九〈見聞考隨錄〉。

捨儒就商，用儒意以通積著之理。（《陸文定公集》卷七）

同時又有一位歙縣商人黃長壽，《黃氏宗譜》上也說他：

以儒術飭賈事，遠近慕悅，不數年貨大起。[10]

吳偉業（一六〇九—一六七二）為當時浙江富商卓禺寫〈墓表〉，則引下面一段話來描寫他的成功的秘訣：

白圭之治生也，以為知不足與權變，勇不足以決斷，仁不能以取予，強不能有所守，雖學吾術，終不告之。夫知、仁、勇、強，此儒者之事，而貨殖用之，則以擇人任時，強本力用，非深於學者不能辨也。[11]

這三個例子足夠說明：「儒意」、「儒術」、儒家的道德條目（如知、仁、勇、強）都是當時商人的精神資源，在他們的企業經營上發生過創造性的作用。吳偉業所引白圭的話，出於《史記・貨殖列傳》，這也是十六、十七世紀大商人傳記中常常出現的文字。白圭、子貢、陶朱公（范蠡）三位商界先驅人物，此時都成為商人崇拜的偶像。李維楨（一五四六—一六二六）為一位徽商寫〈墓志銘〉，開頭便說：

太史公傳貨殖，子貢、范、白，其人豪傑，貨殖特餘事耳。（見《太泌山房集》，卷八七〈處士潘君墓志銘〉）

宋代理學家如朱熹、陸九淵都肯定「聖賢」才是「豪傑」，而明、清文學家則把「豪傑」的尊號轉贈給成功的大商人了。十九世紀的沈垚（一七九八－一八四〇）也說：

天下之勢偏重立商，凡豪傑有智略之人多出焉。其業則商賈也，其人則豪傑也。（見《落帆樓文集》，卷二四〈費席山先生七十雙壽序〉）

在儒家社會思想上，這不能不說是一個劃時代的轉變。上面所引雖多出於文學家之手，但並不是他們向壁虛構，而是忠實地反映了商人自己的觀點。例如十六世紀一位徽商許秩（一四九四－一五五四）說：

吾雖賈人，豈無端木所至國君分庭抗禮志哉！[12]

---

10 《明清徽商資料選編》，頁四四九。
11 見《梅村家藏稿》，卷五〇〈卓海幢墓表〉。
12 見《明清徽商資料選編》，頁二一六。

很顯然地，許秩必曾熟讀《史記・貨殖列傳》，因此嚮往著當時子貢到處受到各國王侯敬禮的聲威。可見明代商人已經非常看重自己的社會地位；他們已不是勉強做買賣以謀衣食的「市儈」了。商人這一自負而兼自信的心理在當時甚為普遍，不知不覺中便流露了出來。十五、十六世紀之後的一位山西商人王現（一四六九－一五二三）訓誡他的兒子們說：

夫商與士，異術而同心。故善商者處財貨之場而修高明之行，是故雖利而不汙。……故利以義制，名以清修，各守其業。[13]

王現公然以商與士平列，即不承認士高於商之意。這是因為商人也「修高明之行」，同樣能夠以「義」制「利」。「商與士，異術而同心」這句話表達了商人的自我肯定。前引王陽明「四民異業而同道」和「終日做買賣，不害其為聖為賢」二語，其社會根源顯然在此。王陽明如果在宋代，決不會如此說的。

王現所謂「善商者處財貨之場而修高明之行」，也是明清商人階層的一大特色。他們和儒家倫理的關係並不限於早年所讀的《四書》，其中有不少人在經營之餘仍然繼續對儒學保持探究的興趣。例如上文提到的浙江富商卓禺，他在早年便深信王陽明「知行合一」之教，後來又「偕同志崇理學、談仁義」（同上）。與王陽明同時講學的湛若水（一四六六－一五六〇）也極受大鹽商的尊敬，常來問學，若水稱他們為「行窩中門生」（見何良俊《四友齋叢說》卷四）。唐順之為鹽商葛欽的妻子寫傳，也證實了這一重要事實。葛母不但送她的兒子到南京向湛若水問學，而且捐數百金為若水在揚州建甘泉書院。（《荊川先生文集》卷一六〈葛母傳〉）明代商人與理學的關係，於此可見一斑。徽商則普遍崇尊朱熹，各地徽州會館中都供奉朱熹的牌位，歲時祭祀，婚喪則用《朱子家禮》。[14]不但如此，明清商人還努力實踐宋明儒家的道德戒律。他們一方面手抄「先儒語類」，並將警句抄貼在牆壁上，作為處世的「格言」。另一方面，在做生意時則強調范仲淹的「不欺」、司馬光的「誠」，因為他們深信：如果違背了「理」或「天理」，去行欺詐的事，則必將招致災禍。[15]

為什麼明清商人如此重視道德修養呢？最主要的原因是他們對商業經營看得很嚴肅，甚至很神聖。隨之而來的是他們發展了高度的自覺，肯定自己所承擔的社會責任不在治國平天下的「士」之下。用當時的話說，即「良賈何負閎儒」。（汪道昆語）他們的自負和自信是有充分根據的。正如沈垚所說，明清以來「睦婣任卹之風往往難見於士大夫，而轉見於商賈」（同前引文）。這就是說，一切重要的社會公益事業，從家族、親戚、鄉里到一縣、一州、一省，從前由「士大夫」承擔著的，現在都落在「商賈」的身上了。最常見的公益事業如編族譜、建宗祠、設義莊，以至建書院、寺廟、修橋梁、疏通河道、開闢道路等等都要靠商人的財富來推動。甚至文化事業如大批整理和刊行叢書，也非有富商的捐助不能有成。地

13 見李夢陽，《空同先生集》，卷四四〈明故王文顯墓志銘〉。
14 例證見《中國近世宗教倫理與商人精神》，頁一三〇；日譯本，頁一九〇—一九一。
15 同上書，頁一四〇—一四三；日譯本，頁二〇三—二〇七。

方政府往往向商人呼籲，要他們為社會公益而慷慨解囊。所以十六、十七世紀的文人常借《史記．貨殖列傳》的話，強調「人富而仁義附，此世道之常也」。[16]或說：「服賈而仁義存焉。」[17]「富」不但不與「仁義」相衝突，而且還是「仁義」的物質基礎。商人之所以發展出前所未有的敬業和自重的精神，是絲毫不必驚詫的。試舉一例。十六世紀中葉江陰黃宗周是一位「棄儒入賈」的富商，他獨力出資為江陰築磚石城，又「捐金助軍，贍濟貧民」，終於有效地防禦了「倭寇」侵犯，保全了江陰。朝廷為了酬報他的大功，特別建立了「江陰黃氏祠」，加以表彰。[18]像黃宗周這樣的商人當然是社會的主要支柱，充分體現了「服賈而仁義附」的精神。

最後我要指出，十六世紀以來長期的士商互動也使儒家的社會思想發生了重要的轉向。王陽明「四民異業而同道」的新觀念便是一個最重要的信號。關於這一轉向我已在《現代儒學論》中討論過了。現在我只能提出其中一個問題，對《論語與算盤》作一回應。

涉澤榮一認為，後代儒家將「義」與「利」看作互不相容的兩極，是曲解了孔子的思想。但明清儒家恰好在「義」、「利」關係上進行了一次根本的調整。前面提及，山西商人王現已強調：商人並不只是一味求「利」，而是「利以義制」，即追求商業利潤而不違背道德原則。因此我們不能說：「士」求「義」而不重「利」，「商」則重「利」而不顧「義」。事實上，士與商同樣都面臨著「義」與「利」的選擇。這個看法在韓邦奇的筆下得到了進一步的發揮。他認為「士」如果抱著做官（「干祿」）的目的去讀聖賢之書，其實即是求「利」；相反地，「商」如果逐「利」而不背道德，則恰恰保存了「義」。用他的話說：

非其義也，非其道也，一介不以與人，一介不以取人，是貨殖之際，義在其中矣。（《苑洛集》卷七〈西河趙子墓表〉）

很顯然地，韓邦奇是在摧破傳說的偏見，即將商賈一概看作是只知「孳孳求利」的人。到了十七世紀初年東林學派的顧憲成（一五五〇—一六一二）為一位同鄉商人（倪珵，一五三〇—一六〇四）寫〈墓志銘〉，更把這一新「義利觀」提升到哲學的高度。他說：

以義詘利，以利詘義，離而相傾，抗為兩敵；以義主利，以利佐義，合而相成，通為一脈。人睹其離，翁（按：倪珵）睹其合。此上士之所不能訾，而下士之所不能測也。（《涇皐藏稿》卷一七）

顧氏在此將傳統的義利觀概括為「離而相傾，抗為兩敵」，而把新的看法概括為「合而

16 錢謙益語，見《有學集》，卷三五〈太學生約之翁君墓表〉。
17 汪道昆語，見《太函集》，卷二九〈范長君傳〉。
18 見王世貞，《弇州四部稿》，卷七六〈江陰黃氏祠記〉。

相成，通為一脈」。這一劃分既扼要，又簡明，不能不說是思想史上一大成就。他自己的立場自然是站在「合」的一邊。他之所以能立此新解，是和他的家世背景分不開的。他的父親顧學是一個成功的商人，他的兩位兄長也都先後佐父經商。不用說，他對商業世界中的義、利問題具有親切的體驗。所以這一新說特別值得重視。最後我願意再補充一點，「義利合」的新觀點並未即此而止，後來的儒者仍續有發揮，康熙五十四年（一七一五）一位官員為廣東商人在北京建立的仙城會館寫〈創建記〉，便完全從「義利合」的角度出發，肯定商業世界的「義」與「利」似「相反」而實「相倚」。[19]這正符合涉澤榮一關於儒家「義利」的現代詮釋，然而早在兩三個世紀之前流行於中國了。

這篇講詞追溯了中國史上「士魂」與「商才」的合流過程；通過這一歷史的考察，涉澤榮一的睿見便更清楚地顯示出來了。

二〇〇四年六月二十八日

（原載《中國文化史通釋》，牛津大學出版社，二〇一〇）

19 李華編《明清以來北京工商會館碑刻選編》（北京：文物出版社，一九八〇），頁一六。

明清變遷時期社會與文化的轉變

巫仁恕　譯

中國在十六世紀末到十七世紀初可以看到有一些基本的變化。這些變化不但寂靜地開始，並且持續地發展，但經過長期的騷動後才造成最後的結果。最終，活在這兩世紀的大多數中國人都未察覺到自身已經歷了中國歷史上最重要的社會與文化變遷時期之一。而這樣長期發展的歷史意義卻完全被一六四四年滿人征服中國一事所掩蓋。所以當二十世紀的史家談到「明清變遷」時，第一印象便是滿人征服中國。直到最近史家才跳出這個政治征服的圈圈，重新檢視中國自身的變化。我想在本文中概略描繪自晚明即已開始一直持續到清代的許多社會與文化互動的變化。這些變化引導中國史走向新的一頁。就朝代的興替而言，一六六四年滿族征服中國仍然是一個重要的事件，但是若因此而說其完全推翻了中國的發展也是太過誇張。

一

明清變遷時期一個非常具有意義的社會轉變就是「士」與「商」的關係。約在十六世紀開始，就流行一種「棄儒就賈」的趨勢。而且漸漸地這種風氣越來越明顯。我們可以在一六〇〇到一八〇〇年之間，從方志、族譜、文集、筆記等資料中找到上百個例子。這裡有兩個暫時的理由也許可以解釋這種史無前例的社會現象。第一是中國的人口自明初到十八世紀增加了好幾倍，而舉人、進士的名額卻未相應增加，因此科舉考試的競爭越來越激烈。另外一方面，自十六世紀以後商業與城市化的發展對許多士子也構成很大的誘惑。例如，據十六世紀安徽歙縣《竦塘黃氏宗譜》的記載，就有一位黃崇德（一六四九—一五三七）經父親之勸放棄科舉的準備，到山東海岸販鹽，「一歲中其息什之一，已而倍之，為大賈。」依據另一分晚明史料顯示，在十六世紀時已有人明白指出：「士而成功也十之一，賈而成功也十之九。」這句話曾使一位習進士業的文人改而從商，其後並以「百歲翁」聞名（見《豐南志》第五冊〈百歲翁狀〉）。

到十六世紀士人階層與商人階層的傳統界線已經變得非常模糊。當時除有由士轉商的例子外，也有由商轉士的例子。如文學家李夢陽（一四七三—一五二九）與汪道昆（一五二五—一五九三），理學家王艮（一四八三—一五四一），以及顧憲成（一五五〇—

一六一二）、顧允成（一五五四—一六〇七）兄弟等等是比較有名的例子，他們皆出身商人家庭。

事實上，在此時期士人階層與商人階層彼此之間都已意識到自身的這兩個社會階層已經出現有新的關係與聯繫。王陽明在一五二五年幫一位商人方麟所寫的〈節菴方公墓表〉中即云：

蘇之崑山有節菴公麟者，始為士，業舉子。已而棄去，從其妻家朱氏居。朱故業商，其友曰：「子乃去士而從商乎？」翁笑曰：「子烏知士之不為商，而商之不為士乎？」（四部備要本《陽明全書》卷二五）

接著王陽明贊同方麟的觀點又說：「古者四民異業而同道，其盡心焉，一也。」我認為這段文章是宋明理學（Neo-Confucianism）社會思想史的重要文獻。因為這是第一次商人階層的社會價值得到明確的肯定。特別是王陽明不只稱許商人與文人同「道」，並且又認為一個誠實的商人比一個利慾薰心的知識分子更值得尊敬。

然而，並不單單只有王陽明有這樣的新觀念，他的朋友李夢陽，在一篇為商人王現（一四六九—一五二三）所作的〈明故王文顯墓志銘〉中，提出了這樣的說法：

夫商與士，異術而同心。（《空同先生集》卷四四）

從王現去世的時間（一五二三）來判斷，李夢陽所作墓志銘的時間應比王陽明以上所寫的墓表時間（一五二五），要早一到兩年。王陽明的「四民異業而同道」之說很可能是受到李夢陽的啟發。

此後，我們不難在許多著作中找到有關商人社會功能的具體論述。有些作家，像汪道昆就可以說是商人階層的代言人。例如，當他談到自己的故鄉——安徽新安時，就說道：

> 大江以南，新安以文物著。其俗不儒則賈，相代若踐更。要之，量賈何負閎儒？（《太函集》卷五十五〈誥贈奉直大夫戶部員外郎程公暨贈宜人閔氏合葬墓志銘〉）

上面的引文中，尤其是最後一句這樣傲慢的話，是過去的商人連想都不敢想的話。關於明代與清代士商關係的轉變，清代的沈垚（一七九八—一八四〇）有略微誇張但頗為完整的描述如下：

> 是故古者四民分，後世四民不分；古者士之子恆為士，後世商之子方能為士，……何也？則以天下之勢偏重在商，凡豪傑有智略之人多出焉。（《落凡樓文集》卷二四〈費席山先生七十雙壽序〉）

沈氏所言即在帝國晚期商人階級已經支配了當時的社會。因為士人至此大部分出身商人家庭，所以士商之間的界線已不似過去般的嚴明。

最後，值得特別提出的是，自十六世紀以來，就有許多作家對商人階層大為讚揚，這也驗證了沈垚的觀察。有趣的是明人唐順之（一五〇七—一五六〇）的例子，他曾抱怨當時流行一種新風氣，即越來越多的商人，無論是酒坊坊主，或是肉販屠夫，只要日子一久，就會有人在他們死後為他們作墓志銘以褒揚之。他特別感慨地說：「此事非特三代以上所無，雖漢唐以前亦絕無此事。」然而，諷刺的是，在他的文集中，我們可以找到至少有兩篇傳記是他為商人而寫的（即《荊州先生票》卷十五〈程少君行狀〉與卷六〈葛母傳〉）。其中一篇重要的史料顯示了一位商人幫助理學家湛若水（一四六六—一五六〇）在揚州修建書院的事實，這也證明何良俊的《四友齋叢說》所云，揚州鹽商曾向湛若水問學，並且為此「到處請託」一事也許不虛。

二

在明清轉變期間，許多文化變遷的現象與上一節所討論的社會變遷有相當的關聯，雖然其間的因果關係尚不完全清楚。第一個重要的文化變遷就是知識分子開始主動參與所謂的通俗文化。我們可以三教合一的運動為例證。在十六世紀有許多整合的運動，有些是發生在哲學領域（如理學家王畿），也有是宗教領域（許多佛教的彌勒教派，如羅教）。特別令人感到興趣的是由林兆恩（一五一七—一五九八）與程雲章（一六〇二—一六五一）所領導的運動，吸引了大批士商追隨。林兆恩是個不折不扣的讀書人，他來自對外貿易非常繁榮的福建。他的教義不但在福建、浙江與江蘇地區廣為士人所接受，連商人也深信不疑。依顧憲成所述，其父顧學（一五一六－一五七六）在臨終前就皈依了林兆恩的教義。而顧學所以欣賞林兆恩的教義是在於林氏中心思想是儒家的倫理。程雲章的運動基本上是繼承林兆恩的延續。他的作品中就分別處理到佛、道、儒三教，而且在長江下游地區的文人界與商界享有盛名。最有意義的是，程氏本就是一位徽州的典商。所以他可以說是由商轉士，並致力於提倡通俗宗教的好例子。

在十六世紀儒家的知識分子中，漸漸有一種趨勢，即將形而上學的空論落實於各階層都能接受的信條。引人深思的是這樣的新發展是否與當時商業文化的勃興有關？就我們所知，當時的商人非常地相信所謂的「天報」或「神助」的觀念，並視之為非人所能控制的命運法則。晚明以來善書的風行反映了商人的心態，他們相信商業風險雖大，但成功與否則端視個人道德行為而定。尤其是在十七世紀到十九世紀特別風行的《太上感應篇》，晚明的李贄（一五二七－一六〇二）、焦竑（一五四〇－一六二〇）、屠隆（一五四二－一六〇五）都曾宣揚過此書。結果在十六、十七世紀造成了一波翻印與注解的熱潮。清代的經學家朱珪（一七三一－一八〇一）與汪輝祖（一七三一－一八〇七）都曾說他們「每日誦讀是書」，使他們有所警惕「不敢放縱」。章學誠（一七三八－一八〇一）也提到他的父親與祖父都對此書有很大的興趣，他的父親並想為此書作注。值得注意的是，清代經學大師惠棟（一六九七－一七五八），也曾為此書作了廣泛的注解。惠氏的注解在學界受到普遍的歡迎，而且再版了多次。雖然我們應該避免將知識分子喜好《太上感應篇》的原因，直截了當地就歸諸商業文化興起的背景。但是，最重要應該切記的是士商階級界線的消融，是與上層文化與下層文化之間界線的消融一致。而且最近的研究已經顯示明清變遷時期商人財富的重要性與社會地位的改善，完整地反映在此時大批善書與功過格的盛行上。我在此想要討論的另一個文化轉變的現象，就是晚明以來小說與戲曲的興起。小說戲曲和商業文化與城市化的緊密關係，不但非常清楚而且已經很完整地建構出來了。早在十五世紀葉盛（一四二〇—一四七四）就已指出：

> 今書坊相傳射利之徒，偽為小說雜書，南人喜談如漢小王（光武）、蔡伯喈（邕）、楊六使（文廣）；北人喜談如繼母大賢等事甚多。農工商販鈔寫繪畫，家畜而人有之。癡騃女婦尤所酷好，……諸名賢至百態誣飾作為戲劇，以為佐酒樂客之具。有官者不以為禁，士大夫不以為非；或者以為警世之為，而忽為推波助瀾者，亦有之矣（《水東日記》卷二一）。

我所以詳細的引出上面這段文字，主要因為這是最早有關的記載，其中透露了當時小說與戲曲不但受到普遍的歡迎，而且欣賞的觀眾還有很廣的社會組成。就通俗文學的訓誡功能而言，我們也可以從劉繼莊（一六四八—一六九五）的觀點中得到佐證。劉氏相信就社會功能而言，小說可比之為古代的《詩》與《樂》，而戲曲可比之為古代的史書與《春秋》。所以作了以下的結論：「戲文小說，乃明王轉移世界之大樞機。聖人復起，不能捨此而為治

也。」（《廣陽雜記》卷二）

從葉盛的觀察中我們知道，十五世紀的小說與戲曲中的主角主要是歷史上的名人。但是十六世紀則完全不同。就馮夢龍（一五七四－一六四六）與淩蒙初（一五八〇－一六四四）所編的《三言》與《二拍》為例，在所有的兩百個故事中起碼有七十個故事是取材於當時的商人。事實上，其中有關商人的故事，如《醒世恆言》中的〈施潤澤灘闕遇友〉與〈徐老僕義憤成家〉，或可在方志中證實其歷史背景的真實性，或竟實有其人。更有趣的是，這些故事充分反映了當時棄儒就賈的事實。我們可以從馮夢龍所編《喻世明言》中的一則故事，發現了一個新的諺語：「一品官，二品賈。」這也清楚地說明商人的社會地位已經大為提高了。同樣地，何心隱也同意將商人放在僅次於士人的地位。另外，淩蒙初的崇禎本《二刻拍案驚奇》卷三七稱：「徽州風俗以商賈為第一等生業，科第反在次著。」其他當時的作品也可以證實以上的論述。如汪道昆就說：

> 徽、歙右儒左賈，直以九章當六籍。（《太函集》卷七七〈荊園記〉）

我們可以說到了十六世紀，中國的小說戲曲史開始了全新的一章。另外一個特徵就是知識分子主動參與了這方面的創作。這批文人除了馮夢龍與淩蒙初之外，尚有湯顯祖（一五五〇－一六一六）、金人瑞（金聖歎，一六〇七－一六六〇）、李漁（一六一一－一六八〇）及其他等等。「文人小說戲曲」一辭的出現，也暗示了當時的觀眾與讀者必定比想像中的範圍更廣。就文人圈而言，既然自十六世紀以後他們已經主動參與小說與戲曲的創作，所以會有所謂「文人小說戲曲」的出現也是理所當然。然而，從葉盛上面的引文看來，我認為明清小說與戲曲的觀眾與讀者可能真的包括了「工、商、販」及其家屬。而且還有充分的證據顯示商人特別以嗜好小說戲曲而聞名。例如顧憲成從商的父親，早年就對小說，尤其是《水滸傳》特別有興趣。清道光時徽州商人舒遵剛也說：「人皆讀四子書，及長習為商賈，置不復問，有暇則觀演義說部。」（《黟縣三志》卷一五〈舒君遵剛傳〉）由此，我們可以確定的，自十六世紀以後小說與戲曲已經成為通俗文化的核心，並且由文人與商人所共享。重要而應該注意的是明清士商界線模糊以後，「士」一辭也有了新的社會意義。

（原載余英時等著，《中國歷史轉型時期的知識分子》，聯經出版事業公司，一九九二）

《中國歷史轉型時期的知識分子》序

這部《中國歷史轉型時期的知識分子》是一次學術研討會的論文集。一九九一年八月間，《聯合報》為了慶祝創刊四十年，在紐約舉辦了為期一天半的研討會，主題便是中國史上的知識分子。論文的原文都是用英文寫成的，這次結集出版，有的已經作者用中文改寫擴大，但多數是直接從原文譯成中文的。關於這個題旨，我們在不久的將來還要繼續深入研究，希望在一兩年內英文版的最後定本可以問世。

本書所收的十篇文字，除了艾森希塔的一篇是從歷史社會學的觀點檢討知識分子在世界幾個古老文明中的不同功能外，其餘九篇都是專論中國知識分子的，在時間上，上起先秦，下迄一九八九年的天安門民主運動。但是我們並無意要寫一部中國知識分子的通史，相反地，我們的注意力是集中在中國歷史幾個重要轉折點上知識分子的思想和活動。

本書的作者，除了艾森希塔和金耀基以外，都是在美國大學裡從事有關中國歷史和思想教學和研究的專業人員。毋庸諱言，我們的出發點是西方的中國文化研究；我們也希望我們的討論對西方的中國文化研究能夠發生一點影響。換句話說，我們撰文時最初是以西方的讀者為對象的。然而這並不是說，本書所涉及的問題對於中國的讀者而言是完全不相干的。我的意思不過是要說明：我們的論點在有意無意之間往往針對著西方的中國史研究中所出現的問題而發，其中有些問題未必是中國的讀者所特別感到興趣的。

第二次世界大戰以後，所謂「中國研究」（Chinese studies）在西方有重大的發展，在美國尤其興旺。無論以研究的範圍和出版的數量而言，美國在最近三、四十年都居於西方「中國研究」的領導地位。自五十年代初起，美國政府和私家基金會，由於對中國現狀的關切和制訂對華政策的需要，在各大學的「中國研究」方面，進行了大量的投資。基於同一動機，美國的學術界也接受了發展「中國研究」的任務。但正由於此，美國的中國史研究先天地便具有「厚今薄古」的傾向：研究中共的隊伍最大，中國近代史（十九世紀中葉以下）次之，至於十八世紀以上，則大致是越往前便越小。這本是美國史學界的一種正常的現象，西方史的狀況也大致如此，因此中古史和希臘、羅馬的古典研究也呈現衰落的危機，以致最近引起了美國教育部和國家人文基金會的特別關注。

這種「厚今薄古」之風對於中國文化和思想的研究有直接和間接的負面影響。直接的負面影響自然是人才缺乏、研究不足。這一點在美國尤為嚴重，因為美國的「漢學」（Sinology）傳統遠比歐洲為薄弱。歐洲「漢學」一向偏重在中國古典文獻的研究，對於中國文化和思想的大傳統因而有較深的接觸。美國的「漢學」起源較晚，最初也從歐洲傳來，但在五十、六十年代已逐漸為社會科學取向的「中國研究」所排斥，而處於邊緣的位置。間接的負面影響則是通過一九四九年以後的變局去理解中國文化的傳統，因而不可避免地有所歪曲。五十年代以來的「中國研究」大致對中共的「革命」持肯定的態度，而把中國的文化傳統看作是現代化的障礙。這一觀點本來是三十、四十年代中國的左派知識分子所提倡，由於美國學人研究中國史首先便參考這些中文論著，所以它自然便暗渡陳倉了。這一觀點在美國的「中國研究」中又有了新的具體發展。例如說，把中共的極權體制和傳統的專制看成一脈相承；把馬列主義的絕對權威和儒家的政治功能當作一丘之貉；把傳統的「士」解釋為地主、官僚、紳士的三位一體；以西方近代的政、教分離為對照，而說中國自古及今都是「政教合一」等。這些說法並不全是無根之談，但稍知中國傳統者終不免覺得是似是而非的皮相之論，未曾搔著癢處。

但以上所說是美國「中國研究」的一般情況，並不能概括所有的中國文史研究者，本書各作者則恰恰不在其中。僅以本書的三位美國本土作者而言，他們便都對上述「厚今薄古」的學風持批評和懷疑的立場，並且各在專門領域內對中國的文化傳統具有同情的了解。這可以算是本書的一個顯著的特色，我覺得應該特別指出，請讀者注意的。

本書之所以得呈現於讀者之前，我們必須感謝王惕吾先生的全力支持。如果不是由於惕吾先生對於中國文化和人文研究特加重視，這次學術討論會是不可能召開的。今年值先生八十大慶，這部論文集的出版恰好可以作為我們祝壽的獻禮。

一九九二年七月二十七日余英時序於普林斯頓

（原載余英時等著，《中國歷史轉型時期的知識分子》，聯經出版事業公司，一九九二）

現代儒學的回顧與展望

——從明清思想基調的轉換看儒學的現代發展

儒學在傳統中國的影響是無所不在的，從個人和家庭的倫理到國家的典章制度都在不同的程度上受到儒家原則的支配。從長期的歷史觀點看，儒學的具體成就主要在於它提供了一個較為穩定的政治和社會秩序。但是自十九世紀中葉以來，中國突然進入了一個前所未有的變局，維持了兩千年以上的儒家秩序開始解體了，儒學的中心地位也隨之發生了動搖。依照一般的看法，清末的知識分子，無論是變法派還是革命派，雖然還沿用著儒家的語言，事實上已逐步越出、甚至叛離了儒家的傳統。這是二十世紀中國儒學出現嚴重危機的根源所在。

本文試圖從歷史的角度說明儒學在近代的解體過程，並進而展望儒學在現代政治社會秩序的重建方面可能發揮什麼樣的效用。又討論的範圍以政治、社會思想為限，不涉及形而上學或宇宙論，以求論旨明晰。

一、現代儒學與內在批判

關於中國現代史上所謂反儒學運動的起源，我們一向似乎有一個未經詳細檢討的假設，即西方思想的侵入直接導使儒學的解體。這一假設雖有事實上的根據，但不免引起一種誤解，以為反儒學的運動完全是從外面來的。「五四」以後，由於新文化的倡導者多視儒學為民主與科學的障礙，這一誤解更加擴大了。

我現在想提出另一個觀點，即儒學的批判是從內部開始的。不僅晚清如此，「五四」初期也是如此。晚清對儒家政教禮俗正式加以評論的大致有兩派：一派是今文經學家，如康有為和他的追隨者譚嗣同、梁啟超等，另一派則是古文經學家如章炳麟、劉師培諸人。他們雖然都受到不同的西方觀念的衝擊，但顯然並未意識到是站在西方思想的立場上進行反儒學的活動。相反地，他們正自詡能發掘儒學的原始精神，不過借外來的觀念加以表述而已。以譚嗣同為例，他在《仁學》中對三綱五倫之說施以最激烈的攻擊。但他並不責備孔子、子思、孟子，而歸罪於荀子之「法後王、尊君統」。他接受了康有為建立「孔教」的主張，把原始儒學加以無限的擴大，以為道、墨、名、法各家都可以包托在「孔教」之中[1]。當時的守舊學人對今文學派持有一個普遍的批評，即認為康、譚諸人事實上是「用夷變夏」，但是在他們自己的想法中，他們是從儒學的內部來進行革新的工作。

古文經學一派的章炳麟、劉師培最初也是一方面攻擊儒學的流弊，另一方面則發揮他們所尊信的儒學原始精神。所以他們的立場也和今文經學派一樣，屬於內在的批判。章氏早年有〈尊荀〉、〈儒術真論〉諸文；[2]劉氏也指斥秦、漢以來的儒者「曲學媚世，以獻媚人君」，以致「偽學之行，厄千年而未革」。[3]章、劉兩人在日本期間都讀了不少當時社會科學的著作，因此他們往往以西方觀念與中國經典相印證，劉氏《中國民約精義》，尤其是有廣泛影響的一本著作。[4]章炳麟一九〇四年在東京出版的「重訂本」《訄書》中，增加了一篇〈訂孔〉專文，公開批評孔子，似乎已從「內在批判」轉為「外在批判」。但深入研究，即可知他仍未完全放棄儒家的立場。[5]這時他在政治上已與康有為徹底破裂，決心走「排滿」、「革命」的道路。而康氏當時正在提倡「孔教」，章氏針對這一情況才有「訂孔」之作。他在一九二二年六月給柳詒徵的信中說：「鄙人少年本治樸學，亦唯專信古文經典，與

1 見《仁學》第三十七至四十諸節，收在蔡尚思、方行編，《譚嗣同全集》（北京：中華書局，一九八一）下冊，頁三四八—三五四。
2 現已收入湯志鈞編，《章太炎政論選集》（北京：中華書局，一九七七），上冊，頁一一六—一二五。
3 見〈讀書隨筆・理學不知正名之弊〉，收在《劉申叔先生遺書》（台北：華世出版社影印本，一九七五），第四冊，頁二二一三。
4 《中國民約精義》共三卷，收在《遺書》第一冊，頁六七六—七一三。
5 關於「重訂本」《訄書》的考證，可看湯志鈞編，《章太炎年譜長編》（北京：中華書局，一九七九），上冊，光緒二十八年壬寅條，頁一四三—一五〇。

長素（按：康有為號「長素」）輩為道背馳，其後深惡長素孔教之說，遂至激而詆孔。中年以後，古文經典篤信如故，至詆孔則絕口不談。」[6]我們比較章氏的《檢論》（一九一四）和重印本《訄書》，便可知他在此信中所說的是真話，並非如一般人所云，他在中年以後思想落伍，因此不再繼續反儒學了。通觀章氏一生的思想變遷，他始終只是一個儒學的「內在批判者」。[7]

今古文經學是晚清儒學的兩個主要流派。現在這兩派中的領袖人物都要借重西方的觀念來闡明儒學的現代意義——包括對儒學中不合時宜的部分的批判，這是一個值得注目的歷史現象。如果我們承認現代反儒學的運動最初源於儒學的「內在批判」，那麼，儒學吸收西方思想這一事實也許可以看作是出於它本身發展的一種內在要求，並不是「用夷變夏」這個簡單的公式所能解釋得清楚的。

為了進一步說明這個問題，我們必須對當時今古文兩派所共同接受的西方思想作一簡略的回顧。經過一再的斟酌，我想提出以下三個較具代表性的論點：

第一，抑君權而興民權。無論是主張君主立憲的今文派或共和革命的古文派在這一點上是完全一致的。康、梁等雖主君主立憲，但其君為虛位，故權仍在民。至於怎樣才能興民權，則問題甚為複雜。康、梁似乎認為代議制的國會可為民權的保證。但梁啟超和譚嗣同在長沙辦時務學堂的時代，都曾表示過另一種意見，認為在興民權之前，最好是先興紳權，因為一般人民的知識程度太低，還不能立即行使他們的權力。如果依照梁啟超在〈變法通議〉（一八九六）中所論，創立新式學校顯然是興民權的先決條件。[8]所以梁啟超在論及議院與民權的關係時，特別強調「強國以議院為本，議院以學校為本」。[9] 譚嗣同提倡地方上的紳權也是因為紳權有助於學校的創建。[10]

章炳麟也是民權的積極倡導者，但是他不信任西方的代議制。在〈代議然否論〉一文中他對於保障民權的設計有兩點最值得注意：其一是「民有集會、言論、出版諸事……一切毋得解散禁止」。這是今天人人都知道的言論與結社的自由，但他無疑是最早重視這些基本人權的中國學者之一。其二是他在行政、立法、司法三權之外，特別加上了學校一權：「學校者使人知識精明。長官與總統敵體，所以使民智發越。」[11] 這個四權分立的設計顯然有中國的背景，孫中山五權憲法中的考試權也許和章氏這一觀點有關。我們略其枝節、觀其大體，章氏通過學校以開民智而興民權的主旨仍和譚嗣同、梁啟超同其趨向。

第二，興學會。清末之有學會由康有為始倡。如他在一八九五年所創立的北京和上海強

6 《致柳翼謀書》，收在《政論選集》，下冊，頁七六四—七六五。
7 關於此一問題的最明顯的證據是他在一九一三年所撰〈自述學術次第〉，此文收在《太炎先生自定年譜》（香港：龍門書店排印本，一九六五），頁五三—六八。
8 見〈變法通議・學校總論〉，收在《飲冰室文集之一》，頁一四—二一（《飲冰室合集》，北京：中華書局重印本，一九八九。）
9 見《古議院考》，《文集之一》，頁九六。
10 〈上歐陽中鵠書〉十四，《譚嗣同全集》，下冊，頁四七一。
11 收在《政論選集》，上冊，以上兩點見頁四六四—四六五。

學會，影響尤大。但隨著變法運動的發展，康氏門徒對學會的認識也逐漸深化。梁啟超在〈變法通議・論學會〉中便將學會的功能大加擴充，欲使天下各行各業的人都出於學會。他主張學會一方面與各國學會常通音問，另一方面又邀請「寓華西士」入會，因此學會也是一種國際性的組織。[12]一八九七年梁氏與譚嗣同在湖南參加了南學會的組織。由於此會的創設頗得力於地方紳士的支持，他們這時很想利用學會來發展地方自治，以分政府的權力。所以梁氏有「欲興民權，宜先興紳權；欲興紳權，宜以學會為之起點」的論點。[13]譚嗣同更明白指出，地方官只是「過客」，即使賢明也不應「盡操其主人之權」。故他主張，議事之權應當操在紳士所組織的學會手中，使學會具「議院」的功能，此之謂「平權於學會」。[14]南學會的《章程》並有「官紳士商，俱作會友」一條，[15]更可見他們重視社會力量尚在政府權威之上。

對於興學會之舉，章炳麟曾寫了一篇〈論學會大有益於黃人，亟宜保護〉的文章，刊在《時務報》第十九冊上，響應梁啟超的〈變法通議〉。他也認清了立學會之事「政府不能任，而士民任之」。[16]他不但坐而言，並且起而行，一八九七年即與宋恕、陳虬等友人共同創設了興浙會。甚至當時古文經學的大師孫詒讓也十分推服梁氏的〈變法通議〉，而〈變法通議〉的主眼便在學會與學校，可知在這一問題上今古文兩派之間並不存在根本的分歧。[17]

第三、個人之自主。自嚴復暢論自由與平等之旨並介紹穆勒《群己權界論》以來，個人之自主的意識漸漸在晚清思想界發生影響。康有為《大同書》與譚嗣同《仁學》都以自由和平等為立說的主要根據。譚氏「冲決綱常之網羅」便是從個人的立場上出發的。在他看來，五倫之中只有朋友一倫合乎平等、自由的原則，因為在朋友交往中，個人可以「不失自主之權」。[18]後來梁啟超的《新民說》主要也在發揮個人獨立、自由、自尊的觀念。所以在「論權利思想」一節中梁氏說：「一私人之權利思想，積之即為一國家之權利思想。故欲養成此思想，必自個人始。」[19]

在個人自主的問題上，章炳麟比康、譚、梁諸人更為徹底。他的無政府主義的傾向使他根本否認任何集體——包括國家在內的——真實性。所以在他看來，國家「有作用而無自性」，「實有自性」則只能求之於個別的人。總而言之，「個體為真，團體為幻」。[20]他又根據戴震「天理」束縛人性情之說，而置疑於現代西方所謂「世界公理」的觀念。故說：

---

12 《文集》之一，頁三三—三四。

13 梁啟超《上陳寶箴書》，見《戊戌政變記・附錄二》，《合集》本，《專集》之一，頁一三三。

14 見〈治事篇第五・平權〉，收在《譚嗣同全集》，下冊，頁四三九。

15 參看湯志鈞〈論南學會〉一文，收在《康有為與戊戌變法》（北京：中華書局，一九八四），頁二一八。

16 見《政論選集》上冊，頁一二。

17 參看姜義華，《章太炎思想研究》（上海：上海人民出版社，一九八五），頁五〇。

18 〈仁學・三十八〉，《全集》，下冊，頁三五〇。

19 收在《飲冰室專集》之四，頁三六。

20 見〈國家論〉，收在《章太炎全集》（上海：上海人民出版社，一九八五），第四冊，頁四五八。

「若其以世界為本根，以陵藉個人之自主，其束縛人亦與言天理者相若。」[21]由此可證「個人之自主」的觀念也同為今古文兩派所重。「五四」前夕，陳獨秀提倡「尊重個人獨立自主的人格」，一方面攻擊儒家三綱之說，另一方面則強調個人先於國家之義。[22]這正是結合了譚嗣同與章炳麟兩家議論所得到的見解。

晚清儒家所接受的西方觀念自然不止以上三項，但在當時中國思想界這三組觀念無疑居於中心的位置。而且影響久遠，至今未息。依上文「內在批判」之說，晚清儒家毫不遲疑地接受了這些外來的價值，似乎也必須另有其內在的根源，不僅僅是由於救亡圖存而追求西化。救亡圖存是他們的最原始、最迫切的動機，這一點是不容否認的。但儒家的政治社會思想發展到清代晚期是不是也出現了某種新的傾向，恰好可以與外來的觀念互相呼應呢？這是值得我們進一步討論的問題。

這裡我們首先要澄清兩點最易發生的誤會。第一、晚清儒家往往以中國古籍附會西方的學說與制度，康有為《孔子改制考》、《禮運注》、《論語注》等都是最顯著的例子。古文學派中人亦復如此，如劉師培《中國民約精義》及其在《國粹學報》上所發表的文字也極盡附會的能事。有人指出他「好以古書證新義，如六朝人所謂格義之流」，[23]這是完全合乎事實的。又如梁啟超與章炳麟都堅持中國古代已有「議院」制度，並引漢代「議曹」、「議郎」、「議民」等名目為證。[24]這也是出於曲解或誤解。像這一類的附會與格義決不能當作上面所說的「內在根源」。第二、晚清儒家又往往援引清初諸遺老的著作為立論的根據，如黃宗羲《明夷待訪錄》、王夫之《黃書》、唐甄《潛書》、顧炎武《日知錄》之類。由於時代相近，這些明遺民的思想在一定的程度上確發生了接引西方觀念的作用。但是譚嗣同、梁啟超、章炳麟、劉師培等人在中西互相闡證時仍然免不了附會和曲解。最明顯地，黃宗羲〈原君〉、〈原臣〉、〈原法〉諸篇雖持論激切，然而畢竟不能與西方人權、憲法之說等量齊觀。更不能說「其學術思想與盧騷同」。[25]不但如此，他們援引明遺民主要是為了激起漢人的反滿情緒。所以我們也不能直接把這些遺民的著作當成晚清儒家接受西方觀念的內在根據。

我個人深信明清儒家的政治社會思想產生了一種新傾向，而這一傾向則對晚清儒家接受西方觀念發揮了暗示的作用。但這並不是說，明清儒家思想中出現了西方式的觀念，如民主、人權、個人自由之類。過去許多文化史、思想史研究上的曲解大部分從這種錯誤的類比而來，例如明清之際發生了「啟蒙運動」、清代學術史相當於「文藝復興」，或明、清以來「資本主義」、「民主」、「科學」已在中國萌芽等等。我所說的「暗示作用」，必須通過一層思想史研究的曲折才能顯示出來。

21 〈四惑論〉，同上，頁四四四。
22 陳獨秀〈一九一六年〉，刊於《青年雜誌》，卷一，第五期，一九一六年正月號，頁三。
23 尹炎武，〈劉師培外傳〉，收在《劉中叔先生遺書》，第一冊，頁二二。
24 見梁啟超，〈古議院考〉，《文集》之一，頁九四—九六；章炳麟，《訄書・通法第三十一》（上海：古典文學出版社，一九五八），頁九七—九八。
25 劉師培語，見《中國民約精義》，卷三，《遺書》，第一冊，頁七〇五。

讓我先從前面所指出的三組西方觀念——抑君權而興民權、興學會、個人自主——說起。晚清儒家兩派都肯定這三組觀念的價值，並不是因為中國傳統中真有「民約」理論或「議院」制度如劉師培、梁啟超諸人之所云，而是這些觀念背後的思想的基調恰好引起了他們的共鳴。我們細讀晚清儒家有關這三組觀念的討論，便不難發現他們處處流露出對政府或國家權力的不信任，他們要把國家或政府的權力盡量收歸民間組織和個人的手中。換一個角度看，我們也可以說：他們希望不斷擴大民間社會和個人的功能，並使之從國家或政府的壓制中解放出來。章炳麟的無政府主義傾向，如〈國家論〉、〈五無論〉、〈四惑論〉諸文中所呈露者，更把這一心態表現得淋漓盡致。但是這一心態並非始於晚清儒家，也不完全源於近代西方。明清儒家的政治社會思想中便已發展出一種大體相近的基調：正是由於基調相近，晚清儒家才能駕輕就熟地接上了上述三組西方觀念。在下一節中，我們有必要對明清儒學中這一基調略加闡發。

二、明清儒學的思想基調

明、清是中國君主專制的高峰時代，同時也是中央集權的高峰時代。最先也最直接受到專制和集權摧殘的便是士人。《明史・刑法志二》記載：

及（洪武）十八年（一三八五）《大誥》成，序之曰：「諸司敢不急公而務私者，必窮搜其原而罪之。」凡三《誥》所列凌遲、梟示、種誅者，無慮千百，棄市以下萬數。貴溪儒士夏伯啟叔侄斷指不仕，蘇州人才姚潤、王謨被徵不至，皆誅而籍其家。寰中士夫不為君用之科，所由設也。其《三編》稍寬容，然所記進士、監生罪名，自一犯至四犯者共三百六十四人。[26]

不但進士、監生在明初遭遇至酷，各地生員也在專制權力的嚴密監視之下。洪武十五年（一三八二）「頒禁例十二條於下，鐫立臥碑，置明倫堂之左。其不遵者，以違制論」。[27]這些禁條之中包括生員不許上書建言、不許糾黨結社、不許妄刊文字等。換言之，舉凡今天所謂言論、出版、結社等自由都在嚴禁之列。這個明倫堂臥碑的制度清朝也繼承了下來[28]。我們必須明白了這一歷史背景，才能了解黃宗羲《明夷待訪錄・學校篇》為什麼特別批評「不仕者有刑」並說出「朝廷與學校相反，不特不能養士，且至於害士」那樣激憤的話。黃氏認為學校不僅是「養士」的所在，而且還應該是討論國家大是大非的輿論機構。他堅持「公其是非於學校」，以徹底改變「天下之是非一出於朝廷」的局面。[29]這一點不但有東林

26 《明史》，卷九四（北京：中華書局標點本），第八冊，頁二三一八。

27 同上卷六九《選舉志一》，第六冊，頁一六八六。

28 關於臥碑的簡略沿革，可看陳登原，《國史舊聞》第三分冊（台北：明文書局影印本，一九八一），「太學刻石臥碑」條，頁二一一二。

29 以上引文見《明夷待訪錄》，萬有文章本，頁七—八。

學派與當時內閣互爭是非的直接背景，[30]而且更出於源遠流長的儒學傳統。鄭人游鄉校以議執政子產便是最早的事例。但以我研究所得，黃氏〈學校篇〉似乎曾受到蘇軾的名作——〈南安軍學記〉——的影響。無論如何，蘇軾說「古之取士論政必於學，有學而不論政，不取士，猶無學也」。[31]其主要論點是和黃氏完全一致的。所以，《明夷待訪錄》雖因時代背景不同而言辭激切，但仍然是儒家「內在批判」的產品。

專制與集權下的明、清儒家與朝廷的關係最後淪為相互異化，可以說是事有必至，上引夏伯啟叔侄斷指不仕及姚潤、王謨被徵不至已是明證。後來吳與弼、陳獻章或應聘而不仕或稍出即歸、屢薦不復起，都可使我們窺見其中消息。更值得注意的是《明儒學案》中的領袖人物，在東林諸儒以前，鮮有以陳政事、論治道著稱者。在這一方面，明儒不但不能上追北宋范仲淹、王安石、司馬光、程頤之流，即使比之南宋朱熹、陳亮等也頗見遜色。試以王陽明而論，他集中奏疏都是討論具體事務的，只有〈乞宥言官去權奸以章聖德疏〉涉及治道（正德元年〔一五〇六〕），但他即因此下詔獄、謫龍場。此外還有一篇《諫迎佛疏》，[32]大可媲美韓愈〈論佛骨表〉，但此篇「稿具未上」。[33]以陽明〈奏疏〉與朱子〈封事〉、〈奏答〉對勘，其異立見。然而這並不是因為陽明的道德勇氣不及朱子，而是兩人立身的朝廷不同。宋代雖然也是君主專制的政體，但它是「與士大夫治天下」的，[34]而且也以優容士大夫著稱於史。

王艮一五二〇年初謁陽明，縱言及天下事，陽明曰：「君子思不出其位。」王艮又說：「某草莽匹夫，而堯舜君民之心，未嘗一日忘。」陽明答道：「舜居深山與鹿豕木石游居，

終身忻然，樂而忘天下。」最後王艮又補上一句：「當時有堯在上。」[35]這一段對話似未受

30 高攀龍，《涇陽顧（憲成）先生行狀》云：「婁江（按：王錫爵）嘗一日謂先生曰：近有怪事，知之乎？先生曰：何也？曰：內閣所是，外論必以為非；內閣所非，外論必以為是。先生曰：外間亦有怪事。公曰：何也？曰：外論所是，內閣必以為非，外論所非，內閣必以為是。」見《高子遺書》（文淵閣四庫全書本（新北：臺灣商務印書館影印），卷一一，頁五八。黃宗羲，《明儒學案》，卷五八「東林一」（中華書局四部備要本）特錄此節於顧憲成條下，可證《明夷待訪錄・學校》篇論「是非」問題確有時代的背景。

31 見《經進東坡文集事略》，卷五二，四部叢刊初編縮本，頁三〇二—三〇三。關於這一問題我曾有一封英文信與狄百瑞（Wm. Theodore de Bary）有所討論，見他的《明夷待訪錄》英文譯注。*Waiting for the dawn. A Plan for the Prince*（Columbia University Press. 1993）, pp. 183-184 note 98.

32 見吳光等編校，《王陽明全集》（上海：上海古籍出版社，一九九二），卷九，上冊，頁二九一—二九二、二九三—二九六。又有《自劾不職以明聖治事疏》，但所論也僅與皇帝個人行為有關。見卷二八，下冊，頁一〇一六—一〇一八。

33 關於《諫迎佛疏》未上始末可看《全集》，卷三三〈年譜一〉，正德十年八月條。下冊，頁一二三七—一二三八。

34 這是文彥博對宋神宗說的話，見李燾，《續資治通鑑長編》（北京：中華書局標點本，一九八六），卷二二一，第十六冊，頁五三七〇。

35 見《王心齋先生全集》，卷一，《年譜》正德十五年條。收在岡田武彥、荒木見悟主編《和刻影印近世漢籍叢刊》（台北：中文出版社、廣文書局），頁二一。按之《王陽明年譜》所記兩人初晤的對話，與《心齋年譜》完全不同。（《全集》，卷三四，《年譜二》，下冊，頁一二七七—一二七八。）這時明武宗聽信讒言，正在懷疑王陽明有造反的意圖，陽明也不勝其憂憤，至欲「竊父而逃」。（見《年譜二》，頁一二七〇。）難怪他特別謹言慎行。

到研究者充分注意，其實是有關王學外緣的極重要材料。王艮「縱言及天下事」當然是指政治批評，而陽明則一再阻止他談下去。我們由此可領悟到陽明的致良知教何以從不直接涉及政治理論，如朱子與陳亮之間的王霸之辯，或陸象山弟兄嘆賞孟子「民為貴，社稷次之，君為輕」之說。[36]與朱子反覆向皇帝陳說：「正心、誠意」不同，陽明說教的對象根本不是朝廷而是社會。他撇開了政治，轉而向社會上去為儒學開拓新的空間，因此替當時許多儒家知識分子找到了一條既新鮮又安全的思想出路。專制君主要使「天下之是非一出於朝廷」，現在陽明卻說：「良知只是個是非之心。」[37]而良知則是人人都具有的。這樣一來，他便把決定是非之權暗中從朝廷奪還給每一個人了。從這一點來說，致良知教又含有深刻的抵抗專制的意義。[38]這是陽明學說能夠流行天下的一個重要的外緣。

王艮初見陽明時豪氣尚盛，故縱談及於天下事。但是我相信他很快便體悟到陽明的深意，所以六年之後（嘉靖五年（一五二六）），他寫了一篇著名的〈明哲保身論〉。他說「若夫愛人而不知愛身，必至於烹身割股，舍生殺身，則吾身不能保矣。吾身不能保，又何以保君父哉」！[39]其弦外之音依稀可聞。泰州一派後來以「百姓日用即道」為號召，而特別能深入社會下層，恐怕和陽明這一番點化也不無關係。

陽明學以避開政治的曲折方式來抗拒專制，流傳既久，其抗拒精神不免流為政治冷感。黃宗羲論顧憲成的東林講會云：

> 先生論學與世為體，嘗言「官輦轂，念頭不在君父上；官封疆，念頭不在百姓上。至

於水間林下，三三兩兩，相與講求性命，切磨德義，念頭不在世道上，即有他美，君子不齒也。」故會中亦多裁量人物，訾議國政、亦冀執政者聞而藥之也。天下君子以清議歸於東林，廟堂亦有畏忌。[40]

顧憲成此處所說的「水間林下，三三兩兩，相與講求性命」主要即指王門傳人而言。後人也有視此為陽明學術之病痛者，但不知這也是王學之不得已處。東林儒者不能守王艮「明哲保身」之戒，在明亡前夕奮戈一擊，變曲折反抗為公開訾議，終釀成「一堂師友，冷風熱

36 《象山先生全集》，卷三四《語錄》，四部叢刊初編縮本，頁二七七。關於這一段談話在政治思想上的含義，可見勞思光，《中國哲學史》（三上）（台北：三民書局，一九八一），頁三九八。冒懷辛也特別注意到這一段話，並指出全祖望補《宋元學案》時，引文有所改易，以避免文字之禍。見〈讀書札記三則〉之三「《宋元學案》，卷五七《梭山、復齋學案》對陸九淵一句話的援引」，《中國哲學》，第二輯（北京：生活・讀書・新知三聯書店，一九八〇），頁一五二—一五四。王陽明不敢議論及此也許因為他知道「民為貴」一段話是明太祖欽定《孟子節文》中所刻意刪除的。參看容肇祖，〈明太祖的《孟子節文》〉，收入《容肇祖集》（濟南：齊魯書社，一九八九），頁一七四。

37 見《王陽明全集》，卷三，上冊，頁一一一。

38 王陽明在《答羅整庵少宰書》中說：「夫學貴得之心。求之於心而非也，雖其言之出於孔子，不敢以為是也。」（《全集》，卷二，上冊，頁七六）這句話是「良知只是個是非之心」的具體例證。

39 《王心齋先生全集》，卷四，頁九九。

40 黃宗羲，《明儒學案》（上海：中華書局，四部備要本），卷五八，頁四。

血，洗滌乾坤」[41]的悲劇，但從王陽明的觀點看，東林議政也未嘗不可說是「良知之發用」。清儒則以考證為「明哲保身」，即章炳麟所謂「家有智慧，大湊於說經，亦以紓死」。[42]但痿者不忘起，戴震欲以考證明義理，而發為「以意見殺人，咸自信為理」[43]之說，仍不免情見乎辭。清代以考證明義理的最後歸宿是康有為的《新學偽經考》與《孔子改制考》，由此而引出戊戌政變的悲劇。再度以「一堂師友，冷風熱血，洗滌乾坤」閉幕。三百年遙遙相對，適成歷史的奇詭。這也是晚清思想基調未變的歷史根據之一。

1. 民間社會的組織

現在我們要進一步用幾組具體的例證來說明明、清儒學的思想基調。東林講友之一的陳龍正曾說：

> 上士貞其身，移風易俗；中士自固焉爾矣；下士每遇風俗，則身為之移。[44]

陳龍正所說的「下士」無代無之，而且滔滔者天下皆是，可以置之不論。「中士」是佛家所謂「自了漢」，孟子所謂「凡民」，在當時略有貶義。「上士」才是他心目中理想的儒家，這是我們今天所說的「創造少數」或孟子所謂「豪傑之士」。《荀子・儒效》說：「儒者在本朝則美政，在下位則美俗。」陳龍正專以「移風易俗」勉「上士」，正可見他的目光所注在下而不在上，在社會而不在朝廷。明儒無論在朝在野多以「移風易俗」為己任，故特別重視族制、鄉約之類的民間組織，不但討論精詳，而且見諸行事。明初方孝孺提倡族制最為努力；他把「化天下」的希望寄託在民間自發的健全族制之上。所以他說：「士有無位而可以化天下者，睦族是也。」[45]又說：「天下俗固非一人一族之所能變，然天下者一人一族之積也。」[46]可見他是從民間的而不是朝廷的立場來看待「天下」的。他又精心設計了一套「宗儀」，大體上近於近代地方自治的制度。他認為這一套制度在「三代之盛」時是由朝廷「達至州里、成於風俗」的，但現在則「久矣其亡而莫之復」，故只能自下而上從民間做起，即所謂「欲試諸鄉閭，此為政本」。[47]近人蕭公權認為方氏似對專制政府失望，因此「以鄉族為起點，欲人民先自教養，以代政府之所不能」。[48]這個推斷是相當合理的。明代另一個著名的宗族自治團體是泰州學派何心隱所建立的聚和堂。據黃宗羲云：

41 黃宗羲語，見同上〈東林學案〉序，卷五八，頁一。
42 《訄書・清儒》，頁三〇。
43 《與段若膺論理書》，收入《戴震全集》（北京：清華大學出版社，一九九一），第一冊，頁二一四。
44 《明儒學案》，卷六〇，頁九。
45 方孝孺，《遜志齋集》，四部叢刊初編縮本，卷一三《宋氏世譜序》，頁二九七。
46 同上，《謝氏族譜序》，頁二九八。
47 同上，卷一《宗儀九首・體仁》，頁五一。
48 見《中國政治思想史》（新北：聯經出版公司，一九八二），下冊，頁五七〇。

> 何心隱，吉州永豐人……從學於（顏）山農，與聞心齊立本之旨。……謂《大學》先齊家，乃構萃（聚）和堂以合族。身理一族之政，冠、婚、喪、祭、賦役，一切通其有無。行之有成。會邑令有賦外之徵，心隱貽書以誚之。令怒，誣之當道，下獄中。[49]

這個例子不但證明了儒者有意向民間社會開辟活動的領域，而且也顯示了專制政府和儒者「移風易俗」之間的緊張關係。

明儒對民間社會的重視更體現在鄉約制度上。宋代關中呂氏的鄉約經過朱熹的修訂之後，在明代得到進一步的發展。根據最近的研究，鄉約早已流行於十五世紀，而且民間自辦者其成績尚在地方官所倡導者之上，如山西潞州南雄山的仇氏鄉約行之三十餘年，收效至大。影響所及，名儒呂柟在解州攝行州事時也依其規模而立呂氏鄉約。[50]呂氏立鄉約雖出於地方官的身分，但其規模取之民間鄉約，仍以儒家「移風易俗」為終極之理想。[51]其後王陽明的南贛鄉約，及江右王門所聞風而起者，都不得以官辦性質視之。如泰州門下的羅汝芳出守安徽寧國府，「以講會鄉約為治」。[52]我們現在還可以看到他舉行鄉約的盛況，《近溪子明道錄》記載「父老各率子弟以萬計，咸依戀環聽，不能舍去」。又記諸老幼如何「躍然」、「歡忻」，甚至「皆淫淫涕下」。[53]這些文字即使有所誇張，也仍然反映出羅氏是利用官方的地位來宣揚師門的宗旨。黃宗羲說：

> 近溪舌勝筆，顧盼呿欠，微談劇論，所觸若春行雷動。雖素不識學之人，俄頃之間能

令其心地開明。道在眼前，一洗理學膚淺套括之氣。當下便有受用，顧未有如先生者也。[54]

泰州一派之所以流傳天下，羅汝芳的貢獻最大，李贄便是受他影響最深的一個人。

正因為明儒運用鄉約制度為社會講學的媒介，而影響深遠，專制政府才大起警惕。張居

---

49 《明儒學案》，卷三二〈泰州學案〉序，頁一—二。關於聚和堂的組織與功能，詳見《何心隱集》（北京：中華書局，一九六〇），卷三所收三篇文字，頁六八—七二。現代研究可看容肇祖，〈何心隱及其思想〉，收入《容肇祖集》，特別是頁三三六—三四五；Ronald G. Dimberg, *The Sage and Society: The Life and Thought of Ho Hsin-Yin*（The University Press of Haiwaii, 1974）, esp.pp. 44-47.

50 詳見朱鴻林，〈明代中期地方社區治安重建理想之展現〉，刊於韓國《中國學報》，第三十二輯，一九九二年八月，頁八七—一〇〇。

51 呂柟的語錄中論及教化、移風易俗的地方甚多，如云：「學者須盡知天下之事，通得天下之情。如在一鄉，須使一鄉之人可化。縱是愚夫愚婦，亦可與之相接說得話。」（《涇野子內篇》，北京：中華書局，一九九二，卷一〇，頁九一。）「人性皆善，或有隱於田畝者，有隱於商賈者，甚至有隱於雜流者，但無人化之耳，使用人化之，皆可進於道而不廢。故欲諸友到處以善誘人，除卻下愚則不能。」（同上卷一三，頁一二六。）「先生謂後世為政，當以轉移風俗為急。善人進，則風俗自淳；風俗淳，則天下百姓陰受其福而人不知。」（同上卷一四，頁一四〇。）

52 《明儒學案》，卷三四，頁一。

53 《近溪子明道錄》和刻影印近世漢籍叢刊本，卷八，頁三七九—三八四。

54 《明儒學案》，卷三四，頁二。

正禁毀書院一部分即由此而起，因為王門弟子的鄉約講會往往以書院為據點。前述羅汝芳的鄉約便是在海春書院舉行的。入清以後，控制更嚴，鄉約終於淪為政府控制鄉村的一種工具了。

2. 富民論的發展

另一組事例足以顯示明、清儒家的注意力從政治轉向社會，這便是他們關於藏富於民的新認識。「不患貧而患不均」一直是儒家在有關財富分配方面的最高指導原則，近代康有為、譚嗣同、章炳麟諸家仍大體遵奉未改。然而明、清儒家也往往流露出另一種關懷，即怎樣在分配公平的大原則下對富戶也加以適當的保護。這也可以看作是《周禮》「保富」觀念的一種發揮。宋代蘇轍認為王安石變法過分損害了富民，因此曾表示過下面的意見：

> （今）州縣之間，隨其大小，皆有富民，此理勢之所必至。所謂物之不齊，物之情也。然州縣賴之以為強，國家恃之以為固，非所當憂，亦非所當去也。能使富民安其富而不橫，貧民安其貧而不匱，貧富相恃以為長久，而天下定矣。[55]

蘇轍以貧富不齊為「理勢之所必至」，又公然主張國家應保障富民，使能「安其富」。這在儒家經濟思想史上是一個比較新鮮的觀點。當時除了其兄蘇軾以外，司馬光也持論相近，南宋葉適則發揮得更多。[56]但這一新觀點的廣泛流行卻在明代中葉以下，尤其是

十六、十七世紀，似與商人階層的興起不無關聯。[57]茲就流覽所及，依時代先後，徵引諸家議論於下，以見儒學新動態之一斑。十五世紀末丘濬借《周禮》「大司徒以保息六養萬民」之文，發揮「藏富於民」的觀念如下：

> 誠以富家巨室，小民之所依賴。國家所以藏富於民者也。小人無知，或以之為怨府。先王以保息六養萬民，而於其五者皆不以「安」言，獨言「安富」者，其意蓋可見也。是則富者非獨小民賴之，而國家亦將有賴焉。彼偏隘者往往以抑富為能，豈知《周官》之深意哉！[58]

---

55 蘇轍，《欒城集》，四部叢刊初編縮本，三集，卷八《詩病五事》，頁七一五。

56 關於這一問題，可看葉坦，《富國富民論》（北京：北京出版社，一九九一），第二章第四節「為富人辯護的新觀點」，頁八五—九二。一九九四年四月二十三日我曾以本題在東京大學講演。會後承葉坦女士贈其新著，有助於此文的修訂，特此致謝。

57 參閱余英時，《中國近世宗教倫理與商人精神》（新北：聯經出版公司，一九八七）；森紀子日譯本，《中國近世の宗教精神上商人精神》（東京：平凡社，一九九一）。

58 丘濬，《大學衍義補》，卷一三〈蕃民之生〉（台北：丘文莊公叢書編輯委員會影印，萬曆三十三年〔一六〇五〕御制重刊本，一九七二），頁一七四。關於此書的現代研究，可看 Hung-lam Chu（朱鴻林），*Ch'iu chun*（*1421-1495*）*and the 'TaHsiueh Yeh-i-pu': Statecraft Thought in Fifteenthcentury*. Ph. D. Dissertation. Princeton University, 1984.

這是對傳統「抑富濟貧」的平均主義思想公開提出質疑。黃綰在十六世紀著《明道編》對此一觀點有更透闢的發揮。他說：

今之論治者，見民日就貧，海內虛耗，不思其本，皆為巨室大家吞併所致，故欲裁富惠貧，裁貴惠賤，裁大惠小；不知皆為王民，皆當一體視之。在天下，惟患其不能富，不能貴，不能大，烏可設意裁之，以為抑強豪、惠小民哉？縱使至公，亦非王道所宜也。[59]

從此以後，「藏富於民」、「富民為國家所賴」等議論已成為儒家思想的一個基調，不斷地在明、清儒家的著作中再現。丁元薦（萬曆十四年進士，一五八六）《西山日記》記他的父親的話，說：

先大夫嘗言，大家巨室，一方元氣；元氣各處蕭索，國運從之矣。[60]

祁彪佳論救荒也重視「藏富於民」的觀念，並說：

救荒要在安富。富民者，國之元氣也。……富者盡而貧者益何所賴哉……[61][62]

顧炎武《菰中隨筆》引龔子鄒之言曰：

今江南雖極大之縣，數萬金之富不過二十家……煩苦又獨甚。其為國任勞，即無事之時宜加愛惜，況今多事，皆倚辦富民。若不養其餘力，則富必難保，亦至於貧而後已。無富民則何以成邑？宜予以休息，曲加保護，毋使奸人蠶食，使得以其餘力贍貧民。此根本之計。

王夫之論全國各地的「素封巨族」，特別注重商人的社會功能在於「流金粟，通貧弱之

---

59 黃綰，《明道編》（北京：中華書局，一九五九），卷四，頁四五。參閱容肇祖，〈王守仁的門人黃綰〉，收在《容肇祖集》，頁二四七—三一六。

60 《西山日記》，清初尊拙堂舊抄本，有「東方文化學院京都研究所」藏印，上卷〈日課〉，頁一二。又據《日記》，卷上〈循良〉篇，丁元薦的父親曾兩度任縣令，故知之甚審。此書承京都大學人文科學研究所小野和子教授借閱，特此致謝。按：丁元薦為湖州鄉紳，但曾率身「計田占役，與編戶等」，以支援朱國禎在湖州提倡的「均繇」改革，所以他雖肯定「大家巨室」是「一方元氣」，卻並不是為鄉紳、富民的特權作辯護。關於上引言論的現實背景，詳見濱島敦俊，《明代江南農村社會の研究》，（東京：東京大學出版會，一九八二），頁四七三—四七九。

61 《祁彪佳集》（北京：中華書局，一九六〇），頁九六。「藏富於民」見頁八六。

62 見賀長齡編，《皇朝經世文編》（台北，文海出版社影印重校本，一九七三），卷八〈治體二，雜論史事〉，第一冊，頁三二一—三二二。

有無」，尤其在災荒時可以賑濟貧民。故他在《黃書・大正》篇中說：

卒有旱潦，長吏請蠲賑，卒不得報，稍需日月，道殣相望。而懷百錢，挾空券，要豪右之門，則晨戶叩而夕炊舉矣，故大賈富民者，國之司令也。

他更進一步譴責當時官吏過度打擊「大賈富民」，以致富民殘破之餘，貧民也隨之而失去了謀生之道。故他接著說：

今吏極亡賴……乃籍鋤豪右，文致貪婪……。此故粟貨凝滯，根柢淺薄，騰涌焦涩，貧弱孤寡傭作稱貸之塗窒，而流死道左相望也。[63]

王夫之的議論中有兩點最可注意：他屢用「素封巨族」、「大賈富民」的連稱，可知他心中的「富民」主要指商人。這可以證實明、清儒家思想的新基調確與商人階層的興起有關。第二，他在這一節文字中所用「豪右」一詞即指「大賈、富民」，但已取消其傳統的貶義，故極不以官吏「鋤豪右」為然。這也是晚明的一種新論點。[64]與王夫之同時而略後的見解。他說：

立國之道無他，惟在於富。自古未有國貧而可以為國者。夫富在編戶，不在府庫。若編戶空虛，雖府庫之財積如丘山，實為貧國，不可以為國矣。[65]

以上所引各家議論，從十五世紀末到十七世紀末，先後約兩百年，確代表了儒家思想的一個新的動向，這裡所說的「新」，並不完全指內容而言；專就內容說，「藏富於民」、「輕徭薄賦」、「不與民爭利」等觀念早已潛存於儒學傳統之中，有時甚至也浮現到正式論辯的層面，如漢代《鹽鐵論》中所載賢良、文學的議論。但以思想的著重點和持續發展而言，明、清儒家的富民論卻不能簡單地看作是舊論點的重複。而且這一系的思路並未止於十七世紀，後來仍不斷有人加以發揮，一直延續到二十世紀初葉。[66]

明、清的富民論也是儒家基調轉換的一個組成部分，一般而論，這時的儒者已不再寄望於朝廷積極地有所作為，而是要求政府不對民間致富的活動加以干擾。用唐甄的話說，便是

---

63 《黃書・噩夢》合刊本（北京：古籍出版社，一九五六），頁二八—二九。

64 例如徐貞明（一五九〇年卒）在《潞水客談》中曾說：「豪右之利，亦國家之利也。何必奪之？」又云：「借豪右之力，以廣小民之利，方欲藉之，矧曰奪乎？」叢書集成簡編本（新北：臺灣商務印書館，一九六六），頁八。

65 《潛書》（北京：中華書局，一九六三），下篇上〈存言〉，頁一一四。唐氏也強調貪吏虐取富室為害最大，故說：「富室空虛，中產淪亡。窮民無所為賴。」詳見同上書〈富民〉篇，頁一〇五—一〇七。

66 可參看朱家楨，〈中國富民思想的歷史考察〉一文中所引包世臣、馮桂芬、魏源、王韜之說。見《平準學刊》（北京：中國商業出版社，一九八六），第三輯，下冊，頁四〇三。

「因其自然之利而無以擾之，而財不可勝用矣」。[67]黃宗羲論「財計」，除「輕其賦斂」外，又提出「工商皆本」、不能「妄議抑之」的大原則，其用意與唐甄也完全一致。[68]從這一論點推衍下去，便出現了對政府不信任的想法。戴震曾露骨地指出：

> 凡事之經紀於官府，恒不若各自經紀之責專而為利實。[69]

這顯然是說一切社會事業，官辦都不如民間自辦更為有效。十九世紀中葉沈垚論有關公益事業的興造，也說：

> 興造本有司之責，以束於例而不克堅。責不及民，而好義者往往助官徇民之意。蓋任其責者不能善其事，善其事者每在非責所及之人。後世事大率如此。此富民所以為貧民之依賴，而保富所以為《周禮》荒政之一也。[70]

沈氏論富民為貧民所依賴，其說遠有所承，但他強調富民之「好義者」較之「有司」更能善興造之事則是一較新的論點。上引戴震的文字很可能對他有所影響。

明、清富民論的基調有助於現代儒家接受西方的觀念，稍檢戊戌政變時代變法派的著作便可以得到印證。如譚嗣同主張「散利於民」，並說「以目前而論，貧富萬無可均之理。不惟做不到，兼恐貧富均，無復大有力者出而與外國爭商務」。[71]更有趣的是，他一方面痛斥韓愈「倡君尊民卑之邪說」，另一方面卻稱讚韓氏，「躋工商於四民之列，不以為末而抑之，奏請勿困辱之，則庶幾乎近世扶掖工商之道。」[72]這兩點都有來歷。第一點是響應嚴復的名論〈辟韓〉。[73]第二點則是通過上引黃宗羲「工商皆本」之說來理解西方近代的資本主義社會。這一點尤其具體地顯示出來，在晚清儒家接受西方觀念的過程中，明清思想基調怎樣發揮著橋梁的作用。從「扶掖工商」這一特殊角度來欣賞韓愈，確是前所未有的。梁啟超的見解也大體相近。他在〈史記貨殖列傳今義〉一文中重申《周禮》「保富」之義，並說：「泰西尤視富人為國之元氣。」[74]梁氏又引日本緒方南溟《中國工藝商業考》中的話，並加案語，說：

67 《潛書》，下篇上〈富民〉，頁一〇六。
68 《明夷待訪錄》，〈財計三〉，頁二九。
69 《戴東原集》，四部叢刊初編縮本，卷一一〈汪氏捐立學田碑〉，頁一一八。
70 沈垚，《落帆樓文集》，吳興叢書本，卷七〈謝府君家傳〉，頁二三。
71 〈報唐才常書〉，見《譚嗣同全集》，上冊，頁二五〇。
72 〈致唐才常〉第二書，見同上，下冊，頁五二九。
73 譚氏此書作於一八九六年，嚴氏〈辟韓〉則發表於一八九五年天津出版的《直報》，梁啟超《時務報》曾予轉載。張之洞視之為「洪水猛獸」。見王蘧常，《嚴幾道年譜》（上海：商務印書館，一九三六），頁二四—三〇。但譚氏在《仁學》（一八九六）中破君臣一綱，其主要根據仍是《明夷待訪錄》，見《全集》下冊，頁三三八—三四〇。所以嚴復〈辟韓〉雖依西方制度立說，其中也不免有明清基調在暗中接引，不過嚴氏只敢引孟子「民為貴，君為輕」，而不敢引《明夷待訪錄》而已。
74 見《飲冰室文集》之二，頁三九—四〇。

（緒方）又言「中國製絨、織布、繅絲、煉鐵等廠，皆緣官辦之故，百弊叢生。即有號稱半官半民者，亦以官法行之。其真為民業者蓋寡。此中國工藝不興之大原」。其言深切著明，洞中竅要。[75]

梁啟超深有契於緒方南溟的觀點，認為工業必須民營，不應官辦，這正是上引戴震和沈垚的基本論旨。

3. 新公私觀的出現

最後一組關於明、清思想基調的例證則是「私」的價值逐漸受到肯定。這一基調與晚清今古文兩派共同提倡的「個人自主」一脈相通，也有略作說明的必要。明、清之際，儒家的「公、私」觀發生了微妙的變化，這大致是近來研究所已證實的。[76]此處我們必須強調的是：公私觀的變化不是明、清思想史上的一個孤立現象，而是儒學基調轉換的面相之一，與上述民間組織的興起、富民論的發展是互相關聯的。明代儒學主流的施教對象既從皇帝與朝廷逐漸移向民間與個人，最後不可避免要碰到「公」、「私」之間怎樣劃分界線的問題。

王陽明的心學以「良知」為人人所具有，從某一意義上說，這是把「天理」個人化，也就是「私」化了。[77]因此，如撇開王陽明立說的原義不論，專就其可能發生的歧義而言，則此個人化的「良知」可以引生出一種重視個人生命的觀念，前文所引王艮的「明哲保身論」即是一顯例。黃宗羲認為王艮此論難免「開一臨難苟免之隙」，確不失為一個深刻的批評。[78]但是從積極方面看，「良知」個人化也有加強個人尊嚴的理論效果，王艮的「尊身」說可以看作這一方面的發展。[79]從這條思想線索上看，「私」的價值特別受到李贄的宣揚恐

75 見〈中國工藝商業考提要〉，同上，頁五一。

76 關於這個問題的研究，日本溝口雄三教授的貢獻最多。可看他的《中國前近代思想の屈曲と展開》，（東東：東京大學出版會，一九八〇），頁三—二四；〈中國における公・私概念の展開〉，《思想》，六六九號東京：岩波書店，一九八〇年三月），頁一九—三八；〈中國の「公・私」〉，《文學》（東京：岩波書店，一九八八），卷五六，九月號，頁八八—一〇二及十月號，頁七三—八四。參閱拙著，《中國近世宗教倫理與商人精神》，頁九七—一〇四。

77 王陽明主「心即理」，即將「天理」收歸「心」中，故說：「天理即是良知。」（《全集》，卷三，上冊，頁一〇〇。）每一個人都具有「良知」，這一點在他的系統中是不成問題的。但「良知」雖為人人所同具，一切個人的「良知」是否都相同卻是一個吃緊的問題。有人問他：「良知一而已：文王作《彖》，周公系《爻》，孔子贊《易》，何以各自看理不同？」他答道：「聖人何能拘得死格？大要出於良知同，便各為說何害？且如一園竹，只要同此枝節，便是大同。若拘定枝枝節節，都要高下大小一樣，便非造化妙手矣。汝輩只要去培養良知，良知同，更不妨有異處。」（同上，頁一一二。）可知他明白肯定「良知」在「大同」之中仍有「小異」，即每個人的「良知」都有所不同，並非「高下大小一樣」。這是我用「個人化」、「私」化的根據。又陽明此處憑空添出了一個「造化」來，作為「良知」「有異處」的一種解答。這是否即是別處所說的「良知是造化的精靈」的那個「造化」？（同上，頁一〇四。）然則此「造化」又是什麼？「天乎」？「上帝」乎？在他的系統中，「良知」是一切價值之源，但「良知」之源又在何處？這似乎也是一個無法逃避的問題。陽明顯已察覺到此問題，但終無明白的交代。

78 見《明儒學案》，卷三二，〈泰州一〉，頁七。

79 王艮說：「身與道原是一件。聖人以道濟天下，是至尊者道也。人能宏道，是至尊者身也。尊身不尊

怕也不是完全出於偶然的巧合。他有一個著名的說法：「夫私者人之心也，人必有私而後其心乃見，若無私則無心矣。」[80]如果我們把「私」解釋為「個體」而非「私欲」，把「心」解釋為「良知」而非與「道心」相對的「人心」，則此語也未嘗與陽明的良知理論全無相通之處。陽明曾說：「天地無人的良知，亦不可為天地。」[81]此處「人的良知」當然是指個別的人所具有的良知，試問若無個別的人，則良知又從何處「發竅」？必須說明，這裡強調的不在李贄是否發揮了陽明的理論，而在「無私則無心」之語可能因為受到個人化的「良知」的暗示而引申出來的。

對於「私」的價值的肯定並不限於任何一派，而是明清之際的一個共同趨向。由於有關明清公私觀的問題大致已研究得很清楚，本文不必重複討論。下面我只想從本文的特殊角度對這個問題作一簡單的考察，並補充一二條新的資料。明、清之際出現的關於公私觀的新基調可以顧炎武在《郡縣論五》中的話為代表。他說：

> 天下之人各懷其家，各私其子，其常情也。為天子為百姓之心，必不如其自為，此在三代以上已然矣。聖人者因而用之，用天下之私，以成一人之公為天下治。……故天下之私，天子之公也。[82]

這段話中最值得注意的是對「私」的正當性的正式承認，顧氏事實上已將「公」和「私」劃分為兩個不同的領域；相對於社會上一切個人而言，他們都「各懷其家，各私其子」。這是「私」的領域，其中根本用不上「公」的原則。但政治秩序則是一個「公」的領域，其中卻容不得一個「私」字。這一劃分在《日知錄》中表達得更清楚。他說：

> 自天下為家，各親其親，各子其子，而人之有私，固情之所不能免矣。故先王弗為之禁。非為弗禁，且從而恤之。建國親侯，胙土命氏，畫井分田，合天下之私，以成天下之公。此所以為王政也。至於當官之訓，則曰以公滅私。……此義不明久矣，世之君子必曰有公而無私，此後代之美言，非先王之至訓矣。[83]

此處明以「人之有私，情所不能免」和「當官之訓，以公滅私」相對照，可見兩個領域的分別在他的心中是相當明確的。若再進一步分析，顧氏雖一再說「天子之公」，似乎

道，不謂之尊身；尊道不尊身，不謂之尊道。須道尊身尊，才是至善。」見《王心齋先生全集》，卷三，頁七九—八〇。「良知」個人化未嘗不可為「道」「身」合一說開一方便法門。

80 李贄，《藏書》，卷三二《德業儒臣後論》（，北京：中華書局，一九五九），第三冊，頁五四四。按：此語之下李氏曾舉「私有秋之獲」、「私積倉之獲」、「私進取之獲」、「官人私祿」等為例。但並不是講「私有財產」。讀者不可誤會其意。

81 《王陽明全集》，卷三，上冊，頁一〇七。

82 見《顧亭林詩文集》（北京：中華書局，一九五九），卷一，頁一五。

83 《原抄本日知錄》，徐文珊點校（台北：明倫出版社，一九七〇）卷三，三版，頁六八。

「公」的價值更高，但他的真正用意卻恰恰相反。他要打破「有公而無私」的神話（美言），肯定「私」的價值。在以上兩節引文中，「私」都是第一義，「公」則依附於「私」而成立。「天下之私，天子之公」和「合天下之私，以成天下之公」都在說「公」的出現是為了使「私」的普遍實現成為可能。他的公私觀和黃宗羲《明夷待訪錄》的〈原君〉篇可以說基本上是一致的，毋怪他要說《日知錄》所論同於《待訪錄》者「十之六七」了。[84]

由於顧、黃都是明末清初的人，因此目前一般的看法是以公私觀的轉變發生在十七世紀中葉以後，李贄論「私」雖在十六世紀末葉（《藏書》初刻於萬曆二十八年（一六〇〇）），然而儒學主流中人既對他抱有很深的偏見，則顧、黃諸人未必受到他的影響，最多不過是不謀而合而已。這種不謀而合也透露了思想史上的一個消息，即儒學的注意力越來越轉向怎樣擴大民間社會的空間。這可以說是儒學在專制政治高壓之下的唯一的出路。公私觀的新論點便是儒家在轉向後反思的成果之一，顧炎武「天下之私，天子之公」的命題必須與黃宗羲〈原君〉篇中對專制君主的批評對照著讀，才能顯出它的全幅含義。〈原君〉篇說：

> 後之為人君者不然，以為天下利害之權皆出於我。我以天下之利盡歸於己，以天下之害盡歸於人，亦無不可。使天下之人不敢自私，不敢自利，以我之大私為天下之公。[85]

黃氏的話也可以歸結為「天子之私，天下之公」八個字，和顧氏的八個字命題恰好一正一反，互為補充。但顧、黃立說已在明亡之後，李贄則僅說「私」而未及「公」，那麼在明亡之前是不是也有其他的人談過這個問題呢？這一點相當重要。因為新公私觀的建立如果可視為儒學基調轉換的面相之一，則它的出現似不應遲至十七世紀中葉。恰好我在李維楨（一五四七—一六二六）的〈南州高士喻公墓誌〉中發現了下面這句話：

子知封建、井田乎？遂其私所以成其公，是聖人仁術也。[86]

但這不是李氏自己的話，而是轉述〈墓誌〉主人喻燮之言。喻燮是江西豫章的儒生，平時博覽經史子集及明代朝章典故，尤嗜史學。〈墓誌〉僅說他活了八十八歲，未著生卒年。據王世貞（一五二六—一五九〇）〈喻太公傳〉，其子請世貞傳喻氏生平在「萬曆之癸未（一五八三）」，我們因此大致可斷定他的年代是一四九六—一五八三。[87]上引之語出於喻燮中年時期，則當在十六世紀上葉。這一發現可以使我們把公私觀轉變的時代推前數十年以至一個世紀，和民間組織的興起以及富民論的發展適相先後。讀者當不難看出，喻燮「遂其私

84 《顧亭林文集》，〈亭林佚文輯補·鍳黃太沖書〉，頁二四六。
85 《明夷待訪錄》，頁一—二。
86 李維楨，《大泌山房集》，卷一〇五，萬曆三十九年（一六一二）序，普林斯頓大學葛思德東方圖書館據東京內閣文庫藏本影印，頁二八。
87 王世貞，《弇州續稿》（三），文淵閣四庫全書影印本（新北：臺灣商務印書館），卷七六，頁一八。

所以成其公」一語正是顧炎武命題的一個最扼要的概括。

顧炎武的公私觀對清代中葉以下的儒家社會思想有影響。讓我舉兩個例子來說明這一點。第一是顧氏「天子為百姓之心，必不如其自為」的論斷。這個想法當然不是他一人所獨有，黃宗羲之外，王夫之評論隋代均田制也說：「人則未有不自謀其生者也，上之謀之，不如其自謀。」[88]但顧氏對問題的提法最為尖銳，因此也最有效地摧破了「天子」愛民如子的傳統神話。上引戴震與沈垚論社會事業官辦不如民辦，顯然便建立在顧氏的人性論的基礎之上。我們更可由此看出，明清的公私觀和富民論在思想上是互相支援的。

第二是顧氏在《日知錄》中對「有公而無私」的觀念的有力駁斥，龔自珍便繼此寫了一篇〈論私〉，徹底攻擊「大公無私」之說。他大膽地指出，天、地、帝王、聖賢……無不有「私」。相反地，只有禽獸才不知「私」的意義。因此他質問道：「今日大公無私，則人耶，禽耶？」龔文直接從《日知錄》引申而來是毫無可疑的。因為他在結尾處所引《詩經》中有關「公」、「私」的句子及其解說都與《日知錄》相同，不過稍加擴充而已。[89]顧炎武的著作在乾、嘉時期是人人必讀的。我們一向只注重他在考證方面的影響，事實上，從現代的眼光看，他在儒家社會思想方面的影響是更值得深入發掘的。如果說，李贄是從心學的立場上宣揚了「私」的價值，那麼龔自珍則可以說是從宇宙論的立場上肯定了「私」的中心位置。

明清的公私觀又引出另一種「私」的問題，對於我們理解清末民初「個人自主」的觀念頗有關係，即儒者個人的社會存在的問題。陳確在〈私說〉一文中提出了「君子有私」及

「君子愛其身」的說法。他指出：

故君子之愛天下也，必不如其愛國也，愛國必不如其愛家與身也，可知也。惟君子知愛其身也，惟君子知愛其身而愛之無不至也。[90]

這裡所說的與顧炎武駁斥「有公而無私」的論旨相近。此文的重點主要在強調「君子當自愛」，包括「修身」在內。但他心目中的「君子知愛其身」還包涵著另一番意思，此文未點出，而一再見於其他文字中。如〈學者以治生為本論〉云：

士守其身……所謂身，非一身也，凡父母兄弟妻子之事，皆身以內。仰事俯育，決不可責之他人，則勤儉治生洵是學人本事。[91]

〈瞽言二・井田〉曰：

88 王夫之《讀通鑑論》，卷一九〈隋文帝十一〉（北京：中華書局，一九七五），中冊，頁六三九。
89 《龔自珍全集》（上海：中華書局，一九六二），第一輯，上冊，頁九一—九三。
90 《陳確集》文集，卷一一（北京：中華書局，一九七九），上冊，頁二五七。
91 同上，文集卷五，頁一五八。

學者先身家而後及國與天下，惡有一身不能自謀而須人代之謀者，而可謂之學乎？[92]

這時的儒者已深刻地感到，如果不能在個人的生活資料上取得完全的獨立，他們便隨時會有「失其身」的危險。因此經商在儒學價值系統中也得到了公開的認可。唐甄自述云：「我之以賈為生者，人以為辱其身，而不知所以不辱其身也。」[93]但這一現象並不是清初才有，早在王陽明的時代，儒者「治生」的問題便已出現了。陽明答學生之問，便說：

雖治生亦是講學中事。……終日做買賣，不害其為聖賢。何妨於學？學何貳於治生？[94]

個人的尊嚴和獨立離不開「治生」的物質基礎，這是明清儒家的一個新的認識。錢大昕說得最清楚，「與其不治生產而乞不義之財，毋寧求田問舍而卻非禮之饋。」[95]

明清儒家的公私觀直接影響到清末民初的學人關於國家與個人之間的關係的理解。前面曾引了梁啟超的說法：「一私人之權利思想，積之即為一國家之權利思想，故欲養成此思想，必自個人始。」此中「權利」、「國家」、「個人」諸概念都是西方的，但整體的思想結構顯然取自「遂其私所以成其公」、「合天下之私以成天下之公」的明清基調。最近溝口雄三氏比較中國和日本的「公私」觀，更進一步證實了上面的觀察。他說：

清末至民國時代關於「私」之主張，有人發揮中國人的所謂「私之一念」，乃「由天賦而非人為者」，視中國為「我之中國」，以謀求國民之獨立與國權之伸張。針對君主一人獨私其國，主張由全體國民私其國，倡導全體國民的政治主體，即國民權。這裡的「私」，即「夫私之云者，公之母也，私之至焉，公之至也。」按此而言，作者所主張的乃是私權，即市民個人的權利，而國民權、公權、全體權是從「私」（個人）的集體而來。反過來說，通過這種「私」的主張，形成了一種新的公的概念，即視由私權集積而成的國民權為公的概念。[96]

明清思想基調對於現代儒家之接受西方價值既有接引作用又有規範作用，在這裡表現得再清楚也沒有了。

清末民初「個人自主」的觀念當然源於西方關於個人自由和權利的種種說法，特別是英

92 同上，別集卷三，下冊，頁四三八。
93 《潛書》，上篇下〈養重〉，頁九一。
94 《王陽明全集》，卷三二，下冊，頁一一七一。
95 錢大昕，《十駕齋養新錄》，卷一八「治生」條（新北：臺灣商務印書館，國學基本叢書本，一九六七），第二冊，頁四三七。
96 溝口雄三，〈中國與日本「公私」觀念之比較〉，賀耀夫譯，《二十一世紀》（香港：香港中文大學中國文化研究所，一九九四年二月號），頁九三。

國型的個人主義，如霍布斯（Hobbes）、洛克（Locke）、彌爾（Mill。嚴復譯為「穆勒」）諸人所發展的。章炳麟「個體為真，團體為幻」之說，其終極的根源便在這一系的思想。但在明清基調中，尊重個人的意識確已開始顯現，而且每一個人都追求自利的預設在明清儒家社會政治理論中更是公開承認了的。這也正是霍布斯、洛克的理論出發點。因此在某一限度之內，清末民初儒家接受西方的個人觀是順理成章的。但是霍布斯、洛克關於個人與國家、政府以及社會的關係的理論，都有極為複雜的宗教、法律、歷史等背景。其中涉及自然狀態、自然法、自然權利、社會契約、公民身分、私產權種種觀念。嚴格來說，西方「個人自主」的觀念托身在這一整套的歷史和文化的背景之中。清末民初的儒家學者只能通過自己的傳統去吸收西方「個人自主」的觀念的某些相近的部分，他們未必有興趣去了解其全部背景及一切與之有關聯的觀念。而且即使了解了，也還是沒有用，因為整套異質思想系統是無論如何也搬不過來的。因此分析到最後，從晚清到「五四」前夕，中國學人筆下的「個人自主」仍然是從明清基調上推拓出去的，並且推拓得不甚遠。章炳麟在民國二年（一九一三）有一段自述透露了此中消息。他說：

> 余以人生行義，雖萬有不同，要自有其中流成極。奇節至行，非可以舉以責人也。若所謂能當百姓者，則人人可以自盡。顧寧人多說行己有恥，必言學者宜先治生；錢曉徵亦謂求田問舍，可卻非義之財。斯近儒至論也。[97]

這裡說的是知識分子作為個人如何自處的道理，正是「個人自主」的題中應有之義。他在此稱心而談安身立命之道，但我們竟完全看不見他在〈五無論〉、〈四惑論〉、〈國家論〉諸篇中所援引的西方學說，其中反覆彈奏的竟全是「遂私」、「治生」等明清儒家關於維持個人尊嚴的舊調。甚至在「五四」以後，這種情況也沒有很大的改變。胡適是提倡西方個人主義最熱心的人，但他在一九二九年的《日記》中記傅斯年（孟真）的話說：

> 我們的思想新，信仰新；我們在思想方面完全是西洋化了；但在安身立命之處，我們仍舊是傳統的中國人。

胡適評論說：「孟真此論甚中肯。」[98]在思想層面與傳統決裂不難，但在「安身立命之處」究竟能突破傳統至何種程度則不易說了。譚嗣同是持「個人自主」打破三綱的急先鋒，然而一八九八年（戊戌）六月他奉旨入京前給他的夫人信中說：

---

97 《太炎先生自述學術次第》，頁六七。辛亥革命後張謇給他兒子所擬的作文題目中便有〈士以治生為急論〉，可與太炎《自述》相印證。見《張謇存稿》（上海：上海人民出版社，一九八七），頁六五三。

98 《胡適的日記》手稿本（台北：遠流出版公司，一九九〇），第八冊，一九二九年四月二十七日條，此書無頁數。

總理衙門有文書（原注：係奉旨，又有電報）來，催我入都引見，可見需人甚急，雖不值錢之候補官，亦珍貴如此！聖恩高厚，蓋可見矣。[99]

臨死前他又對梁啟超說：

不有行者，無以圖將來，不有死者，無以酬聖主。[100]

可見在「安身立命之處」，他仍毫不遲疑地選擇了為君臣之綱殉節。[101]「個人自主」是晚清今古文兩派攻擊儒家的一個最有力的武器。但事實俱在，這個武器的主要原料還是儒學本身所提供的。清末民初的儒學批判基本上是內在的，在此又獲得了一次印證。

三、申論與展望

本文回顧現代儒學以晚清為起點，因此我選擇了經學今古文兩派的人物作為儒家的代表。這一選擇的理由是非常明顯的：如果當時中國還有儒學的話，今古文兩派無疑是其中最具活力、最有影響的部分。但是大規模援引西方近代的觀念、價值和制度以解釋儒家經典並對名教綱常施以猛烈的攻擊，也恰恰是從這兩派的儒家開始的。這裡也許應該略提一下時代的背景。鴉片戰爭以來，中國雖屢為西方各國所挫，而且也早已認識到西方「船堅炮利」的威力，但一般知識分子對中國政教的「優越性」並未失去信心。整整一百年前的甲午戰爭才真正是一個關鍵的時刻。日本維新，取法西方，不過二十多年的時間，便已一躍而為「列強」之一。這就使中國的儒生不能不對西方的制度和思想重新估價了。讓我舉一個具體的例子來說明這一點。陳其元（一八一二—一八八二）在同治年間是一個十分注意西方和日本發展的人，對於「泰西製造之巧」尤為心折。但他依然深信孔子的「聖教」可以廣被四海。一八七三年他在香港報上讀到王韜〈送雅牧師回國序〉，知道里雅各（Jemes Legge）英譯《四書》、《尚書》出版。「西儒見之，咸嘆其詳明賅洽，奉為南針云云」，他寫下了下面的話：

> 不禁為之起舞，深幸聖人之教又被於西海，西儒能奉周、孔，固堪嘉尚，而里雅各研究馬、鄭、程、朱之學，用夏變夷，真孟子所謂豪傑之士也。「天之所覆，地之所載，凡有血氣者，莫不尊親。」《中庸》之言豈欺我哉！[102]

99 《譚嗣同全集》，下冊，頁五三一。

100 同上附錄，梁啟超，《譚嗣同傳》，下冊，頁五四六。

101 參見錢穆，《中國近三百年學術史》（新北：臺灣商務印書館，一九六八），台四版，下冊，頁六七七—六七八。

102 陳其元，《庸閒齋筆記》（北京：中華書局，一九八九），卷四「聖教西行」條，頁八九—九〇。

其興奮之情，可以想見。與此約同時，日本明治維新又使他發生了以下的感慨：

日本為海東小國，自儒教入其國中，伊國人亦恪守程、朱之說。……今其國王改從泰西之制，衣服、法度均尊其俗。用夷變夏，取則陳相，禁書屏儒，有同嬴政，吾恐天主之教從此流行，朱、陸之學並以淪胥，不知其國之明理者如何痛哭流涕也。[103]

一個「用夏變夷」的消息使他興高采烈，一個「用夷變夏」的消息卻又使他沮喪。無論如何，陳其元仍深信儒教至高無上，因此一方面喜其「被於西海」，另一方面則惋惜日本竟「焚書屏儒」，改從泰西之制。但是甲午戰敗之後，康有為〈公車上書〉，便明白指出「泰西之所以富強，不在炮械軍兵，而在窮理勸學」，承認西方之「教」也有其一日之長了。[104]不僅主張變法的今文派如此說，古文派的經學大師孫詒讓在《周禮正義・序》（一八九九）中也說：

今泰西之強國，其為治，非嘗稽覈於周公、成王之典法也。而其所為政教者……咸與此經冥符而遙契。蓋政教修明，則以致富強，若操左契，固寰宇之通理，放之四海而皆準者。[105]

這便等於說，儒家的最高的政教理想在西方已成為事實了。

從以上的簡略檢討，我們可以比較精確地斷定，一八九四—一八九五年以後，一部分的儒者才發現西方思想與制度是中國求富強所必須借鑑的。這一新發現引出了明清思想界的一個新發展。即通過西方的觀念和價值重新發明儒家經典的現代意識。從今文派的公羊改制說到古文派《國粹學報》的融通中西學說都是在這一典範（paradigm）之下進行的。[106]這也可以看作是現代思想史上的一個「格義」的階段。在這一階段中，吸收「西學」顯然是出於儒學發展的一種內在的要求，對於建制化儒教的批判，如譚嗣同的攻擊名教綱常，也是相應於此一內在要求而起的內在批判。

但「格義」之所以可能，內在要求之所以產生，自然離不開內在的根據。如果儒學內部完全沒有可以和西方的觀念互相比附的東西，我們便很難解釋晚清一部分儒者何以能在西方思想的啟發之下大規模地詮釋儒家經典而激起了一般讀者的共鳴。我們必須了解，晚清的一般讀者對於西學並無直接認識，但對於儒學傳統則至少具備基本的知識，如果今古文兩派中人完全曲解經典以附會西來之說，那麼讀者當時的熱烈反應便成為一個不可理解的現象了。

本文的主旨便是試圖在清末民初儒家的中西「格義」之間尋找出一條貫通的線索。我的

103 同上，卷五「日本人斥陸王之學」條，頁一一〇。
104 見舒新城編，《近代中國教育史資料》（北京：人民教育出版社，一九六一），下冊，頁九一八。
105 孫詒讓，《周禮正義》（新北：臺灣商務印書館，國學基本叢書本，一九六七），〈序〉，頁五—六。
106 參看 Ying-shih Yu, "The Radicalization of China in the Twentieth Century," *Daedalus*, Spring, 1993, esp. pp. 126-130.

基本假設是明清儒學中某些新傾向，恰好構成了現代儒學接受西方觀念的誘因。為了具體地證實這一假設，我在本文中做了兩層工作：第一層是在晚清今古文兩派所宣揚的西方制度和現代價值中，選出幾項共同點，以見現代儒學動態之一斑。第二層則追溯明清儒家的政治社會思想，看看其中有什麼新的因素可能為儒學的現代動態提供了歷史的背景。但是為了避免流於空泛和武斷，本文除論及儒學與專制的一般關係外，又特別就民間社會組織、富民論、公私觀三組事例，考其流變，以推斷明清儒學的新基調。這三組事例並不是任意選取的，而是經過了仔細的斟酌。這三者之間互相關聯，共同透露出儒家在政治和社會觀點上的取向已發生了微妙的轉變。這不是傳統的範疇，如心學、理學、考證學甚至經世學，所能充分說明的。所以關於明清思想基調的這一部分構成了這篇研究的主要骨幹。

前面已經指出，明清兩代的君主專制對於儒學新基調的形成具有決定性的影響。但是這一新基調的最大特色是什麼，這裡還有略加申論的必要。用傳統的語言說，明清有濟世之志的儒家已放棄了「得君行道」的上行路線，轉而採取了「移風易俗」的下行路線。唯有如此轉變，他們才能繞過專制的鋒芒，從民間社會方面去開闢新天地。前面論證王陽明「致良知」和王艮「明哲保身」都與明代專制的政治背景有關，便是這一轉變的具體表現。[107]明儒中有多少人對君主專制在進行有意識的拒抗是一個無法證實的問題。但他們曾體認到專制壓力的可怕，則是可以斷定的。王門弟子鄉約講會必先引明太祖六條聖諭為護符便是一個明顯的例子。這一類事例在明代俯拾即是。如呂柟攝解州事，專致力於書院講學與鄉約等工作。而據他的門人說：「先生在解三年，未嘗言及朝廷事。」[108]這個記載初看起來頗令人詫異，但是如果我們懂得明儒對於專制那種既反感又畏懼的微妙心理，呂柟的態度毋寧是很自然的了。

但是儒家為什麼在明清時代必須放棄「得君行道」的上行路線呢？這就不能不提到中國政治制度史上一個重大的變革，即明太祖洪武十三年（一三八〇）罷中書省，從此廢除了秦漢以來的宰相制度，洪武二十八年（一三九五）更敕諭君臣云：「以後嗣君，其毋得義置丞相，臣下有奏請設立者，論以極刑。」[109]因此終明之世，無人敢對此事有所議論。到明亡之後，黃宗羲才公開指斥：

有明之無善治，自高皇帝罷丞相始也。

並進一步說明宰相的功能云：

107 蕭公權說：「蓋張居正等毀書院禁私學之動機既為鞏固專制政權，則王門之布教平民，不啻無意中向專制作微妙之攻擊。」見《中國政治思想史》，下冊，頁六〇五。此說極有見地。

108 見馮從吾，《關學篇》，陳俊民、徐興海點校（北京：中華書局，一九八七），卷四，頁四四。這當然與呂柟以前在朝廷的不愉快的經歷有關，故此時已對朝廷既失望又有戒心。參見《明史》，卷二八二《儒林一》本傳，第二十四冊，頁七二四三。

109《明史》，卷七二《職官一》，第六冊，頁一七三三。

古者不傳子而傳賢，視其天子之位去留，猶夫宰相也。其後天子傳子，宰相不傳子，天子之子不皆賢，尚賴宰相傳賢足相補救。則天子亦不失傳賢之意。宰相既罷，天子之子一不賢，更無與為賢者矣……或謂後之入閣辦事，無宰相之名，有宰相之實也。曰：不然。入閣辦事者職在批答，猶開府之書記也。其事既輕，而批答之意又必自內授之而後擬之，可謂有其實乎？吾以為有宰相之實者，今之宮奴也。[110]

黃氏所陳述的古代相權是儒家一種理想的看法，不必盡合於史實。[111]但他批評明代廢相以後，相權轉入宦官之手則本於親身見聞，無可置疑。同時王夫之所言也大體上不謀而合，更可見這是當時的公論。[112]

廢相何以便切斷了「得君行道」的上行路線？這又必須上溯至宋代儒家的理論。程頤《論經筵第三劄子》說：

臣竊以人主居崇高之位，持威福之柄，百官畏懼，莫敢仰視，萬方承奉，所欲隨得。苟非知道畏義，所養如此，其惑可知。中常之主，無不驕肆；英明之主，自然滿假。此自古同患，治亂所繫也。……從古以來，未有不尊賢畏相而能成其聖者也。

他又在〈貼黃〉中補充道：

> 臣以為，天下重任，唯宰相與經筵，天下治亂繫宰相，君德成就責經筵。[113]

程氏在此簡直是要求皇帝完全不問事，而將天下一切大權付之宰相。在這一格局下儒者只要掌握了相權，自然便可以「行道」了。這個想法是否切合實際是另一個問題。但宰相既廢之後，儒家這條上行之路即使在理論上也完全失去了存在的依據。明代如此，清代更是如此。

程頤之說雖迂闊，但在一個敏感的專制皇帝聽來，仍然是極其刺耳的。所以清高宗（乾隆）不惜一再加以駁斥。他在《書程頤經筵劄子後》中說：

> 程頤論經筵劄子……其貼黃所云「天下治亂繫宰相，君德成就責經筵」二語，吾以為未善焉。……如頤所言，是視君德與天下治亂為二事，漠不相關者，豈可乎？而以繫之

110 《明夷待訪錄‧置相》，頁五—六。

111 參看拙著〈君尊臣卑下的君權與相權〉一文，收在《歷史與思想》（新北：聯經出版公司，一九七六），頁四七—七五。

112 王夫之說：「天原道，君原天，相原君，百官原相，大哉！……今以天下之大，選賢簡德之繁且久，不能得一二心膂之臣，任以論，乃靳然果廢其官。……其不折而入於中奄者，無幾也。」見《黃書‧任官第五》，頁二四。

113 見《二程集》（台北：里仁書局，一九八二），上冊，頁五三九—五四〇。

宰相，夫用宰相者，非人君其誰為之？使為人君者但深居高處，自修其德，惟以天下治亂付之宰相，己不過問……此不可也。且使為宰相者居然以天下之治亂為己任，而目無其君，此尤大不可也。[114]

我們必須承認，清高宗確是讀書得間，深知程頤《劄子》的意向所在，而宋儒的相權論與明清的君主專制處於勢不兩立的境地，更在這幾句話中顯露無遺。但清高宗並不只是徒托空言而已，他是要見諸實事的。乾隆四十六年（一七八一）有一個不識相的尹嘉銓，為其父尹會一請從祀孔廟，向高宗上了一個摺子，不料竟引起了一場文字大獄，落得個「處絞立決」。——這還是「皇恩浩蕩」的結果，本來定的是「凌遲處死」之罪。在徹查了尹嘉銓的一切著作之後，上諭中有下面一段話：

尹嘉銓所著各書，內稱大學士、協辦大學士為相國。夫宰相之名，自明洪武時已廢而不設，其後置大學士，我朝亦相沿不改，然其職僅票擬承旨，非如古所謂秉鈞執行之宰相也。況我朝列聖相承，乾綱獨攬，百數十年以來，大學士中豈無一二行私者？然總未至擅權執法，能移主柄也。……為人君者，果能太阿在握，威柄不移，則備位綸扉，不過委蛇奉職，領袖班聯。如我皇祖聖祖仁皇帝、皇考世宗憲皇帝，暨朕躬臨御四十六以來，無時不以敬天愛民勤政為念，復何事藉為大學士者之參贊乎？……昔程子云：「天下之治亂繫宰相」。此只可就彼時朝政闒冗者而言。若以國家治亂，專倚宰相，則為之君者，不幾如木偶梳綴乎？……本朝協辦大學士，職本尚書，不過如御史里行、學士里行之類。獻諛者亦稱為相國，已可深鄙，而身為協辦者，亦儼然以相國自居，不更可嗤乎？[115]

這篇上諭寫得真是情見乎詞，把他對宰相制度的深惡痛絕的心理和盤托出。其中有三點最值得指出：第一，清朝顯然自覺地繼承了明太祖的君主專制體制，並對於廢除相權的意義有深刻的了解。第二，清高宗論內閣大學士的職權與黃宗羲論明代「入閣辦事」完全不謀而合。唯一相反之處是前者在君主專制的立場上持肯定的態度，後者則從儒學的立場上持否定的態度。第三，清代沿明之舊，奉程、朱學為官學，現代批判儒學的人便往往據此而斷定儒學是維護君主專制的意識形態。但是從清高宗一再反駁程頤這一具體表現來看，儒家政治理論的核心部分恰好是君主專制的一個主要的障礙。[116]

114 《御制文集》（下），文淵閣四庫全書影印本，《御制文集二集》，卷一九，頁七—八。先師錢賓四先生發明乾隆此文與清代學術的關係最為深刻。見《中國近三百年學術史》〈自序〉，頁二。

115 見《清史列傳》，卷一八（北京：中華書局，王鍾翰點校，一九八七），第五冊，頁一三二五—一三二六。按：「上諭」中有與《書後》完全相同的字句，引文已加省略。

116 我也要引一個明代的例子來說明儒學與君主專制之間的微妙關係。弘治（一四八八—一五〇五）中，太監何文鼎因國舅張鶴齡屢違法入禁宮，仗劍欲誅之。事為明孝宗所知，收縛文鼎，面訊曰：「汝內臣安能如此是誰主使？」文鼎曰：「主使者二人，皇上亦無如之何？」上曰：「彼為何人而我無之何？」文經過以上一層層的解剖，明清儒學不得不轉向之故大致已獲得澄清。「乾綱獨攬」的專制皇帝已不許宰相「繫天下治亂」，殿閣大學士也不過是「票擬承旨」的「書記」，連「參贊」也沒有份。在這種局面下，儒家如何還能把政治理想的實現寄託在朝廷之上？所以，明清的君主專制是逼使儒學逐步轉移其注意力於民間社會方面的一個根本原因。自晚清以來，我們都認定滿清以異族入主，屢興文字大獄，終使儒學只有在經學考證中求逃避。章炳麟說得最簡單扼要：

> 清世理學之言，竭而無餘華，多忌，故歌詩文史楛；愚民，故經世先王之志衰，家有智慧，大湊於說經，亦以紓死。[117]

這是現代一個最有代表性的歷史解釋，其中自有堅強的事實根據。征服王朝的統治必然更強化了君主專制的嚴厲性。但以君主專制的體制而言，清朝則毫無疑問直接繼承了明朝的傳統。儒學在明代也未嘗無所「忌」，如我們在前面論明太祖及王陽明「良知教」時所指出的，不過比不上有清一代的嚴酷罷了。如果套用章炳麟的話，我們也可以說明儒是「家有智慧，大湊於說心，亦以避禍」。總之，明代的心學和清代的考證學在不同程度上都反映了君主專制的壓力。[118]

晚清儒家處於君主專制最高峰的終結時期，又深受黃宗羲〈原君〉篇的啟發，因此對於西方的民主制度幾乎是一見傾心。他們終於在民主制度中發現了解決君權問題的具體辦法，突破了儒家傳統的限制。但是由於他們仍然是站在儒學的內部來理解民主的意義，「格義」便成為他們所不能跳過的一個環節。故今文學派說孔子立教之初便「廢君統，倡民主」。119

鼎曰：「孔子、孟子。」上曰：「孔、孟古之聖賢，如何主使？」文鼎曰：「孔、孟著書，教人為忠為孝。臣自幼讀孔、孟之書，乃敢盡忠。」上怒，命武士爪擊之。文鼎病瘡死。見韓邦奇《苑洛集》（文淵閣四庫全書影印本），卷一九（見聞考隨錄二），頁一九—二〇。這個故事說明稍稍讀過孔、孟之書的太監也知道儒家的道理是皇帝也不敢違抗的。但事實上如果專制君主把心一橫，孔、孟的道理對他便發生不了拘束的作用。這個故事生動地印證了呂坤的著名議論：「故天地間惟理與勢為最尊。雖然，理又尊之尊也。廟堂之上言理，則天子不得以勢相奪。即奪焉，而理則常伸於天下萬世。」見呂坤，《呻吟語全集》（台北：侯象麟重印本，一九七五），卷一之四，頁一二。明清的專制之君常以「勢」奪「理」誠為事實，但儒學至少在理論上是限制君權的，不是助紂為虐的，此則不可不辨。

117 梁啟超，《中國近三百年學術史》《合集》，第十冊，第二及第三兩章，頁一一—二四。並可參見《訄書・清儒第十二》，頁三〇。此段末句前已引及。茲為說明不同的問題，重引全段於此。

118 前面說到《明儒學案》中領袖人物很少有陳政事、論治道的。這一點必須有專文討論才能徹底澄清。但張舜徽曾就《皇明經世文編》中選出三百零二篇文字，加以分類，其中有「治道」一類，多為奏疏，出自《明儒學案》中人之手者寥寥無幾。讀者參看其目即可得一大概的印象。見張舜徽，《中國史論文集》（武漢：湖北人民出版社，一九五六），頁一三三—一三五。又顧憲成記其弟允成之言曰：「弟一日喟然發嘆。予曰：何嘆也？弟曰：吾嘆夫今人講學，只是講學耳。予曰：何也？曰：任是天崩地陷，他也不管。予曰：然則所講何事？曰：在縉紳只是明哲保身一句，在布衣只是傳食諸侯一句。予為俛其首。」見《涇臯藏稿》（文淵閣四庫全書影印本），卷二二，〈先弟季時述〉，頁二〇。此中「明哲保身」一語即透露了講心學者的避禍心理。

119 譚嗣同，《仁學》，第三十，見《全集》，下冊，頁三三七。

古文學派則強調「君主之任位有定年，與哲種共和政體同」。[120][121]他們未必是故意曲解臆說。從文化心理的層面說，他們都出身儒學系統，如果民主、民權、共和、平等、自由等西方價值和觀念在此系統內不能獲得定位，則他們將找不到途徑去認同這些異質的外來文化因素。所以我們與其說他們接受了西方的思想，毋寧說他們擴大了儒學系統，賦予儒學現代的意義。如果用「舊瓶新酒」這個老譬喻，我們可以說，不通過「舊瓶」，他們是喝不到「新酒」的。但是由於「新酒」越來越多，超過了「舊瓶」的容量，最後非換「新瓶」不可。這是「五四」以後的事，儒學的內在批判終於轉變為外在批判。

最後讓我略說一說有關現代儒學的展望，以結束這篇論文。展望是未來的事，多所推測並無很大的意義。下面我將以回顧與現狀為根據，對儒學的可能前景作一個大概的估計。

本文在開始時便已指出，儒學對傳統中國的主要貢獻在於提供了一個較為穩定的政治、社會秩序，其影響是全面的。儒學為什麼會在過去發生了這樣重大的作用呢？陳寅恪曾從歷史的觀念提出下面的解釋。他說：

> 夫政治社會一切公私行動莫不與法典相關，而法典為儒家學說具體之實現。故二千年來華夏民族所受儒家學說之影響最深最鉅者，實在制度法律公私生活之方面。[122]

用今天的話說，即是建制化（institutionalization），而「建制」一詞則取其最廣義，上自朝廷的禮儀、典章、國家的組織與法律、社會禮俗，下至族規、家法、個人的行為規範，無不包括在內。凡此自上而下的一切建制之中則都貫注了儒家的原則。這一儒家建制的整體，自辛亥革命以來便迅速地崩潰了。建制既已一去不返，儒學遂盡失其具體的托身之所，變成了「游魂」。[123]所以儒學在可見的未來似不可能恢復它以往那種主宰的地位。

儒家不是有組織的宗教團體，因此並沒有專職的傳教士。過去儒學的研究和傳布主要靠公私學校，而學校又是直接與科舉考試緊密結合為一體的。建制的崩潰始於科舉的廢止（一九〇五），尚在帝制之前。新式學堂代科舉而興自然是一大改進，但隨之而來的是儒家基本經典也越來越沒有人讀了。民國初年，中、小學堂的修身和國文課程中還採用了一些經訓和孔子言行，「五四」以後教育界的主流視「讀經」為大戒，儒家思想在整個教育系統中的比重因此也越來越輕，以至完全消失。一般的人不但平時接觸不到儒家，而且耳濡目染的多為譏罵儒家之詞。必須聲明，我這樣說只是如實地描寫現象，並非有所主張。我的意思是要指出，在整個二十世紀中，儒家的源泉至少在中國知識分子的社群中確有漸呈枯竭之象。這是我們展望儒學前途時所不能不考慮在內的一個客觀事實。

但是另一方面，二十世紀卻又是儒家的道德資源在中國發揮得最為酣暢的世紀。從救

120 劉師培，《古政原論》，收入《遺書》，第二冊，頁七七三。
121 劉師培，《周末學術史序》，《遺書》，第一冊，頁六〇八。
122 陳寅恪，《審查報告三》，刊在馮友蘭，《中國哲學史》（上海：商務印書館，一九三四），下冊，頁二一三。
123 參見本書中〈現代儒學的困境〉。

亡、變法、革命，到創實業、興學校、辦報刊等，參與其事者的道德原動力，分析到最後，主要仍來自儒家所提供的價值意識。儘管舊建制崩潰了，儒學已變成游魂，但這個游魂，由於有兩千多年的憑藉，取精用宏，一時是不會散盡的。它一直在中國大地上游蕩。我們都知道，一切古老文化中的價值觀念，不但在知識階層的手中不斷獲得新的詮釋，而且也傳布到民間社會，在那裡得到保存和發展。儒家思想在二十世紀的中國雖然一方面受知識分子的不斷攻擊，另一方面在最近四、五十年間更因民間社會被摧殘殆盡而逃遁無地，但是人的集體記憶畢竟不容易在數十年間消滅乾淨，這個集體記憶便成了儒家道德意識的最後藏身之地。應該指出的是，這一長期積累的儒家道德資源到今天也已消耗得差不多了，而且一直是一個加速浪費卻不曾增添新的儲蓄的局面。

那麼儒學究竟還有沒有前景可言呢？我的答案是肯定的。這個肯定並不是來自盲目的信念，而是有根據的。這個根據便是中國文化並未隨傳統建制的崩解而一去不復返。在冷戰結束後的世界，我們看到民族文化的力量到處在抬頭。西方現代的強勢文化最後證明並不能消除民族文化的差異。這是以前我們所無法看得清楚的。如果中國文化不會因現代變遷而完全消失，那麼作為中國文化的主導精神之一的儒學也不至於從此蕩然無存。然而儒學必然會改變，它不可能期望盡復舊觀。

接下來的問題是：儒學將如何改變？我必須坦白承認，我現在還不能提出可以使自己滿意的答案。這裡我姑且就儒學改變的可能方向作一個最簡單的推測。

儒學不再能全面安排人生秩序，這一點應該已毋須爭辯。但是現代有些討論儒學的人仍然念念不忘於「內聖外王」之說，而所謂「內聖外王」則一般理解為「從內聖到外王」。《大學》修身、齊家、治國、平天下的次序更加強了這一理解。由此可見，儒家如想擺脫「全面安排人生秩序」這一傳統的思維架構是多麼困難，但「內聖」與「外王」之間即在過去也是斷裂的。在明清專制的高峰朝代尤其如此。羅汝芳曾問張居正：「君進講時果有必欲堯、舜其君意否？」張沉吟久之，曰：「此亦甚難。」[124]以張居正與萬曆的師生關係之深，進講時尚以「堯、舜其君」是很難的事，則「內聖外王」僅是紙上的美談，已沒有爭辯的餘地了。《大學》的修、齊、治、平固不失為一個動人的理想，但它所反映的似乎是先秦時期的政治狀況，而且應該說是以國君為主體的，普通的人至少和治國平天下相去太遠。《大學》又有「自天子以至庶人，一是皆以修身為本」之語，可見「庶人」與「天子」僅在「修身」這一項上是相同的，其餘三項並不在內。顧頡剛認為《大學》中「齊家」之「家」，並非人民之家，乃「魯之三家」、「齊之高、國」之家，是「一國中之貴族，具有左右國之政治之力量者」。[125]這個解釋是很合理的。這樣看來，修、齊、治、平之說即使用之於秦統一後皇帝的身上也不可通，更不必說一般的人了。至於程、朱之所以特別表彰《大學》則出於

124 見曹胤儒編，《盱壇直詮》（台北：廣文書局影印《儒林典要》本，一九六七），下卷，頁四四。按羅汝芳與張居正是論學之友，此一紀錄是可信的。參看張居正，〈答羅近溪宛陵尹〉，《張太岳文集》（上海：上海古籍出版社，一九八四），頁四五〇—四五一。

125 見《顧頡剛讀書筆記》（新北：聯經出版公司，一九九〇），卷一〇，頁七七九八。

不得已的苦心，因為他們深恐學者但求「修己」，不顧「治人」，最後將不免流為「自了漢」。但有明一代聚訟《大學》者無數，爭點全在正心、誠意、致知、格物上面，齊家、治國、平天下幾乎無人問津。所以最後陳確竟索性宣告《大學》為偽書。他在《大學辨》中有幾句話特別值得玩味：

古人之慎修其身也，非有所為而為之也。而家以之齊，而國以之治，而天下以之平，則固非吾意之所敢必矣。[126]

這是明說修身並不必然能保證齊家、治國、平天下，「內聖」與「外王」顯然已分成兩橛了。晚清儒家則更進一步，認識到齊家與治國之間存在著一道不可逾越的界線。譚嗣同討論「家齊而後國治，國治而後天下平」的問題，便尖銳地指出：

彼所言者，封建世之言也。封建世，君臣上下，一以宗法統之。天下大宗也，諸侯、卿大夫皆世及，復各為其宗。……宗法行而天下如一家。故必先齊其家，然後能治國平天下，自秦以來，封建久湮，宗法蕩盡，國與家渺不相涉。家雖至齊，而國仍不治；家雖不齊，而國未嘗不可治；而國之不治，反能牽制其家，使不得齊。於是言治國者轉欲先平天下；言齊家者，亦必先治國矣。大抵經傳所有，皆封建世之治，與今日事勢，往往相反，明者決知其必不可行。[127]

譚嗣同的駁論不但明快，而且具有歷史的眼光，至少使我們認清了《大學》修、齊、治、平的話必須從現代的觀點，重新解釋。

現代儒學必須放棄全面安排人生秩序的想法，然後儒學才真能開始它的現代使命，為什麼呢？關鍵即在於儒學已不可能重新建制化，而全面安排秩序則非建制化不為功。如果歷史還有一點借鑑作用的話，我們事實上已看到明清以來的儒家不得不放棄「得君行道」的舊途，轉而向社會和個人生命方面去開闢新的空間。這是儒學脫離建制化的一個信號。明清儒家所開闢的新方向，我想稱之為「日用常行化」或「人倫日用化」；這正是他們界定儒學的特質時所最常用的名詞，其例不勝縷舉。現代儒學的出路便恰恰在「日用常行」的領域，說起來真是一個奇妙的歷史巧合。西方基督教自十六世紀宗教改革以後也走的是肯定日常人生（The affirmation of ordinary life）這條路。雖然在具體的內容方面，儒學與基督教的「日用常行」差異很大，但僅僅這個大方向的一致已足令人驚詫。[128]基督教肯定日常人生也是從反抗與脫離中古教會的建制開始的，其結果是每一個基督徒都直接面對上帝，並執行上帝交給的人間使命。這個使命可以是科學濟世、企業成就、社會改進或任何其他有益於人類的工

126 《陳確集》，別集，卷一四，下冊，頁五五五。

127 〈仁學第四十七〉、《譚嗣同全集》，下冊，頁三六七—三六八。

128 關於基督教之肯定日常人生，可參看 Charles Taylor, *Sources of the Self. The Marking of the Modern Identity.* Part III. "The Affirmation of Ordinary Life". pp. 211-302.

作。

所謂「日用常行化」的儒家也不是淹沒在個人生活的瑣碎事務之中，我們決不能以詞害意，引起誤解。相反地，他們仍然是「家事、國事、天下事，事事關心」。但是由於他們與朝廷之間已互為異化，他們的關心往往是從社會和民間的角度出發。上文論明清思想的基調已從多方面說明了這一變化。戴震一方面強調「體民之情，遂民之欲」，另一方面則譴責在上位者「以理殺人」，更是一個極端的例子。他在〈緒言〉中開宗明義，界定「道」之名義，說：

> 大致在天地則氣化流行，生生不息，是謂道；在人物則人倫日用，凡生生所有事，亦如氣化之不可已，是謂道。[129]

他是一個最有代表性的「日用常行化」的儒家。而他的立場則顯然是民間的，不是朝廷的。晚清儒家在「日用常行化」上走得更遠了，因此他們成為最早在中國宣揚「民主」、「民權」等西方價值的先覺。現代許多人都相信儒學和民主是不能並存的。如果這是指建制化的儒學，我想爭議不大。但是我們也不能忘記，中國人知有所謂「民主」，最初仍是拜「日用常行化」的儒家之賜。這一歷史事實是無法否認的。

從「日用常行」的觀點看，儒學傳統中所蘊藏的精神資源，尚有待於深入的發掘。我曾稱現代儒學為「游魂」，然而「魂」即是「精神」，從傳統建制中游離出來之後，儒學的精神可能反而在自由中獲得了新生。「游魂」也許正是儒學的現代命運。在道德和知識的來源多元化的現代，儒家自然不可能獨霸精神價值的領域。但是中國人如果也希望重建自己的現代認同，那麼一味詛咒儒學或完全無視於它的存在恐怕也是不行的。

關於現代「日用常行」的儒學，究竟應該具有什麼樣的實際內涵，這正是有志於重建現代儒學的人今後必須深入研究的大課題，本文自不能率爾提出答案。我在這裡只能就現代儒學的始點問題提出一個大膽的觀察。上面已指出儒學不可能再企圖由「內聖」直接通向「外王」；以《大學》的語言說，儒學的本分在修身、齊家，而不在治國、平天下；用現代的語言說，修身、齊家屬於「私領域」，治國、平天下則屬於「公領域」。「公」和「私」之間雖然在實際人生中有著千絲萬縷的關涉，但同時又存在著一道明確的界線，這大致相當於現代西方「政」與「教」的關係，即一方面互相影響，另一方面又各有領域。我不否認這一劃分受到了西方模式的啟示，但明清以來的儒學發展也揭示了這一方向，這是上文所已反覆論證過的。而且這一分野在原始儒學中也未嘗沒有根據。試看《論語・為政》中的記載：

> 或謂孔子曰：「子奚不為政？」子曰：「《書》云：『孝乎惟孝，友於兄弟，施於有政，是亦為政，奚其為為政？』」

129 戴震，〈緒言〉，收在《孟子字義疏證》（北京：中華書局，一九六一），頁七九。

朱熹《集註》云：

> 《書》言君陳能孝於親，友於兄弟，又能推廣此心，以為一家之政。孔子引之。言如此，則是亦為政矣，何必居位乃為為政乎？[130]

這段話可以說明孔子直接關懷的是修身、齊家，至於治國則是間接的。如果對這段話作一番現代詮釋，我們便不難找到「公領域」和「私領域」的分際。所以從現代儒家的觀點說，「公領域」不是「私領域」的直接引申和擴大，但是「私領域」中的成就卻仍然有助於「公領域」秩序的建立和運作。

在儒家的「私領域」之中，修身又比齊家更為根本，這是原始儒學的真正始點，在現代依然不失其有效性。因此孔子說：「德之不修，學之不講，聞義不能徙，不善不能改，是吾憂也。」（《論語．述而》）孟子也說：「天下之本在國，國之本在家，家之本在身。」（《孟子．離婁上》）從這個意義說，《大學》「自天子至於庶人，壹是皆以修身為本」那句話不但體現了原始儒學的精神，而且也含蘊了現代的意義，更重要的是修身這一觀念不僅儒家有之，墨家、道家、《管子》也無不有之，可以說是中國傳統文化中的一個共同價值。[131]

修身是儒家的「為己」之學，但這不是楊朱的「為己」，也不是佛家所斥的「自了」。王安石說得最好：

是以學者之事，必先為己；其為己有餘，而天下之勢可以為人矣，則不可以不為人。故學者之學也，始不在於為人，而卒所以能為人也。今夫始學之時，其道未足以為己，而其志已在於為人也。則亦可謂謬用其心矣。[132]

王安石所發揮的正是「私領域」的成就怎樣通向「公領域」的秩序的儒家觀點，但是他的表達方式顯已向現代邁進了一大步。傳統儒家的「修己」與「治人」是站在社會上領導階層（中國的「士」或西方所謂 elite）的立場上設論的，似乎已不適用於今天的民主時代。然而任何社會結構都離不開一個領導階層（elite），民主社會也不例外。問題僅在於這個領導階層怎樣產生、怎樣發揮其領導的效用而已。因此領導人物的品質即使在現代民主社會中也依然是一個十分嚴重的問題。只要社會上有領導人物，人民便必然會要求他們在道德上和知識上具備一定程度的修養。在這個意義上，儒家的修身論通過現代的轉化與曲折也未嘗不能繼續在「公領域」中有其重要的貢獻。傳統儒家「有治人、無治法」的觀念固然已失時效，但「徒法不足以自行」終究是一條經得起歷史考驗的原則。制度離不開人的運作，越是高度

130 朱熹，《四書章句集註》（北京：中華書局，新編諸子集成本，一九八三），頁五九。

131 關於古代「修身」觀念的演變，參看拙著〈中國知識分子的古代傳統——兼論「俳優」與「修身」〉，收在《史學與傳統》（台北：時報文化出版公司，一九八二），頁八四—九二。

132 見王安石，《臨川先生文集》（上海：中華書局，一九六四），卷六八〈楊墨〉，頁七二三。

發展的制度便越需要高品質的人去執行。美國人文主義思想家白璧德（Irving Babbitt）在《民主與領袖》（*Democracy and Leadership*）的名著中特別以孔子與亞里斯多德（Aristotle）並舉，使東方與西方的人文精神互相補充。他的主要論點便在於孔子之教可以造就民主領袖所最需要的「人的品格」（man of character）。孔子主張「以身作則」（exemplification），其結果是塑造出「公正的人」（just man）而不僅僅是「抽象的公正原則」（Justice in the abstract）。在白璧德看來，這才是民主社會的唯一保障。[133] 這豈不是「徒法不足以自行」的現代翻版嗎？我們不要因為白璧德是保守主義者便對他的論點加以鄙棄，最近美國一位最負盛名的自由派史學家便重估了《民主與領袖》一書的價值。他特別欣賞白璧德關於「培養智慧」（cultivation of wisdom）的灼見。如果人類不知培養智慧以自我克制，而一味追逐更大的權力，則其結局將和原子能失控一樣，必然使自己從地球上爆炸得一乾二淨。[134]「培養智慧」即王安石所謂「學者之事，必先為己」，承擔領導任務則是「為己有餘，則不可以不為人」了。

白璧德所重視的「以身作則」即是傳統所謂「經師不如人師」「言教不如身教」，這確是儒學的一大特色。儒家千言萬語無非是要我們把做人的道理融化在「日用常行」之中。徵諸歷史，儒學的起信力量往往繫於施教者的人格感召和受教者的善疑會問。一往一復之間，新信仰才能迸出火花。如果鑑往足以知來，儒學在二十一世紀是否會獲得新生，恐怕還要看有沒有大批的新「人師」新「身教」不斷湧現。我們對於現代儒學的展望只能暫止於此。

（原載《中國文化》第一一期，一九九五年七月）

133 見 Thomas R. Nevin, *Irving Babbitt. An Intellectual Biography*（The University of North Carolina Press,. 1984）, pp. 108-109.

134 見 Arthur M. Schlesinger. Jr., *The Cycles of American History*（Houghton Mifflin Company, 1986）, pp. 435-436.

王陽明時代儒家社會思想的轉向

童永昌　譯

由十六世紀到十八世紀初數十年，清代哲學興起以前，王陽明（一四七二－一五二九）是中國思想世界的焦點。長達兩個半世紀，儒家學者或反對或支持他，但鮮能視而不見。我因此主張稱這是王陽明時代。

然而我現在所論，主要並非處理王陽明及其哲學觀點，此已為其他學者充分且詳盡地研究過。我自許的任務有所不同。近年我從事更全面的明清社會與思想史研究，並特別著重社會變化與新興思潮的交互作用。最終我比以往更確信，在社會思想與政治思想的領域，儒家在十六世紀有一決定性的新轉向，而此新走向順利延續於十八世紀。[1]

首先我要指出，富創造力的少數儒家精英，其興趣與焦點，有一微妙的移動，由國家轉向社會。他們似乎體認到傳統儒家「得君行道」的整體規劃不過是幻想。[2]然而身為儒者，他們並未撤回對「改善人世」（the amelioration of human affairs）此一理想的根本信念——此處借用約翰彌爾的貼切用詞。因此，他們一將目光遠離帝國朝廷，便馬上探索新的可能去開展與擴大社會與文化空間。有些人建立私人書院，有些人透過公開講會或半宗教的活動，將理念直接傳達給大眾；其他人畢生奉獻於重建地方社群（包括有名的「鄉約」）；另有一些人則投入商業世界。簡言之，他們將儒家駛往新的方向，這導致我所指中國社會思想深刻的轉向。

為求全盤理解王陽明時代的文化與思想變動，我要在其歷史脈絡中，檢視儒家思想的新轉向。因此下文我將處理這整個過程中，四個彼此有別又緊密相關的層面，即明代的君主專制、王陽明對儒家整體規劃的修正、商人的興起，以及儒家社會思想的轉向。

與宋代政治文化相異的士與明代君主專制

明代的帝國體制時常被視為「獨裁」或「專制」，意指君主以殘酷且壓迫的手段，實行其無上且絕對的權力。就此學界所論已多。[3]不過在本文中，我檢視明代君主專制時，會特別從整體上注意它之於「士」這一教育精英的關係。更準確地說，我希望去評估士面對絕對皇權時的境況。[4]

最好的引論方式，是以明朝（一三六八—一六四四）的政治文化對比宋朝（九六〇—一二七九）。就我所知，那時可說是第一次也是唯一一次，士身為文化精英，可以與皇帝形成近乎平等的合作關係，治理帝國。這種合作最清楚的表現，莫過於神宗皇帝（一〇六七—一〇八五在位）與宰相王安石（一〇二一—一〇八六）在改革時期的關係，彼時兩人共同努力推行新法。

本章初稿是在國際陽明學會議的專題演講，該會議由第三回世界将来世代京都フォーラム贊助，發表於一九九七年八月一一日，日本京都。我在二〇〇五年一一月，於美國國會圖書館的 John W. Kluge Center 完成更為擴充的二稿。完整的校訂版完成於二〇一四年一一月二八日。

1 余英時，〈現代儒學的回顧與展望〉，《中國文化》一一（一九九五年七月），頁一—二五。收於余英時，《現代儒學論》（上海：上海人民出版社，一九九八），頁一—五七。日文版本，見《中国：社と文化》一〇（一九九五年六月），頁一三五—一七九。

2 儒家得君行道的理想，見余英時，《朱熹的歷史世界》（台北：允晨文化，二〇〇三），卷二，第八章，頁五四—九二。

3 對明代君主專制最好的通盤解釋，可能是 Frederick W. Mote, "The Growth of Chinese Despotism," *Oriens Extremus* 8, no. 1（August 1961）：1-41。以及氏著 *Imperial China, 900-1800*（Cambridge, Mass.: Harvard University Press, 1999），pp.579-582.

4 關於開國皇帝明太祖與朝中士人的緊張與衝突，見錢穆一九六四年的專著，〈讀明初開國諸臣詩文集〉，收入《錢賓四先生全集》（新北：聯經出版公司，一九九八），第二十冊，頁一〇一—二六一。不同的論點，見 John W. Dardess, *Confucianism and Autocracy: Professional Elites in the Founding of the Ming Dynasty*（Berkeley: University of California Press, 1983）esp.pp. 9-10.

一般認為，是王安石首倡且設計了大膽的改革計畫，而神宗也熱心接受。不但全力投入政策的推行，當兩人之間有重大歧見時，他也時常順從宰相。皇帝對宰相如此不吝示以尊重，並不完全如傳統所認為，只是個人間的。事實上，是宋帝國對士這一文化精英的尊重，象徵性地表現在王安石個人身上。毫無疑問，在改革的初期，王安石基本上被公認為士的領袖。即使是那些稍後反對他的重要保守學者，如程顥（一〇三二—一〇八五）、蘇轍（一〇三九—一一一二）以及劉彝（一〇一七—一〇八六），在一〇六九年都參與過制置三司條例司的工作，這是改革運動的中樞。

若謂十一世紀中期，儒家學者間有一普遍共識，認為是時候展開全面改革，實非過論。身為敏銳的年輕皇帝，神宗相較其前任們，更為積極地回應時代所需。正是在此情況下，他很快接受了王安石的改革計畫。隨著神宗與王安石藉改革理念而結盟，士與皇權間出現一種新的合作模式。程顥與程頤（一〇三三—一一〇七）指出這是源於經典的範例，即孟子所謂「得君行道」。

此刻有必要言及宋朝的本質。「得君行道」乃真實可行，宋儒此一堅定的信念，乃是成長且發展於開國以來，帝國治理的文治化軌跡。在後唐與五代（九〇七—九六〇），整個北方帝國由朝廷到各級地方政府，都受到軍隊支配。諷刺的是，即使是科舉的管理權，也由禮部轉移到兵部。結果是這整個時期，中央朝廷的合法性與權威，主要仰賴軍隊，特別是地區將領的擁戴與支持。

開國皇帝趙匡胤同樣是被手下的軍隊安上皇位，然而他堅決要一勞永逸地擺脫軍隊對新朝的威脅。因此，將政務幾乎獨占地委託給經由科舉而來的士人，是他為宋帝國設立的一個基石。

在十一世紀前幾十年，士人方面普遍意識到使帝國大治，乃是他們的責任，正如范仲淹（九八九—一〇五二）所明示。特別值得注意的是，出於這種新的覺悟，正是關於皇帝與士人合作關係的理念，在隨後的改革時期成形。兩個例子可以說明我的觀點。

首先，神宗在嘗試說服保守者司馬光（一〇一九—一〇八六）接受改革計畫時，援引了古代的「國是」觀念。他指出改革乃是國是，既是最高國策，也是關乎帝國命運最重要之事，但並非單方面由他以君主的權力所強加。剛好相反，那是他與高層士大夫在朝中經商議而來的共同決定。顯然，以國是為共同決定，隱含了合作關係。

其次，在一〇七一年一次激烈爭論的最後，另一位保守領袖文彥博（一〇〇六—一〇九七）大力向皇帝強調如下論點：「為與士大夫治天下。」皇帝默認了此激論。在此我們看到以不同方式表述的合作關係理念。

最後值得引述程頤對此理念的經解：「帝王之道，以擇任賢俊為本，得人而後與之同治天下。」此解釋總結了宋代儒者關於皇帝與士人關係的所有觀點，此觀點也為所有不同哲學信念的學者所認同。正是此政治文化提供了沃土，令「得君行道」的規劃可以成長與繁盛。[5]

相形之下，明代政治文化有本質的不同。開國的明太祖（一三六八—一三九八在位）為農民出身，兒時幾乎全未受教育。他由明教這一千年末世論叛亂團體的基層崛起，該民間教派是佛教與摩尼教信仰混合而成，其信眾主要招自未受教育的大眾。[6]簡言之，直到一三六八年建立新朝以前的幾年為止，明太祖一直與士人圈無太多接觸。但依循自己敏銳的政治直覺，他確實努力與南方的士人領袖建立友誼。其中出名者如劉基（一三一一—一三七五）與宋濂（一三一〇—一三八一），都當過他的資深顧問。因為他完全知道，不同於征服王朝可以主要依賴武力，本土王朝一定必須尋求且取得漢族士人的合作，以求有效統治帝國。

不過事後證明，這位農民皇帝與士人的聯盟從一開始就極其不平順。總的來說，他高度懷疑士人，並發現朝中的儒家諫官尤其難以忍受。他對朝中士大夫的懷疑與時俱增，認為他們是潛在或實際上的篡位者。這在一三八〇年的血腥清洗時達於極致，宰相胡惟庸（？—一三八〇）與數千名據傳的追隨者，被以叛徒之名處決。[7]結果是皇帝最終決定廢除一直以來的宰相職務，該制度至遲從西元前二二一年秦統一以來就存在。

在宋朝，儒者如程頤都視宰相為官僚集團制度化的領袖，因此，他也身負維持帝國秩序的責任。然而明太祖公然反對此儒家觀念；更有甚者，從他的法家觀點看來，該制度從一開始就是大錯，因為它從此侵害了皇帝的絕對權力。明太祖全心擁護法家，這已是公認的歷史事實。他的很多文書，特別是〈大誥〉，清楚表明他不但忠於法家「君尊臣卑」的原則，同時也像西元前三世紀法家韓非一樣，相信賞罰是統治者有效掌控臣民最好的兩個手段。[8]正是這個原因，他認為《孟子》的許多文字極其可憎，以至於在一三九四年他下令把這些文字從原典中刪除。[9]

鑑於這個背景中的法家傾向，顯然明太祖之擁護程朱儒學正統，更像是有名無實。他需要儒家來維持新建王朝的合法性，但他反對一切儒家的關鍵作用，視之為對絕對皇權的侵害。同樣地，他之強調士人的重要性，也僅是在於他們的工具價值。他需要士人在所有層面為他治理帝國，不過僅有在他授意時。然而另一方面，他讓在朝中批評政策成了性命攸關的行為，這和宋代君主判然二分。讓我用下面這個一石二鳥的例子來佐證此觀察。當李仕魯（？—一三八三）這位重要的朱熹學派學者被推薦入朝時，明太祖表現得相當高興，對他

---

5 以上對宋代政治文化的速寫，是基於拙著《朱熹的歷史世界》，上冊，第二至六章，頁二七一—三八七。

6 見吳　，〈明教與大明帝國〉，收於氏著《讀史劄記》（北京：生活・讀書・新知三聯書店，一九五六），頁二三五—二七〇。

7 見吳　，〈胡惟庸黨案考〉，《研究學報》一五（一九三四年六月），頁一六三—二〇五。

8 見 Kung-chuan Hsiao, "Legalism and Autocracy in Traditional China," *Tsing Hua Journal of Chinese Studies*, n.s., 四, no. 二（February 一九六四），特別是頁一六。余英時，《宋明理學與政治文化》（台北：允晨文化，二〇〇四），第六章第一節，頁二五三—二七六。

9 容肇祖，〈明太祖的《孟子節文》〉，收於《容肇祖集》（濟南：齊魯書社，一九八九），頁一七〇—一八三。

說：「吾求子久，何相見晚也。」然而數年後，李因為忠於他的程朱傳統，不斷上疏反對朝廷過度支持佛教。不用說，言不見聽。因為挫折與憤怒，他在面聖時，突然上呈辭表，作為抗議。皇帝在盛怒之際，命令衛士將他打死於宮殿的台階之上。我相信李仕魯一案，全盤揭露了明太祖對程朱正統與士人的態度。[10]

士人如何回應這樣一個他們發現身處其中的殘酷政治現實？一位縣學訓導葉伯巨在一三七六年給皇帝的建言，提供了我們第一手的說明。以下的段落與我們的討論相關：

> 古之為士者，以登仕為榮，以罷職為辱。今之為士者，以溷跡無聞為福，以受玷不錄為幸。以屯田工役為必獲之罪，以鞭笞棰楚為尋常之辱。其始也，朝廷取天下之士，網羅捃摭，務無餘逸。有司敦迫上道，如捕重囚。比到京師，而除官多以貌選。所學或非其所用，所用或非其所學。洎乎居官，一有差跌，苟免誅戮，則必在屯田工役之科。[11]

以上的基本描繪，其真實性毋須多疑，因為許多具體細節，如「誅戮」、「鞭笞棰楚」、「屯田工役」，都有歷史紀錄為證。此上書令太祖大怒，乃至下令將葉入獄，葉隨後應該是因為刑求而死於此。上書者因說出真相而付出生命，這一事實進一步強化了他的陳述為真。他說明初士人選擇沒沒無聞或不孚眾望，以免被召入政府，這並未誇大其辭。

因為誅戮、折磨與羞辱乃是士大夫的普遍命運，有些士人甚至採取極端手段避免被召入朝廷。舉例而言，一位貴溪（江西）儒生夏伯啟和他的侄兒切斷了手指，因此可以用身體殘缺為由拒絕徵召。其他士人如蘇州（江蘇）的姚潤與王謨，則直接拒絕了開國皇帝的徵召，且完全不提供理由。

然而士人的這種不合作或抗拒，不能為明太祖容忍。出於反制，他在刑法中創立了全新的「罪名」，即「士夫不為君用」罪，可處以死刑且家人籍為奴。正是基於此罪，姚潤、王謨、夏伯啟及其侄兒全被處決。[12]最後我要補充，這項特別的法律並不止於太祖朝。至少我們的證據所示，最晚到一五〇九年它還有效。[13]

整體的政治氛圍在太祖之後仍維持不變。果然如李仕魯和葉伯巨所正確預測，開國皇帝的一言一行注定要成為繼任者的典範。[14]事實上，太祖死後僅僅四載，在一四〇二年，他的第四子朱棣（一三六〇—一四二四）以武力從年輕的建文帝那取得皇位，自立為永樂帝。建文是太祖的長孫以及合法繼承人。為了鞏固他的皇權，篡位者緊隨他父親在一三八〇年大清洗的先例，殺了數以百計忠於建文的官員，以及他們的家眷。最惡名昭彰的例子是大儒方孝孺（一三五七—一四〇二），他公開譴責朱棣的篡位，結果他的所有親人、部屬、學生、朋

10 《明史》（北京：中華書局，一九七四），卷一三九：一三，頁三九八八—三九八九。

11 同上，頁三九九一—三九九二。

12 同上，卷九四：八・二三一八。

13 例如一五〇九年，有一位王雲鳳就因「寰中士夫不為君用」罪，被迫接受朝廷任命。見谷應泰，《明史紀事本末》（上海：商務印書館，一九三七），卷四三：六，頁五九。

14 《明史》，卷一三九：一三，頁三九八九・三九九一。

友，甚至許多鄰居都被處死，總計近一千條人命。[15]

君主專制在永樂朝（一四〇二—一四二四在位）的延續與實質上的強化，於君主與士人的關係還有更深遠的不利影響。確實，永樂帝極力透過科舉，從士人中塑造更多忠心的官員。與此同時，他也盡力在科舉中確立程朱正統，作為正當化其統治的工具。然而一如他的父親，他無意讓士成為像宋代那樣多少有點平等的夥伴；他雖將程朱正統提倡為國家意識形態，在任內也未獲得真正程朱傳人的支持。

根據黃宗羲在《明儒學案》所言，吳與弼（一三九一—一四六九）是明初最有影響力的程朱學者。早在一四一〇年，他就已經下了畢生最重要的決定，完全放棄科舉而不仕。之後他拒絕所有省或州府向朝廷推薦他任官。即使他最終在一四五七年迫於皇命而入朝，他仍想辦法以自由之身返家。關於為何他始終如此抗拒入仕，他有一簡單直接但很能說明情況的答案：「欲保性命而已。」他成長於永樂朝，與朱棣篡位有關的大規模誅戮，特別是方孝孺的悲劇命運，必然對他年輕時的政治傾向，有長期負面的影響。[16]受其影響，他的主要門人如陳獻章（一四二八—一五〇〇）、胡居仁（一四三四—一四八四）以及謝復（一四四一—一五〇五）都不再參加科舉，且無人有意熱衷追求政治事業。[17]

明初主要儒者，對太祖與永樂帝發展的君主專制體系的疏離，也可見於思想的領域。據觀察，明初的程朱學派幾乎完全將其重心置於個體的道德修為。[18]雖然此觀察真實無疑，但不如表面簡單。不同於大部分宋代儒者，特別是二程與朱熹（他堅信得君行道的規劃），他們的明代後學在嚴酷的君主專制限制下，只能幾乎完全放棄此規劃。宋代君與士政治合作的原則，已不再可行，因為「行道」現在是君主個人且只能是他個人的責任。在君主眼中，科舉士大夫並非政治夥伴，而是任其支配的工具。因此，既然建立人間秩序以達道的路線已經關閉，明代的程朱儒者不可避免地將其對道的探求，帶往個人領域，以修身為主要焦點。

讓我舉幾個例子來說明。正如吳與弼的日記所示，他不斷表達自己對簡單平淡生活的滿意，但從未觸及任何政治議題。其一生對外追求德行，對內希望達到心靜。[19]在他的門人中，陳獻章以其重視「自得」聞名，而胡居仁將「敬」內化為儒者生活的典範。[20]最後但同

15 同上，卷一四一：一三，頁四〇一九—四〇二一。另參見 F. W. Mote, "Fang Hsiao-ju," in *Dictionary of Ming Biography*, 1368-1644, ed. L. Carrington Goodrich and Chaoying Fang（hereafter DMB）（New York: Columbia University Press, 1976）, 1: 431-432.

16 黃宗羲，《明儒學案》（上海：中華書局，一九三六）；《四部備要》，第一冊，卷一，頁一 a—二 a（吳與弼）。

17 《明儒學案》，卷二，頁一 a（胡居仁）；卷五，頁一 a（陳獻章）；《明史》，卷二八二：二四，頁七二四一（謝復）。

18 見我在《宋明理學與政治文化》的討論，頁二七四—二七六。

19 吳與弼，〈日錄〉，《康齋集》，四庫全書版（新北：臺灣商務印書館，一九七三），卷一一，頁一 a—四二 a。另參 Wing- tsit Chan, "The Ch'eng- Chu School of Early Ming," in *Self and Society in Ming Thought*, ed. Wm. Theodore de Bary and the Conference on Ming Thought（New York: Columbia University Press, 1970）, pp. 29-51.

20 見 Huang P'ei and Julia Ching, "Ch'en Hsien- chang," in DMB, 1:155; Julia Ching, "Hu Chü- jen," 同上，p. 626.

樣重要，薛瑄（一三八九—一四六四）的例子也很能說明情況。他是北方（山西）主要的程朱思想家。他在一四二一年通過科考並在朝中有過一段成功的事業。然而在一四四三年，他因為冒犯了當權的宦官王振而被判死刑，直到處決前幾個小時，才被饒了一命。最終，在一四五七年，當古怪又荒唐的英宗在政變中復辟時，他由內閣辭官。在命終之際，他寫下兩句名言：「七十六年無一事，此心唯覺性天通。」[21]第一句顯示，他一定是感到有多幻滅，一生致力國務卻一事無成。第二句顯示，就像吳與弼基本上拒絕入仕一樣，他最終也意識到，身為程朱學者，他的求道被嚴格限縮在心性開悟的私人領域。

王陽明對儒家整體規劃的修正

與上文描繪的明初歷史背景相對，我應該接著檢視王陽明時代，儒家政治與社會思想的轉向，並首先從天才哲學家本人開始。

王陽明與明初儒者不同，在一五〇六年以前，他在仕途中，對再啟儒家「得君行道」的整體規劃，表現出非比尋常的興趣。一四九九年通過科考後，他立刻將論邊防八事的長奏章上呈孝宗（一四八七—一五〇五在位），因而頗受褒揚。[22]他晚年自言，此奏有「許多抗厲氣」而不切實際，即使上書行動本身，是發自他那儒家對帝國人間秩序的深切責任感。[23]顯然，他與包含朱熹在內的宋儒，同樣有對道的廣闊想法，因此拒絕依循他明初前輩的榜樣，他們刻意將求道限制在修身的私人領域。在一五〇四年，他擔任山東省鄉試的主考官。他的其中一項考題是：「所謂大臣者，以道事君，不可則止。」在給考生的範文中，他特別強調大臣在朝的要務，是「引君於道」。[24] 我認為這是有力的證據，證明他早年對儒家得君行道規劃的信念。

但至此我們不得不納悶，王陽明為何認為有可能復興從明初就被擱置的儒家整體規劃。答案很重要的一部分，是在孝宗朝，因為此時王陽明正從有著敏銳好奇心的青年，變為思想與政治上都成熟的成人。碰巧孝宗在早年受過很好的儒家教育，而且顯然他接受許多儒家的道德價值。他天性溫和，很少在朝會發怒。即使被一位官員冒犯，他既未用廷杖羞辱他，也沒有令他遭受任何非人、殘酷的懲罰。因此他的任期，一般被視為太平無事。[25] 王陽明對得君行道的規劃發展出積極興趣，或許因為他的幻想是，孝宗朝君主專制的休眠期會成為常態。正是這個幻想帶來他人生的最重大危機，導致他一五〇八年最有名的「頓悟」，事後證明這是中華帝國晚期重大的思想突破之始。

正德（一五〇五—一五二一）元年（一五〇六）二月，王陽明上書新皇帝武宗，支持御

21 《明儒學案》，卷七，頁三a。
22 見〈陳言邊務疏〉，《王陽明全集》（上海：上海古籍出版社，一九九二），卷九，頁二八五—二九〇。
23 陳榮捷，《王陽明傳習錄詳註集評》（台北：台灣學生書局，一九八三），頁三九七。
24 收於《王陽明全集》，卷二二，頁八四一—八四二。
25 孟森，《明代史》（台北：中華叢書，一九五七），頁一八五—一八七。Chaoying Fang, "Chu Yu-t'ang," in DMB, 1: 377–378.

史打擊宦官。[26]論及此，或許也適合談談他對孔子《春秋》中「元年」的特別解讀。據他所言，「元年」標示著新王「正心」之始，最終會引致人間萬物的更新。因此，我們有把握認為，他想用上書來啟動引君於道的規劃。[27]很不幸，新皇帝與他父親不同，是一個不負責任又善變的君主，他一即位就全力開動君主專制機器，允許一名諂媚到惡名昭彰的宦官劉瑾代他掌理朝政。結果，在劉瑾掌權的四年間（一五〇六－一五一〇），他讓每一個得罪他的官員受到重罰。讓王陽明因此遭害的，正是他試著勸新君屏斥的宦官權勢。上書後，他馬上被下獄，並遭受恥辱的廷杖。最後在一五〇八年，他被流放到貴州邊境，名為龍場的山城。

入獄、廷杖與流放的三部曲，一同在王陽明的生命與思想上產生創傷的影響，並在龍場一個不眠夜的「頓悟」中，達到極致。此悟道是他生命中的大事，因此被古今學者反覆研究，但主要是針對其哲學或宗教意涵，這並非本章的範圍。然而在我近來明代儒學與政治文化的研究中，我對此悟道有了不同的認識。限於篇幅，我的詳細論點太過複雜而不能在此述及。以下僅能簡述我的發現，即他的「悟」與明代君主專制特別有關。

如前所述，整整十年的仕途（一四九九－一五〇八），王陽明盡力復興儒家得君行道的整體規劃。如今他被流放到龍場，他對此規劃的信念已經破滅。有武宗這樣不負責任的君主在位，他總算了解到，「得君」作為「行道」的前提，不過是幻想。因此，在一篇寫於悟道之後的文章裡，他問道身為純正的儒者，因為他已經不能行道於世，是否應該繼續待在仕途。[28]據他的傳記作者所言，「頓悟」發生在他思考如下問題時：「聖人處此，更有何道？」[29]將兩個問題放在一起，我們完全可以相信，王陽明一定是在悟道中找到了超脫他深層危機的方法，並正好顯示，在他的處境中，「聖人有何道」。悟道最大的突破，就是他對儒家整體規劃的根本修正，這有消極與積極兩面。

消極面是，他完全放棄了傳統觀念中，君主處於樞紐地位，行道於世。更重要的是，因為對專制體系的毀滅力量深有警覺，他決定避免與其直接對抗。悟道之後，他馬上一心辭官。然而情況不許他在不進一步殃及父親的情況下，如此行事。據他所言，其父已被罷去禮部侍郎，移官南京。[30]自此以後，正如我們將看到，他面對君主與朝廷的態度，有一標誌性的轉變。

在積極面，他發現還有別的方法行道，亦即，喚醒社會中每個成員的內在道德感。多年來他苦惱於朱熹格物致知的理論，就他的理解，「理」在物中，因此外於「心」。他對此說很不滿意，並總覺得「理」與「心」必須是相同一物。在龍場悟道時，他瞬間體認到自己一直以來確實都是對的。據他所說，事實是「聖人之道，吾性自足」。

不難看出此新理論如何極好地契合他修正過的儒家整體規劃。當「理」即是「心」，或是「聖人之道，吾性自足」，那麼道就一定可為每個人所得，包括未讀書者。與之相反，朱

26 收於《王陽明全集》，卷九，頁二九一—二九二。
27 〈五經臆說〉，同上，卷二六，頁九七六—九七七。
28 〈龍場生問答〉，同上，卷二四，頁九一二。
29 《年譜》，同上，卷三三，頁一二二八。
30 見王陽明的傳記，《明史》，卷一九五：一七，頁五一五九。

熹強調「格物致知」是求「理」的前提，就將從士到皇帝的受教育精英，置於特別優待的地位，至少就求道而言。這或許很大程度上解釋了為何程朱儒學願意為得君行道的規劃背書，這若要成功，需靠士與皇帝的合作。如今，王陽明相信每個人都可以藉由內在道德感（他稍後將此等同於孟子所稱「良知」）的引導，察覺道的光輝。配備著此新信仰，他決定轉向各行各業的人，來支持他根據道建立人間秩序的努力。因此，他從根本上修正了傳統的儒家整體規劃，進而迎來儒學史上社會與政治思想的新時代。

龍場悟道言盡於此。現在讓我們進一步探索王陽明悟道後，他關於明代君主專制的政治行動與思想。

當王陽明被召回政府，他的心態已經與悟道前相當不同。雖然他仍像之前一樣是位認真勤懇的官員，現在他刻意避免就朝政批評君主或朝廷。讓我引幾個有趣的例子來說明此點。

一五一五年，武宗決定在首都贊助一項藏傳佛教的節日。許多朝廷高官上書諫止而無果。為了表示團結與支持，王陽明也草擬了長篇奏章，毫不含糊地說明他基於儒家觀點，反對預定的節目。然而關於此奏章尤其重要者，是他最後決定不要進呈皇帝。[31]

我們如何理解他的不一致？我想只有考慮他的龍場悟道，才會合理。真正發生的事情可能是這樣：當他開始草擬奏章時，他僅僅遵循許多儒家官員的慣例，他們認為有義務去抗議皇帝的不理性行為，例如贊助一項昂貴的佛教節日。然而當他完稿後，一定是察覺到這有悖他在龍場悟道的決定，即永不再與君主專制體系糾纏。因此有了他最後一刻的轉念。

僅有這一例尚不足以支持我的論點。現在我要將讀者的注意力轉向另一個更有趣的證據。在一五二〇年，王艮（一四八三—一五四一）第一次見王陽明，但他們的對話更完整地保留在前者而非後者的年譜裡。根據更完整的版本，王艮將話題導向「縱言及天下事」，這當然指政治批評。王陽明立刻引用《易經》（艮卦）「君子思不出其位」來制止他。但王艮繼續爭辯他雖然只是「匹夫」，卻未曾一日悖離君主應像堯舜般治民的理想。王陽明接著評論：「舜居深山，與鹿豕木石游居終身，忻然樂而忘天下。」王艮依然不願放棄而反駁：「當時有堯在上。」顯然王艮仍然將改進社會的希望，寄託於皇帝的聖明。然而就王陽明而言，他相當警覺的，不僅是這個傳統取向的全然徒勞，還有它災難性的後果。根據他的自身經驗，他太清楚區區「匹夫」，若如此大膽去捋被宦官把持的君主專制獅鬚，會有何下場。

根據這次對話，我們總算了解為何王陽明必須將新學生的名字從銀改為艮，還有授他「汝止」為字。兩者都來自《易經》的同一卦辭：那是要不斷提醒王艮不要思出其位。汝止即停下之意。[32]

為使我的解釋無庸置疑，讓我再提一證據，即他一五二五年寫給另一位學生童克剛的信。童是一位民間學者，他擬了八項建議鼓吹改動政府。他兩次呈給王陽明尋求批評意見，

31 〈諫迎佛疏〉，《王陽明全集》，卷九，頁二九三—二九六。

32 見王艮的《年譜》，收於袁承業編，《王心齋先生遺集》（上海：神州國光社，一九一二），卷三，頁三a—b。另參王陽明，《年譜》，收於岡田武彥、荒木見悟編，《王心齋全集》（台北：廣文書局，一九八七），卷三四，頁一二七七—一二七八。

一心要上奏朝廷。王陽明試著勸阻他，但第一次沒有成功。第二次，他乾脆未經作者同意，將稿件付之一炬。在信中，他再度引述了《易經》的同一句話，警告作者不要讓思緒超出其社會角色之外。不過在此例中，王陽明清楚說出他的憂慮，不智的行動會不可避免地讓作者深陷政治麻煩。[33]

我們不知童的反應，但王艮最終確實領悟師說。稍後，當數位在政府志同道合的朋友，或因勸諫而被殺，或因政治理由而被流放遠地，他寫下著名的〈明哲保身論〉，時為一五二六年。[34]正如狄百瑞（Wm. Theodore de Bary）所正確觀察的，他對「身」（self）的概念，乃是「肉身或身體」。[35]那時他一定已經完全接受其師的「懼」，因此視「政」為「危地」。[36]

現在是時候轉向王陽明的中心教旨，特別是良知的學說，以看出此與他修正儒家整體規劃的關係。如前所示，此說始於一五〇八年龍場的悟道。然而公認的事實是，至遲到一五二一年以前，此說尚未達到最後、最終的型態。另一方面，他對儒家規劃的新想法雖可溯及悟道，但亦同樣是在他思想的最後階段才成形。這一共生的發展，清楚指出他思想的兩個層面，即良知與儒家規劃，乃是互相關聯密不可分，因此，必須根據他所謂「知行合一」的精神來評價。

為說明此點，讓我簡單審視一下他最著名的〈拔本塞源論〉。此文作於一五二五年，此後被視為中華帝國晚期儒家社會思想的主要突破。[37]據我所見，本文是他修訂規劃的提要。它不只生動描繪了新規劃指向的理想儒家人際秩序，更重要的是，它也提出了完全不同的步驟，以令規劃可以成功實行。限於篇幅，我僅提出以下兩點觀察。

首先，在〈拔本塞源論〉中，王陽明並未在修訂規劃裡，給皇帝、朝廷或國家整體指派任何角色。在描繪他理想化的古代時，他確實稱頌傳說的聖王如堯、舜、禹，以及他們的賢明大臣，因為他們有助於建立完美和諧的人間秩序。但他僅稱這些人為道之「教者」、「傳者」，而非政治掌權者。這與前段所說原本的得君行道規劃有鮮明差異。

王陽明不看君主、朝廷與國家，轉而仰賴社會的所有個別成員，以行道於世。更有甚者，與其宋代的前輩王安石或朱熹不同，他們僅僅訴諸受教育的精英（士）來同心協力完成儒家規劃，王陽明採取前所未有的大膽舉動，在修訂規劃中納入農、工、商賈，其與士同等

33 〈復童克剛〉，《王陽明全集》，卷二一，頁八二五—八二七。

34 《年譜》，《王心齋先生遺集》，卷三，頁四b。

35 Wm. Theodore de Bary, “Individualism and Humanitarianism in Late Ming Thought,” in *Self and Society in Ming Thought*, p.165.

36 此為他警告一位想測試自己政治能力的學生或朋友。見〈答宗尚恩〉，岡田武彥、荒木見悟編，《王心齋全集》（台北：眾文書局、廣文出版社，無出版年），卷五，頁一二九—一三〇。

37 見錢穆，《陽明學述要》，收於《錢賓四先生全集》，卷一〇，頁八二—九二。〈拔本塞源論〉的原文收於《傳習錄》，中卷，收於《王陽明全集》，卷二，頁五三—五七。英文的全文翻譯，見 *Instructions for Practical Living and Other Neo- Confucian Writings by Wang Yang- ming*, trans. with notes by Wing- tsit Chan（New York: Columbia University Press, 1963）, pp. 117-124.

重要。[38] 然而此舉應理解為，在邏輯上已暗示於他修訂的規劃中，這主要在於將以國家為主、由上而下的改革運動，變為個人為主、由下而上的社會運動。為了發動全面的草根運動，建立基於儒家之道的社會秩序，他的學說絕對有必要去直接觸及各行各業之人。這正是為何他以喚醒每個個體的良知，為規劃的出發點。正如他在〈拔本塞源論〉明白指出：「此聖人之學所以至易至簡，易知易從，學易能而才易成者，正以大端惟在復心體之同然，而知識技能非所與論也。」[39] 此處他實際上是講自己的良知之教。特別值得注意的是，他有堅定信念，個人無論其社會或文化出身，都可「復」良知。同樣重要的是，在他的良知體系中，貶抑了「知識技能」。他所謂「知識技能」，顯然是指當世教育精英所關心者。因為他堅信「知識技能」這一教育精英獨特有別的性質，與喚起良知無關，所以他在修訂規劃中，並未給士比其他社會團體更為重要的功能。他相信，士農工商身為社會的個體成員，一旦良知被充分啟發，都會平等地成為該規劃的積極使者。

在他良知之教的最後構想中，還有一微妙處值得注意。一位學生曾問他：「良知一而已……何以〔聖人〕各自看理不同？」他回應道：「聖人何能拘得死格？大要出於良知同，便各為說何害？……汝輩只要去培養良知。良知同，更不妨有異處。」[40] 此強調人人良知的個體差異，與他的修訂規劃密切相關，如前所述，此規劃乃基於個人。在他晚年，為了實踐其規劃，他努力向有著多元背景的個人，從讀書人到文盲，宣講良知之教。

我們有理由相信，他透過個人交流，收到的這些高度多樣化的回應，必然導致他強調良知的個體差異。這再一次展現了，他的良知之教與修訂過的儒家整體規劃，有其內在關聯。

第二點是，他在一五二六年寫給聶豹（一四八七—一五六三）的信中說：「僕誠賴天之靈，偶有見於良知之學，以為必由此而後天下可得而治。是以每念斯民之陷溺，則為戚然痛心，忘其身之不肖，而思以此救之。」[41]這也是一項關於良知之教的極重要說明。一般來說，良知（或更通俗的「良心」），被認為是更為個人而非社會之物。結果，傳統上有形上學興趣的儒者以及現代的哲學家，非常傾向於強調良知的個人層面，好像此說只關心培養個體自身的心性。上引的信清楚表明，他學說的社會層面若非更重，至少也是一樣重要。因此，我們在他的學說中看到，良知有雙重的目的：由個體為始，是每個人心性的啟發；但以集體告終，帶來理想的世界秩序。按此讀來，也完全吻合〈拔本塞源論〉最後一段。他熱烈懇求儒者同道，用他們的「良知之明」，「無所待」地實現他的修訂規劃。[42]

正是因為他在此文中，強烈表達了對「治天下」理想的信念，他在死後被認為是儒家傳統中，道最傑出的傳人（transmitter of Dao）。讓我舉兩個例子說明。

耿定向（一五二四—一五九六）在進呈新君穆宗（一五六六—一五七二在位）的奏章

38 他在修訂規劃中兩次提到「農、工、商賈」積極參與的重要性。見 *Instructions for Practical Living and Other Neo-Confucian Writings by Wang Yang-ming*, pp. 119-120.

39 同上，頁一二一。

40 同上，頁二三〇。

41 同上，頁一六八。

42 同上，頁一二四。

裡，請求讓王陽明入祀孔廟，作為此殊榮的理由，他特別引了〈拔本塞源論〉。他極力指出，此文「開示人心，尤為明切。如使中外大小臣工，實是體究，則所以翊我皇上太平無疆之治者」。[43]第二個例子由陳龍正（一五八五—一六四五）提供，他是著名的東林書院的講友。他如下描繪王陽明的學說：「拔本塞源論，乃先生直接道統處。……其心則惟欲安天下之民，惟共成天下之治。道學一點真血脈，先生得之。」[44]耿與陳都聚焦同一篇文章，且將「天下治」當成王學的精華，此點非常重要。此外，兩人也一致認為王陽明是儒家傳統的真正傳人。在王陽明所有著作中，特別挑出以上討論的〈拔本塞源論〉，並且將其直接連結「道統」與「道學」，實際上是要強調王陽明與明以前的人，從孔孟一路至朱熹之間的傳承。顯然，兩位學者在此都言及儒家傳統的連續性，且並非泛泛而言，而是明確指向一個理想，即依道而行的有序社會。本章出於便利，稱其為「儒家整體規劃」。

總而言之，良知說與修訂的儒家規劃，構成了王陽明學說內與外，互相關聯且密不可分的整體，且與儒家「內聖外王」的說法緊密對應。一方面，就王陽明最終致力於依道而行的人間秩序規劃而言，他確實還留在從孔子到朱熹的傳統裡。另一方面，若論他的良知說是要取代朱熹對「格物致知」的解釋，他與當時主流儒家，即程朱正統，可謂近乎全面決裂。不過，在這兩個相斥的哲學體系間，有一根本功能上的相似性，則屬無疑。正如朱熹體系裡，格物致知是從上到下、國家為主的改革運動的思想基礎，良知也被王陽明當作他由下而上、個人為主的規劃的主要推動者。

清儒焦循（一七六三—一八二〇）對朱熹與王陽明學說的差異，從社會的角度，曾有如下觀察：前者想在道德上啟蒙學者，而後者想要啟蒙未受教育者與文盲。他解釋其理由顯而易見：一方面，格物致知需要追求者廣泛閱讀與嚴謹思考。而另一方面，良知指的是一般所知的「良心」，乃個體與生俱來，可以隨時啟動而不需事前的思想養成。[45]

焦循是第一位學者精確指出此二重要儒家思想學派的社會差別，即使他可能誇大了其差異。就王陽明而言，他的預期聽眾包含所有四民，亦即士農工商。然而有清楚證據顯示，他確實特別有意將訊息傳達給大眾。舉例而言，他曾回憶在一五〇八年龍場悟道後，他與罪犯、流亡者和少數民族為伍。但令他驚喜的是，當向這些人解釋他新創的「知行合一」學說，即良知的早期版本時，他們竟是最表支持與讚賞的聽眾。他接著說道，數年後，他的學說反而是在學者的圈子遭遇許多抵制與懷疑。[46]這個早期經歷一定相當令他鼓舞，因此使他更加決意觸及平民百姓。以下給弟子的指示頗能揭示此事：「你們拿一個聖人去與人講學，人見聖人來，都怕走了，如何講得行。須做得個愚夫愚婦，方可與人講學。」[47]我認為這是

43 此奏收於《王陽明全集》，卷三九，頁一四九四—一四九五。耿定向此奏的歷史背景，見沈德符，《萬曆野獲編》（北京：中華書局，一九五九），卷二，頁三六二—三六四。關於他從祀孔廟的爭議，見Hung-lam Chu, "The Debate Over Recognition of Wang Yang-ming," *HJAS* 48, no. 1（June 1988）: 47-70.

44 陳榮捷，《王陽明傳習錄詳註集評》，頁一九九。

45 焦循，〈良知論〉，《雕菰樓集》（蘇州：文學山房，無出版年），卷八，頁二〇a。

46 《王陽明全集》，卷三二，頁一一七二。

47 Wang Yangming, *Instructions for Practical Living*, p. 240.

又一項證據，證明他的新學說，從一開始就被認為是根本上修訂儒家規劃不可或缺的一部。他如此強調「與愚夫愚婦講學」的重要性，因為他的修訂規劃要完全成功，是靠這些人積極的參與。更有甚者，當他強調必須先成為「庶民」一員，再向其「講學」，他顯然是從個人經驗立論。如前所述，在龍場他成功向身邊不太讀書者傳達理念，對此他甚感自豪。每當情況許可，他就會施展此項溝通藝術。一個生動的例子是他透過寫字，向一位聾啞人「講學」。該段文字完全由日常口語寫成，並且不含任何技術性的哲學詞彙。講學中「天理」與「心」這兩個關鍵字，碰巧來自當時平民日常對話的詞彙。[48]這正是他所謂「須做得個愚夫愚婦」，以便向其「講學」之意。這樣，他個人立下榜樣，讓弟子學習如何由草根群眾行道於世。

最後，我希望釐清王陽明和著名的泰州學派的關係，為本段作結。一般而言，王陽明的良知學說有兩條並行的路線，即理論與實踐。前者是延續了朱熹與陸象山關於理與心的形上辯論。此事業由他在浙中與江右一脈，學問最深的弟子所延續，著名者是王畿（一四九八—一五八三）、錢德洪（一四九六—一五七四）、歐陽德（一四九六—一五五四）、聶豹，以及羅洪先（一五〇四—一五六四）。後者，即實踐的路線，則深植於他對儒家規劃的信念。根據上述他的修訂版本，該規劃的社會實踐需要各行各業人們大規模的參與，並特別包含農、工與商。正是泰州學派透過大眾講學與其他社會活動，達成了王陽明的夙願，喚醒大量平民的良知。除了王艮，該學派其他對此有特別貢獻的人有顏鈞（一五〇四—一五九六）與何心隱（一五一七—一五七九）。現在的問題是，為何在所有王陽明的各種後學團體中，僅有泰州學派成功將實踐的路線推展至如此顯眼的地步？

全面深入的解答，顯然超出本研究的範圍。不過我想要就該學派的奠基者王艮提出兩點。首先，與王陽明其他的主力弟子不同，他並非來自讀書人家庭。其父是鹽丁與小商人。他早年也受商人的訓練，隨父行商。奠基人既來自平民，那麼很自然該學派吸引了大量平民為成員，例如陶匠、樵夫、胥吏、農夫與商人等。[49]第二，他不但獨自發明出與王陽明類似的學說，當兩人於一五二〇年會面時，他還與王一樣熱衷於「行道於世」。然而我們或許還記得，兩人初會時，王艮尚信奉「得君行道」的傳統理念，緊逼王陽明提政治批評。結果他被後者制止，還告訴他鑑於明代君主專制的蠻橫，他前途堪憂。王艮將老師的警告銘記於心，從此避免了所有政治的糾葛。結果他以「百姓日用」的角度重新定義了道，[50]這極其契合王陽明概念中，道的社會實踐源自草根群眾。因此不誇張地說，在王陽明所有弟子中，若論實踐修訂過的儒家規劃，僅有王艮緊攫師意。即使師生之間確實偶有緊張，但主要是靠王艮與泰州學派，良知之教被轉型為一強有力的大眾運動，並順利延續於十七世紀。

一項持久的大眾運動興起，並且確實，正是出現了組織嚴謹的社會思想團體，如開啟了儒學社會史新篇章的泰州學派，這兩者清楚指出十六世紀的中國，一定發生了深刻的社會變

48 〈諭泰和楊茂〉，《王陽明全集》，卷二四，頁九一九—九二〇。
49 見島田虔次，《中國における近代思惟の挫折》（東京：筑摩書房，一九七〇），頁一〇一—一一〇。
50 《明儒學案》，卷三二，頁九a。

化。下一節會用於簡短討論社會結構與價值取向，在王陽明時代的基本變化。

本章一開始即說過，十六世紀中國萌芽的商業文化，在君主專制之外，形成了主要的歷史動力，協助推動了儒家社會思想的轉向。首先，讓我根據早先的研究，簡單勾勒此文化的起因與發展。

商人與儒學

大約從十五世紀中葉開始，市場經濟在明帝國各地快速成長。從鹽、穀物、紡織、紙到當鋪，大型商業基地的網絡以帝國全境為規模，成為新的社會實況。其結果是，自西元前二二一年中國統一以來，比起依靠科舉的官僚世界，商業世界第一次給年輕的讀書人好得多的機會。根據一項十六世紀的估算，「士而成功也十之一，賈而成功也十之九。」[51]更進一步的研究顯示，這還算保守評估。當時，科舉系統確實已經成為狹窄的「棘門」，人口顯著成長，但進士、舉人和貢生的名額保持不變。一五一五年，著名學者、書法家和畫家文徵明（一四七〇—一五五九）說道，光是他出身的蘇州府，就有不止一千五百位生員，其中每三年只產生二十位貢生和三十位舉人。成功率實際上是三十比一。文提議大幅增加貢生的名額，作為此迫切問題的可能解方。[52]然而生員人口過剩，並不獨見於像蘇州這樣，經濟與文化先進的江南地區。事實上，該壓力全國皆然，甚至包括經濟與文化落後的西北。[53]舉例而言，韓邦奇（一四七九—一五五六）這位山西的著名學者與高階官員，同樣重視此問題，並且提出不同的解方，亦即增加會試進士的名額至一千名，並按比例增加鄉試舉人的名額。[54]

另一方面，商業世界變得如此吸引人，以致越來越多受過教育的青年離棄科舉，在市場謀職。至少我們可就現有材料確定，這個新的社會趨勢，在十五世紀零星偶發，在十六世紀以降已成為強大、全國性的運動。在當時被冠以「棄儒就賈」的標籤，意謂揚棄儒學而追求商業利益。不過這個標籤是誤導，因為被揚棄的並非儒學，而是「為科舉而學習儒家文獻」。

棄儒就賈的運動表現最清楚者，非徽州（安徽）莫屬，該地在明清中國產生無數富創業精神的商人，並以此聞名。據一部晚明小說所言，當地的風俗是將商業與貿易當作頭等重要的營生，而科舉的成功僅是次要。[55]小說家凌濛初（一五八〇—一六四四）在此提供的並非小說，而是社會實況的生動描繪，並且恰好可為當時其他嚴肅的著作所證實。汪道昆（一五二五—一五九三）據稱是徽商最好的傳記家，也提供了如下觀察：「休（寧）、歙

51 轉引於張海鵬、王廷元、唐力行編，《明清徽商資料選編》（合肥：黃山書社，一九八五），頁二五一。
52 文徵明，《甫田集》，《四庫全書》，卷二五，頁四b—五a。
53 生員過剩的問題，見《明史》，卷六九：六，頁一六八六—一六八七，以及徐樹丕，《識小錄》，涵芬樓祕笈本（上海：商務印書館，一九二四），卷二，頁一五。
54 韓邦奇，《苑洛集》，《四庫全書》，卷一九：四b—五b。
55 此概述見於凌濛初的小說《二刻拍案驚奇》，轉引與討論於藤井宏，〈新安商人の研究（四）〉，《東洋學報》三六，第四期（一九五四年三月），頁一一七。

（徽州二縣）右賈左儒，直以九章當六籍。」[56]這只是棄儒就賈理念另一種不同的表述法。我或許該補充，類似的風俗在山西也發展起來，那是明清時期，另一個產生大量商人而聞名的省。山西學政劉於義（一六七五—一七四八）在一七二四年進呈給皇帝的奏章中說：「山右積習，重利之念甚於重名。子孫俊秀者，多入貿易一途，其次寧為胥吏。至中材以下，方使之讀書應試。」[57]不用說，山西「積習」可溯及明代，因為就像當時的徽州，在山西一樣有普遍的「棄儒就賈」運動。

就此歷史背景，我應該將王陽明修訂的儒家規劃，以及泰州學派引領的群眾運動，連結上此商業文化的新潮流。首先讓我節引王陽明在一五二五年所寫，紀念一位商人方麟的墓表：

> 蘇之昆山有節庵方翁麟者，始為士業舉子，已而棄去，從其妻家朱氏居。朱故業商，其友曰：「子乃去士而從商乎？」翁笑曰：「子烏知士之不為商，而商之不為士乎？」……顧太史九和（顧鼎臣，一四七三—一五四〇）云：「吾嘗見翁與其二子書，亹亹皆忠孝節義之言，出於流俗，類古之知道者。」陽明子曰：「古者四民異業而同道，其盡心焉，一也。士以修治，農以具養，工以利器，商以通貨，各就其資之所近，力之所及者而業焉，以求盡其心。……自王道熄而學術乖，人失其心，交鶩於利以相驅軼，於是始有歆士而卑農，榮宦游而恥工賈。……吾觀方翁士商從事之喻，隱然有當於古四民之義。[58]

此墓表是反映十六世紀中國社會變遷的歷史文件，其重要性再強調也不為過。首先，在此之前，從未有重要儒學思想家為商人寫墓誌銘，更遑論像王陽明這樣地位的人。事實上，在所有明代的著名文人中，王陽明是最早一批為商人寫墓誌銘者。在深入廣泛的研究後，我暫且確定，將「墓誌銘」與「賀壽文」這類文體擴及商人階層，或許始於十五世紀後半葉，但卻是在十六世紀達於顛峰，其中便有著名文人王世貞（一五二六—一五九〇）、汪道昆與李維楨（一五四七—一六二六）。自此以後，我們很難不在明或清著名文人的作品中，找到讚頌個別商人社會功能的隻字片語。在此背景下，下引王陽明的學術從人唐順之（一五〇七—一五六〇）的證言，可以證實此點。在一封一五五〇年寫給朋友的信中，他說：

> 僕居閒，偶想起宇宙間有一二事，人人見慣，而絕是可笑者。其屠沽細人，有一碗飯吃，其死後則必有一篇墓志。……此事非特三代以上所無，雖唐漢以前亦絕無此事。幸而所謂墓志，……皆不久泯滅。然其往者滅矣，而在者尚滿屋也。[59]

---

56 汪道昆，〈荊園記〉，《太函集》（Gest Library, Princeton University, 1591），卷七七，頁九a。

57 轉引討論於寺田隆信，《山西商人の研究》（京都：東洋史研究會，一九七二），頁三八五—三八六。

58 《王陽明全集》，卷二五，頁九四〇—九四一。

59 唐順之，《荊川先生文集》，《四部叢刊》縮本，卷六，頁一一九。有趣的是，大約五十年後，李樂（一五三二—一六一八）確認唐在本信的觀察為「實事」。見李樂，《見聞雜記》（上海：上海古籍出版社，一九八六），卷一，頁二八五。

我認為這是最簡潔的證據，毫無疑問表明，紀念商人的墓誌銘大量出現，恰恰好與棄儒就賈的運動同時並行。隨著士人與商人階層越來越難在社會上區隔開，連王陽明這樣卓越的儒學思想家，也覺得完全正當去公開讚揚像方麟這樣棄儒就賈的人。即使唐順之對新文風不以為然，但諷刺的是，他也不可免地受商人家庭所託，寫了數篇傳記，從而助長了此風。

其次，方麟，這位王陽明所寫墓表的主人翁，剛好為我們提供了棄儒就賈最早的例子之一。王寫的墓表沒有註明日期，但我們大可假定方麟應該活躍於十五世紀後半葉。在桑琳（一四二三—一四九七）身上可以找到非常類似的案例，他是常熟（江蘇）人，也是著名文人桑悅（一四四七—一五〇三）之父。桑琳最初習舉業。但是迫於貧窮他入贅商人周氏。自此他棄舉業並掌管周氏的一座大型商店。[60]這是我目前在十五世紀中國找到，棄儒就賈最早的例子，比方麟的例子早二十年左右。有趣的是，兩者剛好都是士人與商人家庭通婚最早的例子之一，這在十六世紀以後是相當常見的社會現象。

棄儒就賈並非江南的地方現象，也出現在同時期的其他地方。以下山西的兩例，足以說明。康鑾（一四四六—一五〇七）是散文大家康海（一四七五—一五四〇）的四叔，曾專研《禮記》數年，以便通過鄉試。然而他之後以經商為業，並因商人精神頗獲好名。晚年他變得極其富有，並且慷慨捐獻朝廷，支持邊防，他因此獲朝廷褒獎。[61]第二個例子是張通（一四五八—一五二三），他是一位奇才，早在十五歲就自通《大學》大義。其父異之，將其送入學校，但家道中落最終迫使他從事貿易。短短數年間，他行遍全國，事業非常成功。他成了整個區域商人的典範。[62]

有了這些從東南到西北的例子，顯然有把握認定「棄儒就賈」的社會現象，在十五世紀末已經相當明顯，王陽明一五二五年所寫方麟的墓表，是敏銳的早期回應。這就連接到我對此墓表的最後一點看法。

最後但同樣重要者，我們必須相當嚴肅地看待王陽明的主張，即「四民異業而同道，其盡心焉，一也」。就我所知，這是儒學史上第一次，商人階層作為一個社會團體，正式且公開地被承認，有平等資格共享神聖的道。現在的問題是，這僅是修辭，還是他真的言如其心？據以下的理由，我認為很難質疑王陽明此言的誠意。首先，此說基本上吻合他對商人和商業活動的看法。一位學生詢問當迫於貧窮，士應否從事商業以為生，他答道：「果能於此處調停得心體無累，雖終日作買賣，不害其為聖為賢。」[63]如果商人也能成聖，那麼其所為必定是在道中。其次，此說也完全合乎他在一五二五年〈拔本塞源論〉提出的儒家修訂規劃。如前節所示，他堅信士農工商都可平等地成為該規劃的使者，只要他們的「良知」被喚醒。墓表中「盡心」一辭，實際上就是指「良知」。正是在同一年所寫的另一篇文章中，他清楚說道：「夫聖人之學，心學也；學以求盡其心而已。」[64]第三，兩年前的一五二三年，

60 桑悅，《思玄集》（明版，Gest Library, Prince ton University），卷七，頁一a—b。
61 康海，《對山集》（一五八三年版，Library of Congress），卷四〇，頁三b—五a。
62 同上，卷三七，頁九a—一一b。
63 陳榮捷，《王陽明傳習錄詳註集評》，頁三九八。
64 《王陽明全集》，卷七，頁二五六。

李夢陽（約一四七三—一五二九）這位重要散文大家以及王陽明的友人，寫了一篇墓誌銘給一位棄儒就賈的山西人王現，其字文顯（一四六九—一五二三）。文中引述這位商人給兒子的如下訓示：「夫商與士異術而同心。故善商者，處財貨之場而修高明之行。是故雖利而不汙。」[65]我懷疑王陽明的主張，或許某種程度上受到李夢陽此墓誌銘的影響。無論如何，「商與士異術而同心」的想法，不但在十六世紀流行開來，同時也被商人們自己所信奉。就此而論，這個觀念並不完全源於王陽明。剛好相反，他顯然是擷取自當時興起的商業文化，將其重新調製，以合乎他儒家修訂規劃的需求，對此前文已有解釋。我或許應該補充，數十年後，正好是此觀念如此深植中國人心靈，以致士人與商人都認為其真實且不證自明。來自山西鹽商家庭的士人張四維（一五二六—一五八五），有一篇「送序」給一位商人朋友展玉泉，其人即將離開商業投身宦途。在文中，他以如下的理由解釋後者的職涯轉換：

> 夫仕賈無異道，顧人之擇術何如耳。賈，求利者也。苟弗以利毀行，則如展氏世其業，人益多之。仕，利人者也。而於此與販心焉，市道又豈遠哉。[66]

在語言與邏輯上，張的主張立刻提醒我們王陽明與李夢陽的兩篇墓誌銘，特別是後者。或許應注意，已經證明李的墓誌銘，廣為後來給商人作傳者所讀。舉例而言，在一部十六世紀的家譜裡，一位新安的文人明確引用該文，來推崇一位當地的商人汪弘。[67]

顯然，根據以上所舉各種類型的證據，商人階層崛起，達到前所未見的社會與文化地位，乃是十六世紀中國最為重要的變化。若無此事，就難以想像會有王陽明的儒家修訂規劃。但這並不是說王陽明或其弟子，特別是泰州學派，如此這般發展儒學，將其特別與市場和商人階層聯繫起來。即使儒家社會思想的轉向，確實如後文所示，帶有當時商業文化的印記；我希望強調的，是社會變化中兩個緊密關聯的層面。首先，十五、十六世紀持久的「棄儒就賈」運動，逐漸鬆動了所謂「四民」等級秩序的控制。同時，這也大幅拉近了士與其他三類人的社會差距。結果，不但士與平民的日常互動變得更加緊密深入，平民，特別是商人，也開始發展出熱心公共事務的精神，迄今為止都以為這僅能來自於士。沈垚（一七九八—一八四〇）極力嘗試描繪明清時期，商人的社會與道德特質，正如他最扼要的說明：

> 然而睦婣任卹之風，往往難見於士大夫，而轉見於商賈，何也？則以天下之勢，偏重在商，凡豪傑有智略之人多出焉。其業則商賈也，其人則豪傑也。為豪傑則洞悉天下之

65 李夢陽，《空同集》，《四庫全書》，卷四六，頁四b。有關王現及其家庭背景，見小野和子，《明季黨社考》（京都：同朋舍，一九九六），頁七九—八二。

66 張四維，《條麓堂集》（一五九二年版，Library of Congress），卷二三，頁五三b。

67 轉引自張海鵬、王廷元編，《明清徽商資料選編》，頁四四〇。更深入的討論，見張海鵬、唐力行，〈論徽商「賈而好儒」的特色〉，《中國史研究》四（一九八四）：六八。

物情，故能為人所不為，不忍人所忍。[68]

我必須補充，以「豪傑」（指有力且慷慨的傑出人士）致敬商人，在晚明已經如此：李維楨正是用此語形容一位徽州商人。[69]

其次，另一個層面是，商業財富創造或至少是大幅擴張了文化與社會空間，讓士可以發展與推行各種不同的企劃。與王陽明時代的儒學特別有關者，我或許該提及書院的建立、組織講學，以及印書等。無庸贅言，所有這些活動都需要資金。而許多案例中，可見錢直接或間接來自市場。舉例而言，書院的贊助人常列名為「士」、「民」、「鄉紳」或「監生」。不過從以上的討論我們確信，這幾類人也可能來自經商的家庭。[70]讓我只給一個例證：葛澗出身揚州鹽商家庭，被其寡母送往有名的湛若水（一四六六—一五六〇）處求學。稍後，當湛建立甘泉書院遭遇資金問題時，葛澗向母親求助。其母認為此事有價值，或用其原話，乃「義事」，於是向計畫捐贈了銀數百兩。[71]

我需要補充，這個案例中所示商人階層熱心公益，在十六世紀已經廣為人知，乃至進入了所謂善書中。有些作者以此立論，鼓勵商人慷慨將錢用於慈善事業與公共工程。[72]

由此我們看到，市場日益繁榮的結果，是明代社會變得極其有活力。正是此新的社會活力對上君主專制體系的僵固，在王陽明畢生追求「行道於世」時，一步步將他推離在上的國家，轉往在下的社會。最終這導致他對儒家規劃的根本修訂。在上一節的最後，我已經指出，王陽明修訂的儒家規劃，主要被王艮和泰州學派成員轉換成了社會實踐。現在我要更進一步，找出到底該學派某些最有影響力的領袖，如何將此規劃連結於非精英大眾，並特別是商人。

讓我從王艮這位學派創始人開始。第二節已經說過他早年小商人的生活。不過其後幾年，他在教學事業或相關社交活動中，仍持續與商人緊密為伍。李春芳（一五一一—一五八五）在王艮家待了一個多月，據其目擊，農人與商人時常在夜間到他家尋求道德指引。[73]這是很寶貴的證據，毫無疑問顯示他確實努力向非精英傳播他新版的儒家教誨。根據李春芳的證詞，我們可以完全理解為何他最有名的弟子王棟（約一五〇三—一五八一）宣稱，正是王艮重新發現了孔孟的聖人之教，並傳授啟蒙「愚夫俗子、不識一字之人」。[74]另

---

68 沈垚，《落帆樓文集》，吳興叢書（北京：文物出版社，一九八七），卷二四，頁一二a—b。

69 李維楨，《大泌山房集》（萬曆版，Gest Library, Prince ton University），卷八七，頁一四b。

70 見呂妙芬，《陽明學士人社群》（台北：中央研究院近代史研究所，二〇〇三），頁一〇〇—一〇七；John Meskill, *Academies in Ming China: A Historical Essay*（Tucson: University of Arizona Press, 1982）, pp. 62-65.

71 唐順之，《荊川先生文集》，卷一六，頁三三六—三三七。

72 參 Cynthia J. Brokaw, *The Ledgers of Merit and Demerit: Social Change and Moral Order in Late Imperial China*（Princeton: Princeton University Press, 1991）, pp. 212-215.

73 李春芳，〈崇儒祠碑記〉，收於《李文定公貽安堂集》（濟南：齊魯書舍，〔一五八九〕一九九七），卷九，頁一三a—b。

74 所錄記載見《王一菴先生遺集》（上海：神州國光社，一九一二），卷一，頁一五b；另一略微不同的版本，可見《明儒學案》，卷三二，頁二四a。

一方面，出於對貧苦者的深念，王艮時常在其慈善事業向商人求助。舉例而言，一五二三年夏天，他揚州附近的故鄉發生旱災。為了賑災，他設法從一位真州的王姓商人處，籌集兩千石米，此人素來推崇敬佩他。王艮在一五三五年冬天又有此舉，這次是靠當地富戶的協助，特別是盧澄，僅他一人就提供了一千石的豆與麥。出於感謝，他同意了盧的兒子與自己孫女的婚約。[75]顯然，王艮延續了其師的規劃，但規模龐大。

與此相關，也可簡單檢視他的弟子韓貞（一五〇九—一五八五）的案例。韓出身自世代從事陶業的家庭。一五二七年，為雙親服喪讓他先投向了佛教信仰，但隨即透過講學，他被朱恕（字光信）的儒家教義吸引，朱以伐木為業，已是泰州學派的活躍成員。之後他在朱的指導下，以《孝經》為教材開始初階的教育。朱對他致力於學習與德行印象深刻，在一五三三年，帶他到王艮的家鄉安豐場（江蘇），他在此待至一五三五年春天。此期間，因為他還是儒學的入門者，王艮讓他的小兒子王襞（一五一一—一五八七）實際指導，但時刻注意他心性的發展。某次，據說王艮向他兒子評論道：「繼吾道者，韓子一人而已。」無論如何，返家後，韓貞確實以教導無知者為天職，以改善社會為目的。[76]他此後的志業，為其作傳者大致描述如下：「隨機指點農工商賈，從之游者千餘。秋成農隙，則聚徒談學。一村既畢，又之一村，前歌後答，絃誦之聲，洋洋然也。」[77]以上王艮與韓貞兩例，一起提供了我們生動的圖像，顯示王陽明由下而上的規劃，如何最終在十六世紀演變為強有力的群眾運動。

接著，何心隱（一五一七—一五七九）這位泰州學派非常有影響力的領袖，提供我們一個完全不同但也一樣可說明情況的案例。他似乎並無任何商人背景，也無證據顯示他與商人直接往來。儘管如此，在同時代人中，獨有他牢牢掌握住這個深刻社會變化的重要性，那是源自棄儒就賈運動以及新的市場機制。在〈答作主〉一文，他說：「商賈大於農工，士大於商賈。」為了闡明此點，他進一步寫道：「農工欲主於自主，而不得不主於商賈。商賈欲主於自主，而不得不主於士。商賈與士之大，莫不見也。」[78]我認為以上所引，是晚明商人社會地位提升，很值得注意的證據。更進一步的分析，清楚顯示傳統概念中的所謂四民，即士農工商，已不再可行。反而他們必須根據現實，重新由高至低排為士、商、農、工。更重要的是，四民被進一步歸入兩大部分，「士」與「商」被當作「大」而在上，而「農」與「工」被一起置於下。雖然作者本人可能全無此意，但此短文卻可視為誠實反映當時變化中的社會現況。[79]

75 見王艮的《年譜》，收於《王心齋先生遺集》，卷三，頁三b—四a，五a—b。

76 以上說明是根據最近發現與韓貞有關的生平資料，收於黃宣民編，《顏鈞集、韓貞集》（北京：社會科學出版社，一九九六），頁一八九—一九〇、二〇一—二〇三。

77 《明儒學案》，卷三二，頁一二b；耿定向，〈陶人傳〉，收於《韓貞集》，頁一八八。英文翻譯是基於 Julia Ching, ed., *The Records of Ming Scholars* (Honolulu: University of Hawaii Press, 1987), p.182.

78 容肇祖編，《何心隱集》（北京：中華書局，一九八一），頁五三—五四。

79 我在《中國近世宗教倫理與商人精神》（後文稱《商人精神》）（新北：聯經出版公司，一九八七）詳細討論了新四民觀念的出現，特別是頁一〇六—一一四。但不應誤解為長期建立的慣用語士農工商，在十六世紀以後就不再於見於文字口說。事實上，何心隱自己持續在用。見《何心隱集》，頁二九。

何心隱對市場的深刻認知，在以下顧憲成（一五五〇—一六一二）說的軼事中，完全展現。顧是著名東林學派的領袖：

> 何心隱輩，生在利欲膠漆盆中。所以能鼓動得人，只緣他一種聰明，亦是有不可到處。耿司農（定向）擇家童四人，每人授二百金，令其生殖。內有一人嘗從心隱問仙，因而請計。心隱授以六字，曰一分買一分賣。又益以四字，曰頓買零賣。其人尊用之，起家至數萬。[80]

此兩計放在一起，完全符合馬克思・韋伯所稱「薄利多銷」（the principle of low prices and large turnover），[81]此作為市場理性的具體表現，在明清中國被廣泛實踐。此條軼聞也洩露了耿定向營商之事，即使他是一位高階官員。我要進一步指出，家庭背景可能導致顧憲成這麼容易就肯定何心隱的兩計，因為他父親和兩位兄長都是成功的商人。身為較年輕的同時代人，又是非常嚴謹的作者，顧憲成所述似乎可信，至少大致如此。[82]

最後讓我略論李贄（一五二七—一六〇二）以作結。在寫給焦竑（一五四〇—一六二〇）的信中，他猛烈批評當世偽君子是「名山人而心商賈」後，他有如下論商人的話：

> 且商賈亦何可鄙之有？挾數萬之貲，經風濤之險，受辱於關吏，忍詬於市易，辛勤萬狀，所挾者重，所得者末。然必交結於卿大夫之門，然後可以收其利而遠其害。[83]

君主專制在十六世紀晚期逐漸向市場伸手，李贄對商人表現的同情，應在此脈絡下理解。早在隆慶時期（一五六七—一五七二），即使無戶部的授權，行商人在道路與河川已被地方官課以重稅。神宗（一五七二—一六二〇在位）即位時未滿十歲，而大約十年後當他成年時，特別以「嗜利」聞名。這是因為他親自指派寵信的宦官為稅監，負責在道路或市集向商人徵收商業稅。這最終在一五九八年成為全國通行的制度。[84]正如一位一六一五年奏議起草者所生動描繪：「二十年來，採山榷酤，商困於市，旅愁於途。」[85]這或許正是上引信件所說「辱」與「詬」。此外，李贄對商人與官員關係的評論，也完全可由晚明的商人手冊所證實。舉例而言，它們幾乎全部都警告「是官當敬」，如下所節引：「官無大小，皆受朝廷一命，權可制人。不可因其秩卑，放肆慢侮。苟或觸犯，雖不能榮我，亦足以辱我。」[86]就像他高度讚揚的何心隱一樣，李贄持續且密切觀察當時成長中市場的活動。顯然，他們畢生

80 顧憲成，《小心齋箚記》（台北：廣文書局，〔一八七七〕一九七五），卷一四，頁二b—三a。
81 Max Weber, *The Protestant Ethic and the Spirit of Capitalism*, trans. Talcott Parsons（London: George Allen and Unwin, 1930）, p. 68.
82 顧憲成家庭的商人背景，見《現代儒學論》，頁八二—八三。
83 李贄，《焚書》（北京：中華書局，一九六一），頁四七。見de Bary, *Self and Society in Ming Thought*, p. 206.
84 《明史》，卷八一：七，頁一九七八—一九七九。
85 《明實錄》（台北：中央研究院歷史語言研究所，一九六六），卷一一九，頁九九二七。
86 轉引討論於拙著《現代儒學論》，頁九四—九五。

努力在社會實踐裡行道，兩人都遵循王艮的新說，「百姓日用即是道」。

因我們這些材料的性質使然，我們所知更多的是王陽明、王艮以及他們的弟子如何多方設法，在推行他們新的儒家規劃時，納入非精英，特別是商人。不過，至少以求道而言，絕不可因為文字材料的傾向，認定平民只是被動地受士人領導。早前我們已經引用過山西商人王現所言「商與士異術而同心」。就在剛剛，我們再次看到農民與商人「群來」王艮處尋求指引。似乎毫無疑問，來自非精英的個人，也以各自的方法，積極投入此規劃中。為進一步說明此點，我想以幾個例子作為證據，表現商人熱衷於王陽明時代流行的儒家哲學思想。

讓我從新發現的案例開始。《新安名族志》（一五五一）有如下的條目：「（黃）綬（歙縣譚渡），一名雙全。棄商力求心學。游陽明王公、東閣鄒公（鄒守益，一四九一—一五六二）之門。號畏齋，有《畏齋語錄》。」[87]雖然此條簡短，但黃綬的生平記載卻再重要不過。讓我提出三點觀察。首先，這是迄今第一個證據說王陽明及鄒守益門下有商人弟子。其次，非常重要的是，一名徽州商人願意長途跋涉就學於王陽明和鄒守益。眾所周知，明清時期，徽州人包括商人在內，基本上特別尊崇朱熹。畢竟他是本地出身最有名的「聖人」。黃綬的例子明確無誤指出，到了十六世紀，王陽明的「良知」說已經強大到可以挑戰朱熹的理學正統，甚至在後者的故鄉也如此。正如《新安名族志》進一步顯示，除了黃綬，徽州還有很多人推崇或追隨王陽明及其主力弟子如鄒守益和王艮。[88]第三，黃綬以畏作為齋名，強烈顯示他可能更受鄒守益影響，鄒是以被稱為「敬」的道德修養，發展「良知」。據鄒所言，要實踐「敬」，必須有「戒慎恐懼」。[89]我很難抗拒想將黃綬的「畏」聯繫上「戒慎恐懼」。據我判斷，黃綬之所以投向王陽明和鄒守益，似乎毫無疑問是基於誠心追求心性的啟蒙。

接下來，一個十七世紀初的例子也很能說明情況。根據吳偉業（一六〇九—一六七一）寫的墓誌銘，來自浙江的卓禺棄儒就賈，並在二十歲前就已經掌握了王陽明「知行合一」理論的精髓。他同時也追隨王陽明浙江弟子如王畿（一四九八—一五八三）的方向，其將良知推近於禪宗的頓悟。不過此例特別有趣之處，是墓誌銘說，據他的家人舉證，卓禺的商業成功，很可能受益於他投入儒學並特別是王陽明之教。如吳偉業所概述：

> 公之為學，以本達用，多所通涉。……即治生之術，亦能盡其所長。精強有心計，課役僮隸，各得其宜。歲所入數倍，以高貲稱里中。[90]

有很多證據顯示十六世紀以降，商人中產生一普遍信念，即他們在商場奮鬥時，儒學總能好好為其所用。[91]

---

87 戴廷明、程尚寬、朱萬曙編，《新安名族志》（合肥：黃山書社，二〇〇四），頁一五四。

88 同上，頁二三一（王艮）；頁五三〇（鄒守益）。

89 《明儒學案》，卷一六，頁三b。

90 吳偉業，《梅村家藏稿》，四部叢刊縮本，卷五〇，頁二二二。

91 見拙著《商人精神》，頁一二四—一三六。

就此，適可以介紹何良俊（一五〇六—一五七三）的整體觀察。在其《四友齋叢說》（一六五九）中，就明代風行的「講學」運動，提供了如下的簡短速寫：

> 我朝薛文清（薛瑄）、吳康齋（吳與弼）、陳白沙（陳獻章）諸人亦皆講學，然亦只是同志。……何嘗招集如許人？唯陽明先生從游者最眾！然陽明之學自足聳動人……而後世中才，動輒欲效之。嗚呼！幾何其不貽譏於當世哉！陽陽同時如湛甘泉（湛若水）者，在南太學時講學，其門生甚多。後為南宗伯，揚州儀真大鹽商亦皆從學。甘泉呼為「行窩中門生」。92

我要很快指出，何相當反對講學，特別是泰州學派組織的那種大型聚會。無論如何，他對明代儒學直到當時的歷史分期，很有根據，且我傾向認為此說相當支持本文的中心主旨。讓我解釋此意。首先，如第一節所示，明初的儒者如薛瑄、吳與弼和陳獻章，仍然同意傳統的規劃，將其行道於世的微弱希望，寄託於君主的支持。但因為被君主專制所阻，他們只能在個人的層面求道，以修身為焦點。因此他們將私下的討論局限於弟子和朋友之間。其次，何良俊指認王陽明是第一位將私下「討論」變為公開且大規模聚會的「講學」，這證實了我關於王陽明修訂儒家規劃的初步假說。如第二節最後所示，在其晚年，他總是強調「與愚夫愚婦講學」的重要性，因為在其修訂規劃中，以道建立人間秩序必須要大眾積極的參與。第三，何良俊所稱「後世中才」，明確指泰州學派的追隨者，他批評這些人將大眾「講學」往非精英帶得太遠。如他所正確觀察到，這些人乃依循王陽明的榜樣。但他或許沒有注意到，這些「後世」之人，很多時候是為了回應非精英大眾的要求而講學。如前所見王艮與韓貞的例子，商人與農民時常成群向他們尋求道德啟示。這個新的發展，不應太令人吃驚，觀諸十六世紀中國劇烈變動的社會背景，當時社會與文化空間已被興起的市場大幅擴張。

最後，何良俊評論湛若水與鹽商的關係，也值得簡短檢視。他不認為出身富裕鹽商家庭的弟子，到湛那裡是為了哲學指導。剛好相反，他認為他們主要是為了湛重要的政治影響力，這可以多方有效地利用。此處他顯然誇大其事，雖然此論並非無據。舉例而言，前文討論的葛澗來自富裕的鹽商家庭，受母命就學於湛，據可靠的士人唐順之所言，他變得相當通曉湛的核心學說：「隨處體認天理。」[93]幾乎毫無疑問，葛澗在湛處就學期間，思想上有被觸動。另一方面，何良俊也低估了湛若水的哲學思想，對當時不同群體的強大吸引力，其中包括商人。仔細檢視《新安名族志》，會揭示湛若水在徽州有和王陽明一樣多的追隨者，其中有些人可以被指認出身商人家庭。[94]畢竟我們應該記得，湛與王在明中期各自創建了新的思想學派。更有甚者，兩個學派彼此競爭又同時互相融合。正如黃宗羲所生動描繪，「湛氏

92 行窩原指鹽商，見 Chaoying Fang, "Chan Jo-shui," in DMB, 1:38，以及王振忠，《明清徽商與淮揚社會變遷》（北京：生活・讀書・新知三聯書店，一九九六），頁一—一一。

93 唐順之，《荊川先生文集》，卷一六，頁三三七。

94 《新安名族志》，頁一二四、二三一、三二五—三二六、四三一、四八一、五三七。最後兩例，巴鼐與許時潤，似乎出身商人家庭。

門人，雖不及王氏之盛，然當時學於湛者，或卒業於王，學於王者，或卒業於湛，亦猶朱、陸之門下，遞相出入也。」[95]此敘述在徽州亦大致上被證實，此地許多人據稱在王與湛處都就學過。[96]

本節將要結束，讓我大膽提出一個純粹的推測，為何王與湛的新學說，都如此吸引商人。一個可能的線索，或可追至當時對此二學派一個廣為流行的簡化看法，其如下所述：王聚焦於致良知，而湛教的是隨處體認天理。學者以此各立門戶。有些想要調和二派的人，主張因為「天理」不過是「良知」，而「體認」與「致」相同，那麼誰可分別其異同？[97]不用說，就兩派理學體系的哲學差異而言，不應嚴肅看待以上的調和之說。[98]然而就其社會影響而言，王的「致良知」與湛的「隨處體認天理」確實或多或少可被認為傳達相似訊息。事實上，這個簡化的觀點很可能起源且發展於非精英大眾，包括商人間。王陽明堅定的信念是每個人都可「致良知」，不管他的社會地位是士、農、工或商。他甚至竟然公開宣稱（如前所述）只要一個人被「良知」引導，「雖終日作買賣，不害其為聖為賢。」另一方面，湛最著名的解方，也可被解釋為有助商人在精神上的需求。因為天理是隨處體認，市場也不可避免要被包括其中。那麼在這兩個十六世紀中國最活躍的儒家思想學派裡，發現追隨者中有商人，豈不是很自然嗎？

儒家社會思想的轉向

最後我應該簡單回顧王陽明時代，儒家社會思想的轉向，以為本文作結。十五世紀晚期以降，士與商的社會融合，以及思想和商業世界的彼此交融，進程不斷加快，最終讓許多儒家的觀念與價值，出現重大的調整，以及其焦點一次重要的轉移。綜合起來，不為過地說，晚明到清初漫長的時間中，儒學整體經歷了漸進但根本性的變革。但限於篇幅，以下我只能提供幾個有助說明的例子，展示為何某些儒家關於國家、社會，以及個人、群體關係的核心觀念，自十六世紀以降，以不同方式形成。

首先我要檢視「保富」或「安富」的觀念。這個觀念在宋代儒學語彙中短暫出現過，但只有在明清時期，才獲得新的關注且被廣為接納。[99]十五世紀末，丘濬（一四一八—一四九五）寫道：

> 誠以富家巨室，小民之所依賴、國家所以藏富於民者也。小人無知，或以之為怨府，先王……獨言安富者，其意蓋可見也（亦即《周禮》）。是則富者非獨小民賴之而國家亦將有賴焉，彼偏隘者往往以抑富為能，豈知《周官》之深意哉？[100]

---

95 《明儒學案》，卷三七，頁一a。英文翻譯，見 *The Records of Ming Scholars*, p. 202.

96 《新安名族志》，頁二一七、二二三、五一六、五三〇。

97 《明儒學案》，卷三七，頁二b。英文翻譯，見 *The Records of Ming Scholars*, p. 203.

98 現代的分析，見 Julia Ching, "A Contribution on Chan's Thought," in DMB, 1:41–42.

99 葉坦，《富國富民論》（北京：北京出版社，一九九一），頁八五—九二。

100 丘濬，《大學衍義補》（新北：臺灣商務印書館，〔一六〇五〕一九七二），頁一七四。關於丘濬思想就我所知，丘是第一位主要的明代學者與高階官員，公開強調富民對帝國秩序有經濟上的重要性。數十年後，此觀念被黃綰（一四八〇—一五五四）進一步發明，他是一位王陽明早期的學生，慎思明辨。在一五五〇年完成的最後一本書《明道編》中，他說道：

今之論治者，見民日就貧，海內虛耗，不思其本，皆為巨室大家吞併所致，故欲裁富惠貧，裁貴惠賤，裁大惠小。不知皆為王民，皆當一體視之。在天下，惟患其不能富，不能貴，不能大，烏可設意裁之，以為抑強豪、惠小民哉？縱使至公，亦非王道所宜也。[101]

在此短文中，黃有兩項大膽姿態。首先，他挑戰了從漢代以來，儒家思想對富民根深柢固的歧視。這基本體現於一個主張，即國家必須強行制止富民們吞併世間財富，犧牲他人。理論上，此傳統觀點乃是出於一種潛在的分配正義觀念，因此多數儒者自然都會熱心擁護。然而實際上，更多時候這提供國家藉口來迫害富民，特別是富商，卻無一毫及於窮人。其次，藉著強調富民也是「王民」，因此可平等享有國家的保障，黃實際上是用儒家的語言，來維護富民的「合法權利」（legal rights）。正是由此，他批評國家「裁富惠貧」乃「非王道所宜」，這相當於公開質疑，國家去劫富濟貧這一長期以來做法的正當性。我也應補充，黃並不只是出身王陽明學派的思想家，他同時也是一位可靠的朝廷官員，最終當到禮部尚書。考慮到他思想背景與政治經驗的結合，黃針對富民發展出不尋常的觀點，似乎說明儒家社會思想正有一重大變化。

十六世紀中葉以降，儒家學者常說「富民國之元氣」。[102]他們相信當「元氣」耗盡，國家就必定衰微。因此，如同丘濬和黃綰，他們也非常反對過度向富民徵稅。晚明清初之際，儒者間針對富民的社會功能，有一普遍共識，即在饑荒、洪水、旱災之類急難時，可以為大規模賑災提供儲備資源。如祁彪佳（一六〇二—一六四五）清楚說道：「救荒要在安富。富民者，國之元氣也。……富者盡而貧者益何所賴哉？」[103]王夫之（一六一九—一六九二）更為推崇富民對社會的貢獻。就他看來，天災如水患旱災發生時，國家的賑災通常緩慢且無效率，反而快速的援助總被期待來自災區或其周邊的富民。此外，在平時也是由富民提供就業機會給窮困之人。在他的生動比喻中，「大賈富民者，國之司命也。」鑑於此，他嚴詞批評那些貪官汙吏，以「鋤豪右」為藉口，不斷奪財於富民。[104]他對「大賈富民」慘狀的同情，

更為全面的研究，見 Hung-lam Chu, *Ch'iu Chün*（*1421-1495*）*and the "Ta hsüeh yen i pu": Statecraft Thought in Fifteenth-Century China*（Ann Arbor, Mich.: University Microfilms International, 1983）.

101 黃綰，《明道編》（北京：中華書局，一九五九），頁四五。對黃綰更全面的研究，見《容肇祖集》，頁二四七—三一六。

102 李豫亨在他的《推篷寤語》（李氏思敬堂，一五七一），卷八，頁一八b引用「富民國之元氣」的說法，就是當時常見的說法。

103 《祁彪佳集》（北京：中華書局，一九六〇），頁九六。

104 王夫之，《黃書》（北京：古籍出版社，一九五六），頁二八—二九。

也廣為其他人同感。[105]

王夫之論富民在災害中的慈善精神，甚為正確。如前所示，王艮在一五二三年和一五三五年，兩次於其故鄉賑濟饑荒，完全是靠著富商和當地一富戶的大量捐獻。不過他簡單提到富戶雇用窮人一事，需要進一步的檢視。關於此，讓我先從陸楫（一五一五－一五五二）所論「奢」是社會道德開始。雖然陸楫是傑出學者陸深（一四七七－一五四四）之子，其父曾榮任國子祭酒，他本人卻因體弱多病且在會試不斷失利，而未入仕。從陸深的曾祖父到其長兄，陸氏四代以來就是一個商人世家。陸楫自己，其短暫的生命，大半是被託以主管家業。因此，以下所簡述他的奢侈論，大可能發展自十六世紀儒家文化與商業文化的交融。

在文中，陸楫挑戰了長期以來的正統觀念，即「儉」是絕對道德，而相對奢則是絕對罪惡。藉其善思明辨的心智，陸楫將問題分為兩個不同的層面，即公與私，並主張奢是私惡但是公德，而儉雖是私德卻是公惡。為支持此論，他引述許多例子來完成以下的歸納：「大抵其地奢則其民必易為生，其地儉則其民必不易為生者也。」他舉以為「奢」的例子是蘇州與杭州，而「儉」的是寧波、紹興、金華與衢州，都是他身為上海人很熟悉的地方。他接著繼續解釋為何奢必須被當作公德：「不知所謂奢者，不過富商大賈，豪家巨族，自侈其宮室車馬，飲食衣服之奉而已。彼以粱肉奢，則耕者庖者分其利；彼以紈綺奢，則鬻者織者分其利。」[106]王夫之所論窮人受雇於富民，這裡的解釋可以極好地用作註腳。

很重要的是，陸楫的新觀念不僅與同時代的士人引起同情的共鳴，也延續流傳於接下來的幾個世紀。舉例而言，一位十六世紀的文人李豫亨提供了此文的提要，而沒有提及作者的名字。不過他註明是聞之於長者。[107]李的提要被一位蒙古學者法式善（一七五三—一八一三）完整引用，且全心認可。[108]奢可以提供就業，這個逐漸流行的觀點，也被另一位十八世紀的蘇州文人顧公燮熱心擁護。在他的筆記中（序作於一七八五年），顧用不同方式傳達此說：「有千萬人之奢華，即有千萬人之生理。若欲變千萬人之奢華，而返於淳，必將使千萬人之生理亦幾於絕。」[109]顧特別知名的，是他強烈反對禁奢的國家政策。他認為，這絕對會導致大規模失業。我要特別指出，到十八世紀中葉，這些觀念廣為流傳，甚至皇帝也不得不接受此說有理。乾隆皇帝（一七三五—一七九九在位）南巡時，極為震撼於揚州鹽商所享的奢華生活。他當時寫了首詩，詩末自註如下：

105 例子可見徐貞明（？—一五九〇），《潞水客談》（新北：臺灣商務印書館，一九六六），頁八；唐甄（一六三〇—一七〇四），《潛書》（北京：中華書局，一九六三），頁一〇五—一〇七、一一四。

106 陸楫，《蒹葭堂雜著摘抄》，收於沈節甫（一五三三—一六〇一），《國朝紀錄彙編》（台北：藝文書局，一九七一重印），卷二四，頁二一四。陸楫此文的英文翻譯，見 Lien-sheng Yang, "A Sixteenth-Century Essay in Favor of Spending," appendix to "Economic Justification for Spending: An Uncommon Idea in Traditional China," in his *Studies in Chinese Institutional History*（Cambridge, Mass.: Harvard University Press, 1961）, pp. 72-74.

107 李豫亨，《推篷寤語》，卷八，頁一八a。

108 法式善，《陶廬雜錄》（北京：中華書局，一九五九），頁一六一。

109 顧公燮，《消夏閑記摘抄》（上海：商務印書館，一九一七〔涵芬樓祕笈本〕），上卷，頁二七。

> 嘗謂富商大賈出有餘以補不足，而技藝者流藉以謀食，所益良多。使禁其繁華歌舞，亦誠易事，而豐財者但知自嗇，豈能強取之以贍貧民，且非王道所宜也。[110]

顯然，乾隆不只認同富商對社會穩定的長期貢獻，也承認奢侈是公德。更令人驚奇的是，詩註文末關於「王道」的一段，與上引黃綰的句子完全相同。我們由此可看到兩個世紀後，即使是皇帝也最終了解到國家劫富濟貧之誤。

儉與奢兩極間重點的轉換，不過是儒家社會思想正面臨根本性轉向的徵兆之一。類似的變化，也同樣發生於其他儒家的二元概念，諸如「理／氣」、「理／欲」、「體／用」、「公／私」、「利／義」。因為此處僅關心儒家思想的社會層面，下文將簡述最後兩種二元性。

「公私」的問題，已多為當代學者研究。[111]一般來說，長期以來在儒家傳統中，私永遠要讓位於公。不過，在明清轉型期，此成說被嚴厲地質疑。許多學者提出了修正的看法，如李贄、陳確（一六〇四－一六七七）、黃宗羲，以及顧炎武（一六一三－一六八二）。[112]其中李贄主張「私」是每個人心中所固有，現代史家指出這是這一新論述的起點。[113]然而在我自己的研究中，我發現修正的看法是始於十六世紀上半葉，更有甚者，比上文所有知名人士都早提出此說的人，恰好是一位棄儒就賈的江西人喻燮（一四九六－一五八三）。約在其中年，喻有如下非常有趣的評論：「遂其私所以成其公，是聖人仁術也。」[114]此論或許可視為全新「公私」觀之始。大致來說，所有後來的學者在試著重新定義公私關係時，都採用了喻的新思路，而未必知道他的論點。讓我舉顧炎武如下的說法為例：

> 天下之人各懷其家，各私其子，其常情也。為天子為百姓之心，必不如其自為，此在三代（夏、商、周）以上已然矣。聖人者因而用之，用天下之私，以成一人之公而天下治。……故天下之私，天子之公也。[115]

應該接著稍微釐清一下。首先，該論的主旨是「公私」不如傳統假設的那樣彼此對立。剛好相反，公私必然彼此包含。其次，為了證明此事，顧炎武又將「公私」整個問題，分為兩個領域，即公共與私人，正如陸楫對「儉奢」所為。在私人的領域，每個人追求私乃是人之常情。他讓我們想到李贄，顧在他處會嚴詞批評他。但是在公共的領域，在所有個人的私

---

110 張世浣，《重修揚州府志》（一八一〇年版），卷三，頁二b。

111 見溝口雄三以下的重要研究，〈中國における公・私概念の展開〉，《思想》六六九（一九八〇年三月），頁一九—三八；〈中國の公私〉，《文化》五六（一九八八年九月），頁五六、八八—一〇二（一九八八年十月），頁七三—八四。

112 見拙著《商人精神》，頁一〇二—一〇四，以及《現代儒學論》，頁二〇—二五。

113 李贄，《藏書》（北京：中華書局，一九五九），卷三，頁五四四。

114 李維楨，〈南州高士喻公墓表〉，《大泌山房集》，卷一〇五，頁二八a。

115 顧炎武，〈郡縣論五〉，《顧亭林詩文集》（北京：中華書局，一九五九），頁一五。

之上，必然有一公的存在。他此論是立基在他對政府起源的歷史想像。先王透過政府機構建立了人間秩序，以保證實現百姓的私。這是他所定義的「公」，且必須永遠是政府與官員一心所念。因此，他說的「天子」應該被理解為國家整體，而非皇帝個人。第三，在他的名著《日知錄》中，他進一步強化觀點道：「合天下之私，以成天下之公。」[116]合而觀之，似乎很清楚在顧炎武的說法裡，公不過被認為是所有個體私的集合，因此其存在完全仰賴後者。換言之，全體的私不管在邏輯上或順序上，都優先於公。

「義利」是最早的儒家二元論之一，可以溯及孔子與孟子。宋代儒學中，朱熹與陸象山都認為前者是絕對正面的價值，而後者是絕對負面。兩者對立不可調和。數世紀以來，士人間也逐漸形成對商人根深柢固的偏見，片面地將其職業與「利」相連，好像他們自己只知道或關心「義」一樣。但是十六世紀初以降，許多棄儒就賈的人開始瓦解此毫無根據的假設。本節稍早，我們注意到李夢陽一五二三年所寫墓誌銘中，王現的「商與士異術而同心」之論。他此論實際上是說商人與士人有完全一樣的道德觀。儒家「義利」的道德原則，也就因此平等地適用於這兩個職業團體。正如王現清楚說道，在商場也是「利以義制」。或許是受到李的墓誌銘影響，韓邦奇也表達了非常類似的觀點。在寫給一位商人學生的墓誌銘中，他首先指出所有職業，無論崇卑清濁，都介於「義利」之間。他接著對比了士人與商人階層：當士一心只想著仕途或名聲，「利」已經潛入他的學業中。另一方面，當商人在市場總是誠信，義就遍及他的所有交易。他因此斷定，利義之辨不在人的職業性質，而是在於其心性狀態。[117]

商與士對義利二元論的思想興趣，最終導致一個非常重要的修正。讓我就此引述顧憲成很有說服力的主張，他是東林學派的領袖。在寫給一位一六〇四年過世商人的墓誌銘中，顧提出兩個相斥的觀點。其一是義利完全二分，並總是彼此交戰。不用說，這是宋代以來，主導儒家思想的傳統觀點。其二是這兩者為一，且彼此互補。在後者是「以義主利，以利佐義」。這當然是十六世紀初以來，開始發展的新觀念。他以第一種觀點為誤而棄之，並稱讚這位過世的商人，畢生成功奉行第二種觀點。[118]因為他有很強的商人背景，很自然地，他會就這個二元性採用如此開明的解釋，特別將其用於一位商人。自此以後，顧的第二種觀點逐漸流行。因此，一七一五年當御史張德桂為石刻撰文，紀念在首都建立廣東商人會館時，他不惜篇幅主張「義利」只是「貌似相反」，而實際上時常「相倚」以完全成就彼此，兩者因而不可分。他以商人會館為活生生的例子，提出一個一石二鳥的論點：透過互助可以為整體商人社群謀福，與此同時，又可協助每一位個別商會成員在首都市場經商。就群體福利而言，實現了公；以個別成員的生意而言，也實現了私。這就是張御史如何詮釋「義利」互補。[119]

116 顧炎武，《原抄本日知錄》（台北：明倫書局，一九七〇），頁六八。
117 韓邦奇，《苑洛集》，卷七，頁六a—b。
118 顧憲成，《涇皋藏稿》，《四庫全書》，卷一七，頁一一a。
119 李華編，《明清以來北京工商會館碑刻選編》（北京：文物出版社，一九八〇），頁一六。

總而言之，正如「儉奢」與「公私」，「義利」的關係也由離轉為合。不過這個變化不令人吃驚，因為我們了解到，在明清轉型期，儒家社會思想大致上是以趨向鬆綁道德絕對主義，為其特徵。

我在別處已經說過，十六世紀以來儒家社會與政治思想的轉向，最終有助形成一個思想框架，讓中國更容易接受某些類型的西方價值與觀念。[120]希望以下的三個例子足以支持此說。

首先，中國的君主專制並未遭遇任何公開、大規模且系統的批判，直到清朝的最後幾年。政治改革家提倡英式的君主立憲，而譚嗣同（一八六五—一八九八）和梁啟超（一八七三—一九二九）都以最嚴厲之詞，譴責自秦以來的專制之「君」。但是細讀兩人之作，立刻顯示，那不過是闡發了黃宗羲所作、此前未出版的《明夷待訪錄》中發展的觀點。該書是明清思想轉型的極佳成果。[121]另一方面，革命領袖孫中山以美國共和為榜樣，同樣在一八九五年送給日本友人一本新印的《明夷待訪錄》。[122]似乎有把握認定，黃強有力的反君主專制論，必然讓他們所有人在思想上和心理上有所準備，向西方尋求另一種政府體制。

接著，保護富戶的觀點，自十六世紀興起以來，就在中國社會的意識中，牢牢鞏固且日益深化。舉例而言，在十九世紀，此觀念就被著名學者如包世臣（一七七五—一八五五）、魏源（一七九四—一八五六）、馮桂芬（一八〇九—一八七四）和王韜（一八二八—一八九七）熱切提倡。[123]有趣的是，正是透過此中國觀念，晚清的知識人才開始欣賞西方資本主義。跟隨明清時期的新趨勢，譚嗣同讚賞「奢」是公德，批評「儉」是公惡。他相當推崇西方經濟中，因為較好的貨幣體系，財富可自由流動。他相信這使人們可以負擔「奢」。[124]身為儒者，他當然一樣關心分配正義。但他解釋道，就當時情況而言，中國急需富商，只有他們可以在商業活動中與外國競爭。[125]顯然，他希望中國商人扮演西方資本家的角色。相對地，梁啟超將西方資本家比為中國商人，說前者在泰西被尊為「國之元氣」。他接著向讀者言之鑿鑿，西方資本家不但建工廠為貧者創造工作，還開發土地的天然資源來富國。更有甚者，這些富人時常捐款數以百萬計給學校和醫院，因此在西方帶來新的慈善風潮。他的結論是，這一切應被理解為「保富」的結果。[126]

---

120 見《現代儒學論》，頁一—五七。

121 譚嗣同，〈仁學〉，收於《譚嗣同全集》（北京：中華書局，一九八一），卷二，頁三三八—三四二；梁啟超，〈論專制政體有百害於君主而無一利〉，《飲冰室合集九》（一九八九），頁九〇—一〇一。關於黃宗羲的《明夷待訪錄》，見翻譯註釋於Wm. Theodore de Bary, *Waiting for the Dawn: A Plan for the Prince*（New York: Columbia University Press, 1993）.

122 關於孫中山的例子，見 Ying- shih Yü, "Democracy, Human Rights and Confucian Culture," in *The Fifth Huang Hsing Foundation Hsueh Chun-tu Distinguished Lecture in Asian Studies*（Oxford: Asian Studies Centre, St. Antony's College, University of Oxford, 2000）, p. 12.

123 見朱家楨，〈中國富民思想的歷史考察〉，《平準學刊》（北京：中國商業出版社，一九八六），三集，卷二，頁四〇三。

124 《譚嗣同全集》，卷二，頁三二六—三二七。

125 同上註，卷一，頁二五〇。

126 梁啟超，〈《史記‧貨殖列傳》今義〉，《飲冰室合集》，二（一九八九），頁三九—四〇。

最後但一樣重要的是，從晚清至五四運動前夕，「個人自主」的概念主導了中國人的心靈。主要的知識人如章炳麟（一八六九－一九三六）、譚嗣同和陳獨秀（一八七九－一九四二），都將此當作思想完全解放以實現的最終目標之一。[127]不過歸根究柢，它實際上是演變自重新定義的「私」與「公」概念，如上文所討論。結果，「私」的優先性大於「公」，無可避免地將重點帶向個體的那一端。對此，梁啟超所述個人與國家整體之間的「權利」，可作為例證：「一私人之權利思想，積之即為一國家之權利思想。故欲養成此思想，必自個人始。」[128]此說馬上提醒我們前引顧炎武之言：「合天下之私，以成天下之公。」梁一定始終心念及此。這也完全契合喻變所說：「遂其私所以成其公。」顯然，梁啟超是通過先前對中國公與私問題的熟悉，從而理解西方個人權利與國家權力的問題。

由此觀之，王陽明時代儒家社會與政治思想的新轉向，應當被最嚴肅地視為中華帝國晚期文化與思想的重大突破。

（譯自 "Reorientation of Confucian Social Thought in the Age of Wang Yangming," Josephine Chiu-Duke, Michael S. Duke eds., *Chinese History and Culture: Sixth Century B.C.E. To Seventeenth Century*, Volume 1〔New York: Columbia University Press, 2016〕）

---

127 文獻細節見我的《現代儒學論》，頁五—六。

128 梁啟超，〈新民說〉，《飲冰室合集》，專集四（一九八九），頁三六。英譯見 Hao Chang, *Liang Ch'i-ch'ao and the Intellectual Transition in China, 1890-1907*（Cambridge, Mass.: Harvard University Press, 1971）, p. 195.

輯二

俠與中國文化

「俠」是中國文化的獨特產品。這一論斷當然不是否認其他文化中也有和「俠」相似的現象。最明顯的如西方的「武士」（Knight-hood）或「騎士」（Chivalry）確足與中國的「俠」相互參證。事實上，武士階層在世界各大文化中都先後扮演過重要的角色，而且其道德規範也大同小異。但比較文化史特別引人入勝之處則不在其「大同」的一面，而在其「小異」的部分。只有著眼於「異」，我們才能超越武士階層的世界通性，以進而彰顯「俠」的中國特性。本文將著重於「俠」在中國文化、社會史上的流變。這是因為「俠」的觀念在中國史上經歷了好幾個變遷階段，不容「一言以蔽之」。通過探源和溯流的研究方式，我們才能比較準確地劃定「俠」在整個文化系統中的位置。

一、俠的起源及其中國特性

近代學人關於「俠」的起源討論較多。大體言之，他們認為「俠」是從古代「士」階層中逐步演變出來的，而古代的「士」則都是武士。事實上，商、周的「士」大致是文武兼資的，到了春秋以後才開始有文武的分化。下逮戰國時代，文士與武士已形成兩個截然不同的社會集團了。顧頡剛《武士與文士之蛻化》說：

> 然戰國者，攻伐最劇烈之時代也，不但不能廢武事，其慷慨赴死之精神且有甚於春秋，故士之好武者正復不少。彼輩自成一集團，不與文士溷。以兩集團之對立而有新名詞出焉：文者謂之「儒」，武者謂之「俠」。儒重名譽，俠重意氣。……古代文武兼包之士至是分歧為二，憚用力者歸「儒」，好用力者為「俠」，所業既專，則文者益文，武者益武，各作極端之表現耳。[1]

這一論斷大體是合乎歷史實況的。其中唯一可以斟酌之處是「俠」是否能看作「武士」的專名。《韓非子．五蠹》云：

> 儒以文亂法，俠以武犯禁，而人主兼禮之，此所以亂也。

這大概便是顧氏立說的根據。但是我們似乎只能說俠出於武士階層，而不能說凡是武士都可以稱作俠。嚴格言之，俠是武士中最具典型性並將武士道德發展至最高水平的人。《史記・游俠列傳》云：

> 今游俠，其行雖不軌於正義，然其言必信，其行必果，已諾必誠，不愛其軀，赴士之厄困，既已存亡死生矣，而不矜其能，羞伐其德，蓋亦有足多者焉。

司馬遷這一段關於「俠」的描寫不但抓住了古代「俠」的真精神，而且也為後世仰慕「俠」行的人樹立了楷模。根據這一標準，大概只有武士中之出類拔萃者才能稱之為「俠」，一般武士是不夠格的。

「俠」既淵源於武士階層，則其出現的歷史過程大致與文士相同，也就是說，「俠」起於古代「封建」秩序的解體。文武兼包的「士」在周代「封建」制度中原是最低層的貴族。但到了春秋以後原有那種固定的封建等級制度已不能維持了，於是發生上下流動的現象。有些高層的貴族下降為「士」，更有不少平民上升到「士」的階層。一方面，「士」開始文武分化；另一方面，「士」的隊伍也在不斷擴大之中。齊思和《戰國制度考》指出：

---

1 顧頡剛，《史林雜識》（香港：中華書局，一九六三），初編，頁一八—八九。

平民既成為戰鬥之主力，於是尚武好勇之風遂傳播於平民，而游俠之風興焉。慷慨赴義，盡忠效死，本為封建時代，武力之特殊精神。……惟春秋之俠士刺客，猶限於貴族。至戰國則舉國皆兵，游俠好勇之風，遂下被於平民。於是抱關擊柝，屠狗椎埋之流，莫不激昂慷慨，好勇任俠，以國士自許。而當時之王公大人，或用之以復仇，或資之為爪牙，往往卑禮厚幣，傾心結納。嚴仲子以萬乘之卿相，而下交於聶政；信陵君以強國之公子，而屈禮於侯生。此種泯除貴賤之態度，實封建時之所未有。而俠客亦遂激於寵禮，慷慨圖報；一劍酬恩，九死無悔。[2]

平民上升為「士」（包括武士）是戰國時候最重要的變動之一。這便說明，中國的「俠」在歷史舞台上初出現時即包括了平民在內，而非貴族階層所獨占。這是「俠」與西方「騎士」之間最顯著的文化差異之一。西方中古的騎士必然是貴族，故不僅有莊嚴的授爵典禮（dubbing），而且還有正式的組織（orders）。中國古代的「士」在春秋以前也是貴族並且也有成「士」之禮（如「冠禮」），但是至少在戰國時代士、庶之間的界線已趨於模糊，而且有關「士」的禮儀似乎也鬆弛了。今天傳世的禮書大致只能代表古代禮制的理想化，不足以說明戰國以下的實際狀況。在「禮壞樂崩」以後，「士」的資格的取得是否必須通過形式化的禮儀，如西方中古的騎士之例，至少在史籍上是找不到明確記載的。

從一般武士的情況推到「俠」的問題，則中西文化的差別更為清楚。「俠」之名在春秋時代尚未出現。所以中國的「俠」從一開始即不限於貴族，而包括了許許多平民在內。《史記・游俠列傳》云：

古布衣之俠，靡得而聞已。近世延陵、孟嘗、春申、平原、信陵之徒，皆因王者親屬，藉於有土卿相之富厚，招天下賢者，顯名諸侯，不可謂不賢者矣。比如順風而呼，聲非加疾，其勢激也。至如閭巷之俠，脩行砥名，聲施於天下，莫不稱賢，是為難耳。然儒、墨皆排擯不載。自秦以前，匹夫之俠，湮滅不見，余甚恨之。

在這段文字中，司馬遷一連用了「布衣之俠」、「閭巷之俠」和「匹夫之俠」三個名詞，顯然都指平民而言，並持以與戰國四公子之輩相對照。在他的觀念中，戰國時代的「俠」顯然可分兩類：一為貴族（卿相）之俠，一為平民之俠，而後者更為可貴。這一點在《漢書・游俠傳》中說得更明白：

陵夷至於戰國，合從連橫，力政爭疆，繇是列國公子，魏有信陵，趙有平原，齊有孟嘗，楚有春申，皆藉王公之勢，競為游俠，雞鳴狗盜，無不賓禮。

2 齊思和，〈戰國制度考〉《燕京學報》，第二十四期（一九三八年十二月），頁一九四。

可見班固正是把四公子劃為「游俠」一類。至於《史記》中的「延陵」，據顧炎武《日知錄》卷二八〈史記註〉條云：

延陵謂季札，以其徧游上國，與名卿相結，解千金之劍而繫冢樹，有俠士之風也。

顧氏以「延陵」為春秋時代的吳季札。此說可信與否在此無關緊要。值得注意的是他顯然也認為司馬遷所述延陵等五人是屬於「卿相之俠」，而與「布衣之俠」不同科。司馬遷一方面指出「俠」有貴族與平民之別，另一方面則對平民之「俠」特加推重，故曰：「自秦以前，匹夫之俠，湮滅不見，余甚恨之。」這一點反映了漢初的「俠」大致已發展到以平民為主體的階段。這是一個很重要的歷史事實，足以說明為什麼「俠」和古代作為貴族最低層的「士」已大為不同，即「俠」並不需要通過一套形式化的「禮」而存在。前面所引司馬遷關於「游俠」的描寫，如言必信、行必果、諾必誠等等只是行為的表現，而不是「禮」。從這一點來觀察，「俠」和西方中古騎士的差異更是涇渭分明了。西方騎士之正式取得並維持其資格必須通過許多繁複的禮儀，如上面提到的授爵禮和各種定期的武藝比試（tournaments）。這大概有些像中國古代的「士」的「冠禮」、「大射禮」、「鄉射禮」之類，因為騎士和中國春秋以前的「士」同是世襲的貴族。西方騎士的家世背景是極其嚴格的，如果偶有一個平民被誤授以騎士的身分，所有參與授爵典禮的人都要受到嚴厲的處罰。[3]《管子・小匡》篇所載「士之子常為士」的原則在西方騎士史上確是信而有徵的。由於「俠」自始即包括了貴族和平民兩種社會成員，而且平民的比重還越來越高，所以「俠」的發展並沒有帶來一套「禮」的規定。這也許是因為「禮不下庶人」的緣故。總之，以「俠」與西方騎士相對照，我們會發現「俠」的主要憑藉是一種無形的精神氣概，而不是形式化的資格。中國史籍上充滿了「俠風」、「俠氣」、「俠節」之類的名詞，但卻未見有「俠禮」之稱。

「俠」雖然主要指一種特殊的精神狀態，這一精神卻也不能完全沒有社會基礎。這就涉及在戰國秦漢之際，什麼樣的人才能被稱為「俠」的問題了。錢穆〈釋俠〉指出：

> 史公特指孟嘗、春申、平原、信陵為俠。至其所養，則轉不獲俠稱。……故孟嘗、春申、平原、信陵之謂卿相之俠，朱家、郭解之流謂閭巷布衣之俠，知凡俠皆有所養，而所養者非俠。此義，又可徵之於《淮南》之〈氾論訓〉。其言曰：「北楚有任俠者，其子孫數諫而止之，不聽也。縣有賊，大搜其廬，事果發覺，夜驚而走。追道及之，其所施德者皆為之戰，得免而遂返。語其子曰：『汝數止吾為俠，今有難，果賴而免身。』」此任俠為有所養之證也。至其所施德為之戰者，則轉不得俠稱。[4]

3 見 Maurice Keen, *Chivalry*（New Haven: Yale Universiy Press, 1984）, p. 144. 關於歐洲騎士起源的簡明討論，可看 France Gies, *The Knight in History*（New York: Harper & Row, 1984）, Chapter 2, pp. 8-20。

4 收在錢穆，《中國學術思想史論叢（二）》（台北：東大圖書公司，一九七七），頁三六八。

錢先生此處的觀察十分敏銳，所引《淮南子》中「任俠」的故事尤其能說明問題。依照這一解釋，古代的「俠」還不是指言必信、行必果、諾必誠、存亡死生……的個別武士，而是指這些個別武士的領袖，也就是贍養著這些武士的人。如貴族中孟嘗君之流和平民中朱家、郭解等人。他們平時都對大批武士予以財力的支持以及政治的庇護，因為這些武士中頗多犯法的「亡命」之徒。韓非所謂「俠以武犯禁」，正指這種情況而言。這一「俠」的文化特色更是在西方中古騎士身上完全找不到痕跡的。換言之，西方騎士是合法的正式組織，而中國的「俠」則是非法的結合。「俠」在戰國秦漢之際所以成為一股很大的社會勢力便是因為「任俠」的人手下有大批武士，可以在危急時為他出死力，如上引《淮南子》中「北楚有任俠者」之例。

《史記・季布傳》「任俠」一詞，據如淳注云：

> 相與信為任；同是非為俠。所謂「權行州里，力折公侯」者也。

過去的注家曾對「任」字、「俠」字提出各種訓詁上的解釋，這裡毋須深究。如淳注的重要性首先在於指出了「任俠」是一種團體，不但互相信任，而且有共同的是非。其次，更重要的則是它扼要地揭示了「俠」的社會結合的本質：「權行州里」指「俠」的地方勢力而言；「力折公侯」則指這種勢力和政治權威處在對抗性的地位。如淳是曹魏時代的人，他對於「任俠」的理解大致可以說明漢代的狀況。關於這一點，下面將另有討論。十七世紀的方以智在《曼寓草・任論》中也說：「蓋任俠之教衰，而後游俠之勢行。」楊聯陞先生解釋此語說：

> 方以智認為任俠游俠，應有區別。……大意似以孟嘗信陵朱家郭解等能養士結客，有許多人依附者為任俠，單身或少數的俠客劍客，則為游俠。[5]

可知方氏也強調「任俠」的社會集團的性格，這和上引錢先生的看法大體相合。這一解釋在戰國秦漢之際的史料中是能夠得到印證的。

二、俠與古代思想

最後，關於「俠」的起源，我們還要澄清它和古代各派思想之間的關係的問題。近代學者先後至少提出過三種看法。第一是章炳麟的俠源於儒說。《檢論・儒俠》云：

5 楊聯陞，《中國文化中報、保、包之意義》（香港：香港中文大學出版社，一九八七），頁一〇。

> 漆雕氏之儒，不色撓，不目逃，行曲則違於臧獲，行直則怒於諸侯。其學廢而閭里游俠興。俠者無書，不得附九流，然天下有亟事，非俠士無足屬。……世有大儒，固舉俠士而並包之。徒以感慨奮厲，矜一節以自雄，其稱名有異於儒焉耳。[6]

這是說漆雕氏之儒即是古代的俠，其學既廢才有「俠」的繼起。但是即使在後世，「儒」仍然可以包括「俠」。

第二是墨出於俠說。馮友蘭〈原儒墨〉說：

> 貴族政治崩壞以後，失業之人乃有專以幫人打仗為職業之專家，即上述之俠士。此等人自有其團體，自有其紀律。墨家即自此等人中出；墨子所領導之團體，即是此等團體。[7]

第三是「俠」與黃老道家有關說。勞榦《論漢代的游俠》注意到漢初游俠似與黃老有關涉，如鄭當時、汲黯諸人一方面喜「任俠」，另一方面又好黃老之言。勞先生所提出的假設性解釋是二者都同屬於平民階級。勞先生更進一步說：

> 《史記・游俠傳》序稱：「儒墨皆排擯不載」，可見游俠既非儒亦非墨。亦即是游俠的行動不要任何學術或思想做基礎。所謂或以為韓非言「儒以文亂法，俠以武犯禁」，

而認為墨出於俠，是並無根據的。不過俠雖與道家並非思想上相承之序，卻有若干思想上溝通之處。因為游俠本是一種傳奇式的行動，出發點是任情適性，而不是在清規下的嚴肅生活，所以與儒墨俱不類，只有在道家之中可以適合。[8]

這三說之中，尤以墨出於俠的觀念流行較廣。但按之史實，這三種說法都缺乏堅強的論據。西方的騎士雖然也起源於古代俗世社會中的武士階級，特別是條頓民族的英雄傳統，但自十字軍東征以後，騎士便和基督教匯流，從此騎士階級至少在理論上已成為教會的捍衛者。所以一般專家承認「騎士」精神是由尚武、貴族和基督教三種成分混合的結果，[9]甚至最嚴謹的史家也不能否認騎士的仁慈、忠誠、正義等道德觀念確有宗教的淵源。[10]中國的「俠」則不然，它並非源於任何一派思想，也沒有發展出一套系統的思想，更沒有和任何學派合流。這又是「俠」與「騎士」的重要文化差異之一。

概括言之。俠只有社會譜系可說，其直接系統出自武士階層，而武士則又由古代文武兼

---

6 《檢論》，卷三，章氏叢書本，頁一五—一六a。
7 馮友蘭，《中國哲學史補》重印本（香港：太平洋圖書公司，一九七〇），頁三二。
8 收入《勞榦學術論文集》（台北：藝文印書館，一九七六），甲編，下冊，頁一〇二五。
9 Maurice Keen, 注3所引書，p. 16; Sidney Painter, *French Chivalry*（Ithaca: Cornell University Press, 1940）, chaps. II and III.
10 John Huizinga, *The Waning of the Middle Ages*（Garden City: Anchor Books, 1954）, p. 78.

包之士分化而來。漆雕氏之儒和「赴火蹈刃」的墨者（見《淮南子・泰族訓》）都不過是古代文武兼包之士之蛻化未純者，因此和「俠」有幾分表面上的相似。如果僅據此而斷言「俠」與儒、墨之間有譜系關係，則未免過於輕率。司馬遷說「閭巷之俠……儒墨皆排擯不載」，這一句話便是以否定「俠」和儒、墨有譜系關係的斷案了。而且司馬遷此處所用「儒墨」一詞已是「文士」的泛稱，並不專指儒、墨兩家。這在漢代文獻中是常見的情形。例如《淮南子・氾論訓》說：「總鄒魯之儒墨，通先聖之遺教」和《鹽鐵論・晁錯》篇說：「山東儒墨咸聚於江淮之間，講論集議。」這兩處「儒墨」的用法都只能解為一般文士的代稱。墨者是文士而不是武士，這是戰國秦漢時代的通解。至於道家不同情「俠」的行為，證據也是十分明顯的。《淮南子・氾論訓》在引述了「北楚有任俠者」的故事之後，接著評論道：

> 知所以免於難，而不知所以無難，論事如此，豈不惑哉！

《淮南子》是漢初道家思想的總匯。此處評語顯然是以「任俠」為多事，不合黃老「清靜無為」的宗旨。我們又如何能說「俠」和「黃老」在思想上有所契合呢？總之，上引章炳麟〈儒俠〉篇中「俠者無書，不得附九流」一語已道盡了「俠」的底蘊，我們實在沒有必要為「俠」尋找任何古代學派的淵源了。

三、俠的新階段——社會基礎與政治勢力

游俠起於戰國，但至漢代而進入一個新的階段。戰國時代的「俠」常接受有權有錢者的招致，周游各國。這是「游俠」一詞的由來。如《史記・孟嘗君列傳》之末太史公曰：

吾嘗過薛，其俗閭里率多暴桀子弟，與鄒、魯殊。問其故？曰：「孟嘗君招致天下任俠、姦人入薛中，蓋六萬餘家矣。」

這六萬多家包括了「任俠」者和他們所養的死士（「姦人」）。這些「游俠」當然都是從各地應召而來的。《淮南子・人間訓》記「鳶墮腐鼠，而虞氏以亡」的故事：

虞氏，梁之大富人也，家充盈殷富，金銀無量，財貨無貲。升高樓，臨大路，設樂酒，積（擊）博其上，游俠相隨而行樓下。博上者射朋張，中反兩而笑，飛鳶適墮其腐鼠而中游俠。游俠相與言曰：虞氏富樂之日久長，而常有輕易人之志。吾不敢侵犯，而乃辱我以腐鼠。如此不報，無以立務（注：務、勢也。）於天下。請與公僇力一志，悉率徒屬而必以滅其家。

這也是戰國時代的故事（亦見《列子・說符篇》）；故事中的「游俠」和他們的「徒屬」無疑也是從各地來投效梁之虞氏的。

我曾指出，文士從戰國到秦漢經歷了一個重大的變化，即從周游列國的「游士」轉變為具有社會基礎的「士大夫」。漢初數十年中雖有「游士」的活躍，但已不過是一種迴光返照而已。此一變化的主要關鍵即在於大一統的政治秩序不能長期容忍「游士」的離心活動。文士如此，武士亦然。「游俠」進入漢代以後，其社會性格也發生了類似的變化。所不同者，「游士」經過「士族化」和「恆產化」之後，成為漢代政治社會秩序的主要支柱，而「游俠」的新發展則反而對此秩序構成更嚴重的威脅，因此終西漢之世，「游俠」都是皇權打擊的一個主要對象。

漢代的「俠」已趨向本土化。《漢書・游俠傳》說：

> 布衣游俠劇孟、郭解之徒馳騖於閭閻，權行州域，力折公侯。

「閭閻」、「州域」都是指「俠」的本鄉而言。所以《史記》、《漢書》記述「俠」的活動無不標明他們的地望。讓我們舉幾個例加以說明。《史記・游俠列傳》：

> 魯朱家者，與高祖同時。魯人皆以儒教，而朱家用俠聞。……自關以東，莫不延頸願交焉。

朱家雖是名聞天下的「俠」，但他的基礎畢竟在東方，所以「自關以東」的豪傑才對他特別景仰。同書又說：

而雒陽有劇孟。周人以商賈為資，而劇孟以任俠顯諸侯。吳、楚反時，條侯為太尉，乘傳車將至河南，得劇孟。喜曰：「吳、楚舉大事，而不求孟，吾知其無能為已矣。」天下騷動，宰相（按：《漢書》作「大將軍」）得之，若得一敵國云。

劇孟的勢力在以洛陽為中心的河南境內，所以周亞夫（條侯）才如此說。《資治通鑑》卷十六不載劇孟事，因為司馬光不信劇孟的勢力如一「敵國」。《通鑑・考異》曰：

按孟一游俠之士耳，亞夫得之何足為輕重！蓋其徒欲為孟重名，妄撰此言，不足信也。

司馬光以宋代人的眼光看待「游俠」，似未注意漢代「游俠」的地域勢力，未免過於謹慎了。《史記》又說：

及劇孟死……而符離人王孟，亦以俠稱江、淮之間。是時濟南瞯氏、陳周庸、亦以豪聞。景帝聞之，使使盡誅此屬。其後代諸白（《索隱》：代、代郡人，有白氏豪俠非一，故言「諸」）、梁韓無辟、陽翟薛兄、陝韓孺，紛紛復出焉！

又說：

自是（郭解）之後，為俠者極眾，敖而無足數者。然關中長安樊仲子、槐里趙王孫、長陵高公子、西河郭公仲、太原鹵公孺、臨淮兒長卿、東陽田君孺，雖為俠，而逡逡有退讓君子之風。

這些「俠」都是獨霸一方的人物，所以必須一一標明其勢力範圍。《漢書・游俠傳》曰：

萬章字子夏，長安人也。長安熾盛，街閭各有豪俠，章在城西柳市，號曰：「城西萬子夏」。

可見長安一城之內，「俠」即分成許多小區域，互不相犯。萬章的勢力限於城西柳市一帶，因此才獲得「城西萬子夏」的稱號。這種情況和現代大城市中黑社會的分區統轄，幾乎如出一轍。不但如此，各地區的「俠」互相尊重彼此的勢力範圍在漢代也已是約定俗成。《史記・游俠列傳》曰：

雒陽人有相仇者，邑中賢豪居間者以十數，終不聽。客乃見郭解，解夜見仇家，仇家曲聽解。解乃謂仇家曰：「吾聞雒陽諸公在此間，多不聽者。今子幸而聽解，解奈何從他縣奪人邑中賢大夫權乎？」乃夜去，不使人知。曰：「且無用待我。待我去，令雒陽豪居其間，乃聽之。」

這個故事最足以說明「俠」的地域背景。郭解雖是名聞天下的大俠，但他是河內軹人，洛陽不是他的勢力範圍。他不得已而調解了洛陽的仇家，卻不願居功，而仍要暗中以此功歸之於洛陽的「賢豪」。他的理由是「解奈何從他縣奪人邑中賢大夫權乎？」也就是說這個調解之「權」本是屬於洛陽本邑之「俠」的。從萬子夏和郭解的例子，我們可以完全證實漢代的「俠」確是「馳騖於閭閻，權行州域」的。

「俠」和「士」一樣，在漢代首先是和宗族的力量結合了起來。《史記・游俠列傳》中所說的「濟南瞯氏」便提供了一個最突出的例證。《漢書・酷吏傳》云：

濟南瞯氏宗人三百餘家，豪猾，二千石莫能制，於是景帝拜（郅）都為濟南守。至則誅瞯氏首惡，餘皆股栗。

可見瞯氏的社會勢力主要便建立在這三百多家的「宗人」上面。《漢書》卷七六〈趙廣漢傳〉云：

> 新豐杜建……素豪俠，賓客為姦利，（趙）廣漢聞之，先風告。建不改，於是收案致法。中貴人豪長者為請無不至，終無所聽。宗族賓客謀欲篡取。

杜建之例則說明宗族和賓客是他的群眾基礎。此外如姻戚、鄉黨、故人等當然也都包括在內。《漢書・游俠傳》記齊人樓護「過齊，上書求上先人冢，因會宗族、故人，各以親疏與束帛，一日散百金之費。」即是一例。《史記・游俠列傳》記御史大夫公孫弘議郭解「布衣為任俠行權，以睚眦殺人」，終以「大逆無道」的罪名誅其族。這也是因為郭解的勢力來自宗族。

由於漢代「俠」的巨大的社會勢力，他們在政治上也有舉足輕重的作用。班固《漢書・游俠傳》說：

> 自魏其、武安、淮南之後，天子切齒，衛、霍改節。然郡國豪傑處處各有，京師親戚冠蓋相望，亦古今常道，莫足言者。惟成帝時，外家王氏賓客為盛，而樓護為帥。及王莽時，諸公之間陳遵為雄，閭里之俠原涉為魁。

從這一段簡要的敘事中，我們可以認識到西漢一代「俠」在政治上的消長。現代史學家往往強調漢代游俠的平民性，這一點自有根據。但是我們同時也必須指出：司馬遷所謂「布衣之俠」、「匹夫之俠」或「閭巷之俠」乃是相對於周代「封建」貴族而言；漢代的「俠」卻並不是普通的「布衣」、「匹夫」。戰國的舊貴族到了秦漢時代基本上已消失了，但新貴族則開始形成，此即趙翼所謂「布衣將相」（《廿二史劄記》，卷二）。漢代游俠的勢力不僅遍及民間，而且和新貴族互相援引，甚至有些「俠」本身也參加了新貴族的行列。[11]我們試以魏其侯竇嬰與灌夫的例子來說明「俠」與新貴族之間的關係。《史記・魏其武安侯列傳》云：

> 灌將軍夫者，潁陰人也。夫父張孟，嘗為潁陰侯嬰舍人，得幸，因進之至二千石。故蒙灌氏姓，為灌孟。……夫不喜文學，好任俠，已然諾。諸所與交通，無非豪傑大猾，家累數千萬，食客日數十百人。陂池田園，宗族賓客為權利，橫於潁川。……灌夫家居雖富，然失勢，卿相、侍中、賓客益衰。及魏其侯失勢，亦欲倚灌夫，引繩批根生平慕之後棄之者，灌夫亦倚魏其，而通列侯、宗室為名高，兩人相為引重，其游如父子然。相得驩甚，無厭，恨相知晚也。

11 參考宮崎市定，〈游俠に就こ〉，收在《アシソア史研究》第一（京都，一九五七），頁一四八—一四九。

灌夫的父親張孟是灌嬰的「舍人」，後並改從灌姓，其本來社會身分之低微可知，灌夫本人則因灌嬰的提拔而歷任郎中將、淮陽太守、太僕等要職，顯然已成為漢初新貴族中一分子。但據上引傳文，灌夫其實是一個典型的「游俠」。他和魏其侯竇嬰之間一方面是互重義氣，另一方面則是彼此以勢力相援引。竇嬰看重灌夫所擁有的宗族、賓客、田園等等「權利」；灌夫也需要竇嬰所擁有的列侯、宗室等政治關係。前引班固語，說「及王莽時，諸公之間陳遵為雄，閭里之俠原涉為魁」。事實上，這兩類的「俠」在漢代初期即已存在。陳遵在哀帝時已因軍功封侯，至王莽時先後出任河南太守、九江及河內都，「凡三為二千石」。他居長安時，史言「列侯、近臣、貴戚皆貴重之。牧守當之官及國豪桀至京師者莫不相因到遵門」。（見《漢書・游俠傳》）他的經歷和灌夫極其相似，都可以稱之為「俠而優則仕」的一型。由於灌夫捲入了魏其、武安兩派政治鬥爭的風暴中心，所以司馬遷將他的事跡附在此兩人傳記之內（《漢書》亦然），否則他也應該是〈游俠列傳〉中的人物。

「游俠」的勢力如此浩大，社會根基又如此深厚，他們自然是在朝的新貴族所必須爭取的對象。但「游俠」的活動加深了王、侯、將、相之間的黨派分裂，極不利於統一皇權的伸展。所以班固特別指出「自魏其、武安、淮南之後，天子切齒，衛霍改節」。班固此處的「天子」是指武帝而言。其實，早在文、景兩朝，漢廷已開始誅戮「游俠」了。不過大規模而有系統的翦除「游俠」確是武帝時代的事。所以酷吏政治成為武帝一朝的特色。「游俠」勢力發展到了西漢中期不但助長了朝廷上的黨派分裂，如上所述，而且更在地方上威脅到郡守的權力。我們可舉甯成為例。《漢書・酷吏傳》：

> 甯成、南陽穰人也。……稱曰：「仕不至二千石，賈不至千萬，安可比人乎？」迺貰貣陂田千餘頃，假貧民役使數千家。數年會赦，致產數千萬，為任俠。持吏長短，出從數十騎。其使民，威重於郡守。

甯成在《酷吏傳》，是一個俠、吏兩棲的人物。他是在吏途受挫之後，才回到南陽本郡「為任俠」的。他在南陽的權勢竟然蓋過了郡守，自不能為武帝所容，所以義縱遷為南陽太守，「至郡，遂案甯氏，破碎其家。」（同上《酷吏義縱傳》）自武帝之世起，下至王莽時代，漢廷都一直以全力來對付「游俠」。《漢書・游俠傳》末云：

> 王莽居攝，誅鉏豪俠。名捕漕中叔，不能得。（師古曰：指其名而捕之。）……中叔子少游，復以俠聞於世云。

可見「俠」的困擾與西漢一代相終始，其所以誅不勝誅，正由於父死子繼。「俠」幾乎事實上變成世襲了，雖然並不合法。

四、從「游俠」到「豪俠」

前面曾指出，「游俠」和「游士」一樣，在漢代進入了一個新階段。「游士」已和鄉士、宗族結合了起來，不再「游」了。「游俠」也是如此。《史記》、《漢書》沿用了「游俠」的舊稱，其實漢代的「俠」應稱「豪俠」，這是西漢中晚期已出現的名詞。前引《漢書・游俠萬章傳》：「長安熾盛，街閭各有豪俠」，是元帝時代的事；而上文王莽所誅的也是「豪俠」，並可為證。「俠」之稱「豪」，由「豪傑」一詞而來。「俠」是社會上人給予某些「言必信，行必果，諾必誠」的「豪傑」的一種美號。在漢代官方文書中，「俠」字是不存在的，因為「俠」已包括在「豪傑」之內。現在讓我們先對這一點加以論證，然後再申述這一名稱變化的社會意義。《史記》卷一一二〈主父偃傳〉云：

（偃）又說上云：「茂陵初立，天下豪傑並兼之家、亂眾之民，皆可徙茂陵，內實京師，外銷姦猾，此所謂不誅而害除。」上又從之。

按《漢書・武帝紀》載：

建元二年（西元前一三九）。初置茂陵邑。

元朔二年（西元前一二七）夏，徙郡國豪傑及訾三百萬以上於茂陵。

「徙豪傑」句下王先謙補注曰：「此……從主父偃計。詳偃傳。」王氏的注文是正確的。《漢書・游俠傳》中有兩個實例，可以證明「游俠」是以「豪傑」的法律身分遷徙到茂陵的。

第一例是原涉的祖父，〈原涉傳〉云：

原涉字巨先，祖父武帝時以豪傑自陽翟徙茂陵。

第二例更重要，〈郭解傳〉云：

及徙豪茂陵也，解貧不中訾。吏恐，不敢不徙。衛將軍為言，郭解家貧，不中徙。上曰：「解布衣，權至使將軍。此其家不貧。」解徙，諸公送者出千餘萬。

主父偃徙豪傑於茂陵之議及武帝之從其議，主要動機即在摧毀「游俠」如郭解之流在他們鄉里所建立的社會基礎。這些「游俠」遷徙之後，自然無法再和他們的宗族、鄰里、賓客等基本群眾保持經常的聯繫，所以這是「調虎離山」的妙計。武帝親自插手郭解一案，尤可見他對「豪傑」的社會勢力是多麼忌憚。另一方面，郭解也極力抗拒移徙。他首先以「貧不中訾」為理由，也就是說他的資財不足三百萬的數字。「游俠」由於「疏財」之故，往往弄得「家無餘財」，郭解「貧不中訾」可能是真的。而且三百萬在漢代還說不上是「豪富」。《漢書・貨殖傳》記元、成間京師富人「樊嘉五千萬，其餘皆鉅萬」。成帝初中書令石顯免官徙故郡時，也是「貲巨萬」。（《漢書・游俠萬章傳》）所以甯成才說：「賈不至千萬，安可比人乎？」三百萬的數目訂得偏低，也許正是為郭解之類的「游俠」而設。但是郭解的名聲太大了，地方官事先也可能得到朝廷的指示，所以雖不合規定也「不敢不徙」。郭解既知徙茂陵出自武帝旨意，才不得已請託大將軍衛青為他緩頰。武帝答語自屬強詞奪理，但更可見他決心要切斷郭解的本土聯繫。

漢武帝之必欲徙郭解於茂陵及郭解之一再遷延，不願就徙，可知漢代的「俠」已就地生根。所以司馬遷和班固雖沿用先秦舊稱，但兩卷《游俠傳》中卻只有「豪俠」而沒有「游俠」。更值得注意的是《漢書·游俠傳》一方面說信陵、平原、孟嘗、春申「競為游俠」，而另一方面又把他們合起來稱作「四豪」。班固在不知不覺中竟用漢代的新名詞代替了戰國的舊稱號。戰國四公子從此也可以叫做「四豪」了。《後漢書·黨錮傳序》曰：

> 及漢祖杖劍，武夫勃興，憲令寬賒，文禮簡闊，緒四豪之餘烈……任俠之方，成其俗矣。

沈約（四四一—五一三）〈為東宮謝敕賜孟嘗君劍啟〉云：

> 田文重氣徇名，四豪莫及。（嚴可均，《全梁文》，卷二八。）

便是一顯例。荀悅《漢紀》卷一〇論族郭解事云：

立氣勢，作威福，結私交以立強於世者，謂之游俠。

荀悅此處為「游俠」下界說，也完全沒有涉及「游」義：他所強調的則是「立強於世」。「強」即「豪強」，這又是「游俠」變為「豪俠」的強證。西漢中、晚以來，「豪俠」已取代了「游俠」的名稱，並且在社會上流傳得很廣，我們可舉下面的例子為證。《後漢書・隱逸傳》：

戴良字叔鸞，汝南慎陽人也。曾祖父遵，字子高，平帝時，為侍御史。王莽篡位，稱病歸鄉里。家富，好給施，尚俠氣，食客常三四百人。時人為之語曰：「關東大豪戴子高。」

戴遵顯然是西漢晚期另一個俠、吏兩棲的人物，然而當時民間卻逕以「大豪」呼之。「豪」和「俠」在這裡幾乎成了同義字，可以互相替代了。

從先秦「游俠」到漢代「豪俠」並不僅僅是名詞的轉換。這一語言的變遷反映了「俠」的社會性質的根本轉化。上面的分析已試從多面來指陳這一轉化，現在讓我們提出幾點總結性的觀察：第一，「俠」是從古代武士階層中發展出來的一種社會流品。這是春秋戰國時代「士」的文武分化的結果。第二，由於文武分化之「士」包括了大量的「庶人」，「俠」自始即非一單純的貴族集團，故與西方中古騎士的社會屬性和組織方式都頗不相同。第三，

《史記》、《漢書》「游俠傳」中有「卿相之俠」與「布衣之俠」兩類；前者指戰國四公子之流，後者則指漢代朱家、郭解等人。但司馬遷又慨歎：「自秦以前，匹夫之俠，湮滅不見。」這似乎說明先秦「俠」之著名者仍多出身古代貴族，秦漢以後「布衣之俠」才開始顯赫於世。這一分別也透露了「俠」的社會性質的先後不同。第四，「游俠」之名起於戰國自然是因為他們的最顯著的特色是周游各國。如「孟嘗君招天下任俠、姦人入薛中」和《淮南子》所記梁之富人虞氏有「游俠相隨而行」。這些「游俠」也許大多數都養有「姦人」、「徒屬」，但其中恐怕也有些是單身的武士。先秦的「刺客」、「死士」大概也應該包括在「游俠」之內。例如荊軻，「其所游諸侯，盡與其賢豪長者相結。」（《史記・刺客列傳》）同時田光又對荊軻說：「夫為行而使人疑之，非節俠也。」（同上）可見田光和荊軻都是以單身武士而兼具「游」與「俠」的特色。這一類的「游俠」在社會背景上和「游士」似乎並無區別，不過文武分途而已。不但如此，由於古代的「士」兼包文武，所以「士」這個名詞一直到漢代都可用之於「武士」的身上。如果採取這一廣義的用法，我們正不妨說「游俠」便是「以武犯禁」的「游士」。雲夢秦簡中所發現的「游士律」也許兼指文士和武士而言。秦漢以後，文士和武士同時發展了社會基礎；前者變成了「士族」，後者則是所謂「豪傑」了。

五、俠的轉向——豪族的士化

全祖望《經史問答》卷一〇（收在《鮚埼亭集》中）云：

游俠至宣、元以後，日衰日陋。及巨君時，樓護、原涉之徒無足稱矣。

全氏論漢代游俠的衰落過程，大致符合史實。自武帝以後下至王莽（巨君），游俠傳中的人物已逐漸失去早期的光采；後世豔傳的游俠典範也始終是漢初朱家、郭解等人。事實上，兩漢之際是「俠」的歷史上另一個重大的轉變階段。我們現在必須對這一轉變加以解說。

全祖望斷定游俠至王莽時已無足稱道，顯然有一統傳史學上的根據，即《漢書》以後，中國正史中再也沒有「游俠」這一範疇了。正史不立「游俠傳」當然並不即等於「俠」作為一種社會流品已從中國史上消失了。正如《後漢書》以下雖不立「貨殖傳」，我們卻不能因此否定商人繼續存在的事實，但是史學的改變大體上也反映了新的歷史現象：俠的社會功能逐漸衰退了。

前已指出，豪俠勢力自武帝以來一直是大一統朝廷打擊的一個主要對象。但這並不是「俠」的衰落的唯一原因。更深一層看，「俠」的社會地位的變遷和西漢一代文士與武士的此長彼消有不可分的關係。在漢高祖爭天下的時期，武士的地位自然遠比文士重要。所以叔孫通最初推薦的都是「群盜壯士」。誠如他向儒生弟子輩所云：「漢王方豪矢石爭天下，諸生寧能鬥乎？」（《史記・叔孫通列傳》）漢初重用「俠」，可從田叔的例子得到確證。《漢書・田叔傳》云：

田叔……好劍，學黃老術於樂鉅公，為人廉直，喜任俠……趙王張敖以為郎中。……趙王敖……廢為宣平侯，乃進言叔等十人。上召見，與語，漢廷臣無能出其右者。上說，盡拜為郡守，諸侯相。叔為漢中守十餘年。

《史記・張耳列傳》記此事，也說：

於是上賢張王諸客……無不為諸侯相、郡守者。及孝惠、高后、文帝、孝景時，張王客子孫皆得為二千石。

可見從高祖到景帝，像田叔這一類的「俠」及其子孫不但有廣闊的入仕途徑，而且可以位至二千石，前面曾指出「游俠」在漢代已參加了新貴族的行列，這在漢初已是如此，其中最著名的如張耳，「少時及為魏公子無忌客」，如張良「居下邳，為任俠」，如季布，「為任俠有名」。及其弟季心「氣蓋關中，遇人恭謹。為任俠，方數千里士爭為死」。（均見《史記》、《漢書》各本傳。）如果詳細分析漢初王侯、功臣等的社會成分，「俠」的比重恐怕是很高的。

漢代統一安定之後，文士和武士分途發展，都通過血緣和地緣關係建立了新的社會基礎。在這一發展過程中武士變成了「豪傑」，「游俠」也蛻化為「豪俠」。但由於「豪傑」，尤其是「豪俠」的「以武犯禁」對大一統的政治秩序逐漸構成了嚴重的威脅，漢廷開始採取一系列的右文抑武的措施。武帝一朝的新政治取向在「俠」的歷史上也是有劃時代的意義的。武帝接受了董仲舒的建議，獨尊儒術；公孫弘且以布衣儒生一躍而居丞相之位。在公孫弘主持之下，漢廷正式設置了五經博士和博士弟子的制度；地方學校也逐漸建立起來了。這一轉變對文士和武士的政治地位的升降發生了重大的影響。據《史記・儒林列傳》說：「孝惠、呂后時未暇遑庠序之事也。公卿皆武力有功之臣。」而自此以後，「則公卿大夫士吏，斌斌多文學之士矣。」不但如此，漢代鄉舉里選制度的發展也有利於文士而不利於武士。鄉舉里選初不拘於一格，文士和武士都有機會在本鄉獲得推選，然後由郡守舉薦至朝廷。但這一制度逐漸偏向文士的一方面。武帝初即位「徵天下舉方正、賢良、文學、材力之士。」（《漢書・東方朔傳》）此中前三科都屬於儒學的範疇，只有「材力」是武科，已可見文武之間輕重不侔：宣帝時夏侯勝有言，「士病不明經術，經術苟明，其取青紫如俛拾地芥耳。」（《漢書》本傳）元帝以後，由於韋賢及其子玄成都以通經而先後位至丞相，鄒魯地區甚至流傳著「遺子黃金滿籯，不如一經」的諺語。（《漢書・韋賢傳》）此時文士顯已居於絕對優勢的地位。東漢選舉特重孝廉，順帝陽嘉二年（一三二）又增設孝廉考試，內容是「諸生試家法，文吏課牋奏」。（《後漢書・左雄傳》）這樣一來，入仕之途便完全為文士所壟斷了。

我們已看到，「游士」和「游俠」在漢代都和鄉里的勢力結合起來了，現在鄉舉里選逐漸走上重文輕武的道路，這對於「俠」的發展自然有直接的影響。武帝以後，橫在各地豪族強宗面前的有兩條路：一條是「以武犯禁」的滅族之禍，另一條則是通經術以取青紫，他們何去何從自然不問可知。所以自西漢中葉以來，強宗大姓往往不流於「俠」而趨向「儒」。這一轉變我曾稱之為「士族化」。全祖望指出「俠」自宣元以下漸衰，至王莽時已無足稱，他所觀察到的正是這一「士族化」的歷史現象。強宗大姓中第一流的人才既逐漸棄「俠」就「儒」，「俠」自然便隨之而失去其往日的精采了。

但「士族化」是一個長期的轉變過程，從西漢中晚起，下及整個東漢時期，強宗大姓的士族化都在不斷地發生，而且士族化是相對性的，有各種程度的不同。強宗大姓一方面令子弟入學讀經，另一方面也仍然保有武力。這是因為大族不能不結合宗族、婚姻、鄰里、賓客等集體力量，以保衛其本鄉，防外寇之入侵。崔實的《四民月令》為這一情況提供了最好的說明。《四民月令》規定正月、八月、十月、十一月諸月成童以上入大學，讀五經，幼童入小學，學篇章，讀《孝經》、《論語》等。但在二月、三月、八月、九月諸月中則規令成人習戰射、設守備、繕五兵，以備「草竊之寇」或「寒凍窮厄之寇」。（見《全後漢文》卷四七）《四民月令》可以視為二世紀大族生活的一種理想典型，使我們看到士族化的具體歷程。大族子弟自幼及長都識字讀經，這是為將來舉孝廉茂材做準備，也是整個家族未來希望之所寄。但是在大族的日常生活中，武事依然不可廢，這是出於自衛的需要。

通過《四民月令》的例子，我們不難想像兩漢的士族和一般豪族事實上只有程度上的不同，其間界線並不是涇渭分明的。豪族「士化」最為成功的，達到了「累世經學」、「累世公卿」的地位，如漢末袁紹一族，那便成為全國知名的士族。此下還有成就不等的各種地方性的士族。但士族仍然有他們的基本武力；甚至地位越高的士族，武力也越強大。因為他們的社會基礎是隨著政治地位的上升而不斷擴大的。例如四世三公的袁氏除了來自血緣和地緣的武力之外，還有門生、故吏，遍於天下。後者的武力也附屬於袁氏，所以袁紹才能面抗董卓，曰：「天下健者，豈唯董公？」然後昂然「引佩刀橫揮而出」。（見《三國魏志》六本傳注引《獻帝春秋》）至於「士化」不很成功的，當時社會上一般稱之為「豪族」、「大姓」、「強宗」之類。但這些普遍大族中仍不乏「讀書知禮」的子弟，他們往往在地方政府中擔任吏職。

上面的分析是要指出：豪族自西漢中葉以後便逐漸向士族轉化，而且無論轉化成功與否，他們仍然保留了「武」的成分。不過以社會的價值取向而言，「文」已取得了主宰的位置。但由於士族和豪族具有「武化」的背景，他們也往往以「俠」見稱，特別是在動亂的時代，如兩漢之際與漢魏之際。茲舉例略加說明。《後漢書・隗囂傳》：

> 隗囂字季孟，天水成紀人也。少仕州郡。王莽國師劉歆引囂為士。歆死，囂歸鄉里。季父崔，素豪俠，能得眾。聞更始立而莽兵連敗，於是乃與兄義及上邽人楊廣、冀人周宗謀起兵應漢。……崔、廣等以為舉事宜立主以一眾心，咸謂囂有名，好經書，遂共推

為上將軍。

這個實例最能說明豪族「士」化的具體情況。隗氏出了一個隗囂，由仕州郡進而為國師之「士」，已使隗氏從一般豪族上升為士族。但隗囂的叔父隗崔在鄉里仍以「豪俠」著稱，即依舊保持其豪族的本來面目。在起兵時，隗囂因「有名，好經書」，竟被叔父輩推舉為領袖。這一點更值得注意，因為這一舉動充分證明；當時「名士」已比「豪俠」具有更大的社會號召力了。[12]

至於一般豪族，下面的例子可為代表。《三國魏志・司馬芝傳》：

> 太祖（曹操）平荊州，以芝為菅長。時天下草創，多不奉法。郡主簿劉節，舊族豪俠，賓客千餘家，出為盜賊、入亂吏治。

劉節是當地豪族，在政治秩序崩潰的時代竟能憑藉武力而「出為盜賊、入亂吏治」，真合乎《史記・游俠列傳》所謂「盜跖居民間者耳！」但他既獲「俠」稱，必是平時有一套籠絡宗族、鄰里、賓客的手段，如慷慨好施、言必信、行必果、諾必誠、存亡死生之類。仲長統〈損益篇〉云：

> 井田之變，豪人貨殖，館舍布於州郡，田畝連於方國。……不為編戶一伍之長，而有

千室名邑之役。榮樂過於封君，勢力侔於守令。財賂自營，犯法不坐。刺客死士，為之投命。（《後漢書》卷四九本傳）

這正是兩漢豪族的一般寫照，可見像劉節這樣的「舊族豪俠」所在皆有。這些人在平時尚只能以善通「豪族強宗」的面貌出現，但一到亂世便變成「豪俠」了。所以通覽漢魏兩晉南北朝史籍，我們往往發現有關「豪俠」、「游俠」、「任俠」之類的記載多集中在戰亂時期，尤其是朝代交替之際。這並不是亂世產生了大批的「俠」，而是豪族和士族在亂世不得不組織並擴張他們的武裝力量，以圖生存。在從事武裝活動時，他們的行為必須合乎「俠」的規範，才能得到宗族、鄉黨、賓客等人的效忠。他們因此在本地獲得「俠」的美號，後世史家也根據當時文獻稱他們為「俠」。如上引荊州劉節之為「舊族豪俠」，即是一例。又如永嘉亂後的祖逖，史亦稱其「輕財好俠、慷慨有節尚」。但是他率領宗族賓客南遷到京口後，竟縱容他們攻剽富室，和劉節如出一轍。（見《晉書》卷六二本傳）總之，自西漢中葉以來，豪族大姓在平時盡量避免「以武犯禁」，而改走「士化」的道路。但一到亂世，「以

12 本文所用「士族」一詞是取其一般的社會含義，不是指魏、晉九品中正制下具有種種法律上特權的門第，關於後一種「士族」，可看唐長孺，《魏晉南北朝史論拾遺》（香港：中華書局，一九八三），頁五三—七八。

武犯禁」則依舊成為豪族的一大特色。

六、俠氣與士風之一——個人道德

東漢以下，由於「文化」已凌駕於「武化」之上，「儒」的地位自然遠比「俠」為高。從戰國到漢初那種「儒」與「俠」之間的均衡局面已一去不返了。然而「俠」的一套倫理規範和精神卻並沒有消失；它依然存在於豪族以至士族的生活方式之中。豪族與豪俠是一體的兩面，不過因時而異，這一點，上面已經論證過了。現在我們要進一步討論「俠」與士族的關係。從表面上看，豪俠與儒生一武一文，幾乎是背道而馳。但是由於許多儒生出身於尚武的豪族背景，他們從小便浸潤在「俠」的道德風氣之中，所以東漢的士大夫往往具有「俠」的精神。試以東漢初期張堪和廉範二人為例：

張堪字君游，南陽宛人也，為郡族姓。堪早孤，讓先父餘財數百萬與兄子。年十六，受業長安，志美行厲，諸儒號曰「聖童」。廉範字叔度，京兆杜陵人，趙將廉頗之後也。漢興，以廉氏豪宗，自苦陘徙焉。……詣京師受業，事博士薛漢。……永平初，隴西太守鄧融備禮謁範為功曹，會融為州所舉案，範知事譴難解……於是東至洛陽，變名姓，求代廷尉獄卒。居無幾，融果徵下獄，範遂得衛待左右……融繫出困病，範隨而養視，及死，竟不言，身自將車送喪致南陽，葬畢乃去。後辟公府，會薛漢坐楚王事誅，故人門生莫敢視，範獨往收斂之。……範世在邊，廣田地，積財粟，悉以賑宗族朋友。……世伏其好義。

最值得注意的是范曄對他兩人的評論。論曰：

張堪、廉範皆以氣俠立名，觀其振危急、赴險厄，有足壯者，堪之臨財，範之忘施，亦足以信意而感物矣。（見《後漢書》卷三一）

范曄用「以氣俠立名」來稱譽此二人，即是指出他們所表現的道德精神淵源於「俠」。此外如「振危急」、「赴險厄」、「臨財」、「忘施」等詞也都是「游俠傳」中的語言，我們試一查考此二人的背景，一個是「郡族姓」，一個是「豪宗」，但他們都已走上「士化」的路，曾先後在太學受業。廉範出自名將世家，其祖先尚武更不必說了。他們的「氣俠」無疑是從「俠」的生活方式中移植過來的。「俠」與「士」之間有直接的歷史淵源，我們還可以舉兩個有力的證據。第一是前文已提到的戴良。他的曾祖父是「家富、好給施、尚俠氣」的「關東大豪」戴遵。但是這一豪俠之家傳到戴良這一代已徹底的「士化」了。他的哥哥伯鸞是以嚴守儒家禮法著名的，而他自己則主張「情苟不佚，何禮之論」，因此成為魏晉清談思想的先行者。他的「論議尚奇，多駭流俗」及自負為「獨步天下，誰與為偶」，也許正是家傳的「豪俠」之氣的變相。第二個例子是郭伋。《後漢書》卷三一本傳云：

郭伋字細侯，扶風茂陵人也。高祖父解，武帝時以任俠聞。父梵，為蜀郡太守。伋少有志行，哀、平間辟大司空府。……（建武）十一年，調伋為并州牧。……聘求耆德雄俊，設几杖之禮，朝夕與參政事。二十二年，徵為太中大夫，賜宅一區，及帷帳錢穀，以充其家。伋輒散與宗親九族，無所遺餘。

司馬彪《續漢書》卷三記郭伋為并州刺史，「下車聘請州中耆俊，以為師友，……分祿以養之。」[13]較范書為詳，更可顯出他的作風。他的高祖是最著名的「游俠」郭解，但是他的父親在西漢晚期已仕至蜀郡太守，顯然已棄「俠」就「儒」了。郭伋本人則近於循吏一型，足見「士化」之深。從他分祿以養耆俊及散財與宗親九族之事來看，他仍然保持了「俠」的風範。「俠風」隨著豪族的「士化」而進入了士大夫的生活方式之中，這是最明白的證據。

趙翼《廿二史劄記》卷五「東漢尚名節」條說：

自戰國豫讓、聶政、荊軻、侯嬴之徒，以意氣相尚，一意孤行，能為人所不敢為。世競慕之。其後貫高、田叔、朱家、郭解輩徇人刻己，然諾不欺，以立名節。馴至東漢，其風益盛。蓋當時薦舉徵辟，必採名譽。故凡可以得名者必全力赴之，好為苟難，遂成風俗。

趙氏論東漢士大夫名節的起源，直接上溯至戰國至漢初的「游俠」傳統，甚為有見。可惜他語焉不詳，對於士大夫何以竟能繼承了游俠的道德規範，沒有提出解釋。其實從本文的研究來看，這一發展毋寧是順理成章的。東漢的士，有許多是從豪族或豪俠的背景中蛻化而來的；在他們的道德觀念中，「俠」的比重至少不在「儒」之下。趙翼所謂「東漢名節」應該說是「儒」和「俠」的混合產品。顧炎武論兩漢風俗，把東漢的「節義之防」與「士風家法」都歸功於光武一人的倡導，恐怕只能算是傳統儒家的一偏之見。（見《日知錄・兩漢風俗》）現在讓我們再簡略地分析一下東漢士風中的「俠」的成分。

「俠」的第一項道德規則是「言必信，行必果，已諾必誠」。這和儒家所主張的「大人者，言不必信，行不必果」（《孟子・離婁下》）是大不相同的。所以季布一諾重於黃金百斤。東漢之士則極重然諾，他們所奉持的正是「俠」的道德。試看下面的例子。《後漢書・獨行范式傳》：

> 范式字巨卿，山陽金鄉人也，一名氾。少游太學，為諸生，與汝南張劭為友。劭字元伯。二人並告歸鄉里。式謂元伯曰：「後二年當還，將過拜尊親，見孺子焉。」乃共剋期日。後期方至，元伯具以白母，請設饌以候之。母曰：「二年之別，千里結言，爾何

13 周天游輯注，《八家後漢書》本（上海：古籍出版社，一九八六），上冊，頁三七八。

相信之審邪？」對曰：「巨卿信士，必不乖違。」母曰：「若然，當為爾醞酒。」至其日，巨卿果到，升堂拜飲，盡歡而別。

這是東漢初年的故事，足見其時士人受「俠風」濡染已深。范式在歷史上以「山陽死友」著稱，是可以托死的朋友。有關他的俠義故事很多，有的甚至已神話化了，限於篇幅，不再徵引。必須指出的是：由於他和朱家、郭解一樣，堅持「厚施而薄望」的原則，地方官曾特別上書朝廷表彰他的行狀。這一事實尤其能說明「俠」的行為在士大夫社群中已被承認為最高的道德準則了。

「言必信，行必果」的另一表現則是郭解所謂「以軀借友報仇」（《漢書》本傳）。有兩個著名的例子值得介紹。第一是郅惲，他也是范式和張劭的朋友，史言他「年十二失母，居喪過禮，及長，理《韓詩》、《嚴氏春秋》，明天文曆數」。他當然是一個合格的儒生。但是他的朋友董子張將死，希望他代報父仇。他「即起，將客遮仇人，取其頭以示子張。子張見而氣絕」。（《後漢書》卷二九本傳）第二個例子發生在黨錮時代。《後漢書・黨錮何顒傳》云：

何顒字伯求，南陽襄鄉人也。少游學洛陽。顒雖後進，而郭林宗、賈偉節等與之相好，顯名太學。友人虞偉高有父讎未報，而篤病將終，顒候之，偉高泣而訴。顒感其義，為復讎，以頭醊其墓。

這兩個「以軀借友報仇」的行為先後如出一轍，尤可見「俠」風流行在東漢一代士的社群之中。儒禮有「父母在，不許友以死」之說。但郅、何兩人代友報父仇時是否父母都已亡故，卻史無明文可稽，趙翼便批評他們「徒徇友朋私情，而轉損父母遺體」。無論如何，儒家並不積極鼓勵人「許友以死」。這兩人「以軀借友報仇」明明是實踐漢代「俠」的倫理，雖則他們都已「士化」，並且是知名的儒生。

七、俠氣與士風之二——群體意識

漢代的「游俠」雖沒有嚴密的組織，但顯然也自成一社群，具有高度的群體意識。所以在危難之際往往互相援引。[14]這一特殊的「俠風」也傳進了東漢士的階層，而尤其清楚地表現在漢末黨錮之禍中。上引《黨錮何顒傳》續云：

及陳蕃、李膺之敗，顒以與蕃、膺善，遂為宦官所陷，乃變姓名，亡匿汝南間。所至皆親其豪傑，有聲荊、豫之域。袁紹慕之，私與往來，結為奔走之友。是時黨事起，天下多離其難，顒常私入洛陽，從紹計議。其窮困閉厄者，為求援救，以濟其患。有被掩

14 勞榦，前引書，頁一〇三五。

捕者，則廣設權計，使得逃隱，全免者甚眾。

關於黨人的亡匿和援救，下面將另作討論。此段記載中有一極重要的線索，不可放過，即何顒「所至皆親其豪桀，有聲荊、豫之域」。文中「豪傑」即是各地豪族領袖、名士或豪俠之類的人物。這一事實顯示當時黨人名士和豪族和豪俠之間存在著密切的社會聯繫。不但如此，黨人名士之中便有人兼具「俠」的身分。例如據《黨錮列傳》序，張邈為「八廚」之一（「廚」是「能以財救人」之意）。他後來名列「三君」、「八俊」等三十五人之內，無疑是一位重要的黨人領袖。但據《三國・魏志》卷七〈呂布傳附張邈傳〉云：

張邈字孟卓，東平壽張人也。少以俠聞，振窮救急，傾家無愛，士多歸之。太祖（曹操）、袁紹皆與邈友。辟公府，以高第拜騎都尉，遷陳留太守。董卓之亂，太祖與邈首舉義兵。

可證張邈同時也是一位豪俠。又《英雄記》（《三思志》卷六〈袁紹傳〉裴注引）曰：「紹……又好游俠，與張孟卓（邈）、何伯求（顒）、吳子卿、許子遠（攸）、伍德瑜（瓊）等皆為奔走之友。」則不僅張邈是「俠」，而且何顒也是「俠」。黨錮領袖兼具「名士」和「豪俠」雙重身分（張邈名列《漢末名士錄》，也見《三國志・袁紹傳》注），這一重要事實更足以證明東漢名節是儒、俠合流的結果了。

《史記・游俠郭解傳》云：

> 解亡，置其母家室夏陽。身至臨晉。臨晉籍少公素不知解。解冒，因求出關。籍少公已出解，解轉入太原。所過輒告主人家，吏逐之。迹至籍少公，少公自殺，口絕。久之，乃得解。

郭解的逃亡和受人掩護在「游俠」的生活方式中具有典型的意義。籍少公和他素不相識，但為了掩護他，竟自殺以斷絕追捕的線索，更是「俠」的精神的極端表現。這種「藏亡匿死」的行為後來仍一直流行在豪族和豪俠之間，未曾中斷。漢光武「為白衣時，藏亡匿死，吏不敢至門」。（《後漢書・酷吏董宣傳》）便是一例。劉家本是從豪族向士族轉化的一個典型。所以光武本人既「事田業」，又「之長安，受《尚書》，略通大義」。其兄伯升則「好俠養士」。（見《後漢書・光武紀上》）這樣的家族在平時是「豪族」甚至「士族」，一到亂世便以「豪俠」的面目出現了。這一「藏亡匿死」的俠行隨著豪族的「士化」也變成士的道德規範的一個組成部分。《後漢書・黨錮張儉傳》云：

> 儉得亡命，困迫遁走，望門投止，莫不重其名行，破家相容，後流轉東萊，止李篤家。外黃令毛欽操兵到門，篤引欽謂曰：「張儉知名天下，而亡非其罪。縱儉可得，寧忍執之乎？」欽因起撫篤曰：「蘧伯玉恥獨為君子，足下如何自專仁義？」篤曰：「篤

雖好義，明廷今日載其半矣。」欽歎息而去。篤因緣送儉出塞，以故得免。其所經歷，伏重誅者以十數，宗親並皆殄滅，郡縣為之殘破。

張儉「望門投止」的經歷和郭解事如出一轍，不過波瀾更為壯闊，情節更為慘烈而已。東漢儒生繼承了西漢俠士的風範，這是最生動的見證。從這一點說，《後漢書・黨錮列傳》正不妨看作《漢書・游俠傳》的續篇。

東漢士大夫的群體意識與俠風有關，我們還可以舉送葬一事為證。《史記・游俠劇孟傳》云：

然劇孟母死，自遠方送喪，蓋千乘。

瀧川龜太郎《史記會注考證》說：

庶人送喪之多，蓋始於此。

瀧川有此注語正是因為他看出了大規模的送喪風氣是從游俠群中開始的。《漢書・游俠樓護傳》也記載：

母死，送葬者致車二三千兩。

樓護是西漢末期的豪俠，送葬的人數又比劇孟時增加了兩三倍，可見這一風氣越後越盛。與送葬相關的另一風氣是上冢，也盛行於豪俠社群。樓護母喪在長安，但原籍在齊，他後來過齊上先人冢，會宗族故人。這件事前文已引及，不再重複。同書〈游俠原涉傳〉略云：

涉欲上冢，不欲會賓客，密獨與故人期。……所與期上冢者車數十乘到，皆諸豪也。

原涉上冢，不願意會賓客，可見平時上冢一定包括賓客。儘管如此，他所約會的豪俠還是有數十乘之多。又《漢書》卷七七〈何並傳〉：

侍中王林卿通輕俠，傾京師。後坐法免，賓客愈盛。歸長陵上冢，因留飲連日，（何）並恐其犯法，自造門上謁。謂林卿曰：「冢間單外，君宜以時歸。」林卿曰：「諾」。

何並當時是長陵令，對王林卿在先人冢上會大批游俠，留飲連日，頗不放心，因此才親自上門請他早歸。原涉、王林卿和樓護都是同時的人，更可見送喪和上冢與游俠的大規模集會有關。在以上三例中，樓護過齊上冢是事先上書請求朝廷批准的。那是因為樓護已被任命為諫大夫，不再是庶人了。其他二例則似是私人集會。

我們現在要進一步追問：為什麼游俠特別要利用送葬和上冢來進行大規模的集會？從王林卿的例子，我們不難推想這是他們商議共同行動的重要場合。此外他們當然也通過這種集會以加強聯繫甚至顯示勢力。總之，送葬和上冢為他們提供了建立組織關係的機會，雖則這種組織在結構上也許是比較鬆弛的。但是為什麼是送葬和上冢，而不是其他集會方式呢？這一點和漢代法律有關。《史記・孝文本紀》「酺五日」句下，《集解》引文穎曰：

漢律：三人已上無故群飲，罰金四兩。

可見漢代禁止三人以上無故集會飲酒。不但如此，《漢書・宣帝紀》王鳳二年秋八月詔曰：

夫婚姻之禮，人倫之大者也；酒食之會所以行禮樂也。今郡國二千石或擅為苛禁，禁民嫁娶不得具酒食相賀召，由是廢鄉黨之禮，令民亡所樂，非所以導民也。

王先謙《補注》引周壽昌曰：

《禮・郊特牲》云：昏禮不賀，人之序也。前漢承周制，故郡國二千石禁民嫁娶不得具酒食相賀召。至此特詔弛禁也。

這更證明西漢中葉以前政府對民間的集會是控制得很嚴的，連婚禮也不能聚賀。但漢代既號稱以「孝」治天下，對於送葬與上冢自不能加以禁止。這大概便是游俠為什麼必須利用這兩種場合進行大規模的集會了。王林卿只能在上冢時才能召大批賓客「留飲連日」，否則便犯了「三人已上無故群飲」的禁律。儘管如此，這個集會還是引起了地方官的猜疑。大規模送葬和上冢的風氣後來也出現在儒生社群。《漢書・儒林周堪傳》：

王莽時（唐）林、（王）吉為九卿，自表上師冢，大夫、博士、郎吏為許氏學者各從門人會，車數百兩。儒者榮之。

這次門人弟子上周堪冢是請求獲准的，還不算私人集會。此事已遲至王莽時代，在游俠上冢已成風氣之後。至於士大夫送葬，自以元始五年（六）孔光的喪事，規模最大，但那是由朝廷正式出面主持的，不是儒生群體意識的表現（見《漢書》卷八一〈孔光傳〉）。《後漢書・儒林樓望傳》：

樓望字次子……少習《嚴氏春秋》……世稱儒宗，諸生著錄九千餘人。年八十，永元十二年（一〇〇），卒於官，門生會葬者數千人，儒家以為榮。

此事是否私人集會抑或帶有官辦性質，殊不易定。這確是儒生送葬規模最大，而見於記載也最早的一次，但上距游俠送葬的起源已兩三個世紀。從「儒家以為榮」之語觀之，此事在當時還是很少見的。

士大夫藉送葬進行大規模集會要到黨錮時代才蔚成普遍風尚。茲擇其有代表性的事例，略作說明。《後漢書》卷五三〈申屠蟠傳〉：

太尉黃瓊辟，不就。及瓊卒，歸葬江夏，四方名豪會帳下者六七千人，互相談論，莫有及蟠者。

同書卷六八〈郭泰傳〉：

（建寧二）年春，卒於家，時年四十二。四方之士千餘人，皆來會葬。

李賢注引謝承《後漢書》云：

泰以建寧二年正月卒，自弘農、函谷關以西，河內、陽陰以北，二千里負笈荷擔彌路，柴車葦裝塞塗，蓋有萬數來赴。

這兩例中有可注意者數事：第一，黃瓊卒於延熹七年（一六四），正值第一次黨錮（延熹九年）的前夕。郭泰則死在第二次黨錮發生之年。這正是士的群體意識最為高昂的階段；他們的大規模集會自然帶有與宦官集團相對抗的意味。所以在黃瓊的會葬中，才有六七千名豪「互相談論」之事。第二，這兩次送葬的儒生都來自「四方」。據謝承《後漢書》所記，其中有不少人是從二千里以外的地方，經過千辛萬苦趕來赴會的。這說明漢末士人的政治結合是全國性的，遠遠超出了血緣和地緣的關係。第三，赴會人數之多也是可驚的：前一例有六七千人，後一例有「千餘人」和「萬數」兩說，相差甚大。如折衷計算，大概總有幾千人。第四，這兩次送葬似都是私人性質。當時宦官擅權，朝廷恐怕不可能允許敵對勢力的大規模集會。而且郭泰從未出仕，會葬必由士大夫私下聯絡和組織而成，更無可疑。不但如此，《後漢書・黨錮范滂傳》載：

滂後事釋，南歸。始發京師，汝南、南陽士大夫迎之者數千兩。

這更是私人的集會了。這種聲勢只有西漢游俠如朱家、郭解能比擬。朱家是「自關以東莫不延頸願交」，郭解則「關中賢豪，知與不知，聞聲爭交驩。」游俠的世界顯然也超越了宗族、親戚、鄉黨的關係。

黨錮解禁（中平元年〔一八四〕）之後，士大夫集會的規模更為浩大。《後漢書》卷六二〈陳寔傳〉云：

及黨禁始解，大將軍何進、司徒袁隗遣人敦實，欲表以不次之位。寔乃謝使者曰：「寔久絕人事，飾巾待終而已。」……中平四年，年八十四，卒於家。何進遣使弔祭，內赴者三萬餘人，制衰麻者以百數。

《三國志》卷二二〈陳群傳〉注引《傅子》也與此相同。陳寔晚年不肯出仕，則此次會葬也必為私人集會。又《三國志》卷一〈武帝紀〉建安十三年條注引皇甫謐《逸士傳》云：

及袁紹與弟術喪母，歸葬汝南……會者三萬人。

這兩次會葬都是三萬人，數字縱有誇張，也反映了集合規模越來越大。更可注意的是袁紹、袁術都明顯地有「俠」的背景。士大夫送葬之風與「俠」的傳統必有關聯，觀此益信。也許有人會懷疑，東漢以下豪俠是否還繼續保持送葬的傳統？讓我們舉一個後世的例子，以為旁證。《新唐書》卷八五〈竇建德傳〉：

竇建德，貝州漳南人。世為農，自言漢景帝太后父安成侯之苗裔。材力絕人，少重然諾，喜俠節。鄉人喪親，貧無以葬，建德方耕，聞之太息，遽解牛與給喪事，鄉黨異。……為里長，犯法亡，會赦歸。久之，父卒，里中送葬千餘人，所贈予皆讓不受。

竇建德雖有鮮卑人的嫌疑，可能是北魏鎮戍屯兵營戶的後代，[15]但是他既「世為農」，則漢化必已達到相當高的程度。至少父死而有千餘人送葬之事決非來自鮮卑舊俗。像他這種保持尚武精神的漢化胡人是很容易和漢族的豪俠傳統合流的。如果這一推測不誤，則送葬的風俗在豪俠社群中一直流傳了好幾百年，都沒有中斷。

我們在上面提到俠的結合也有超越於宗親、鄉黨以上的根據。就這一方面說，西漢的豪俠和東漢的士大夫之間似乎也大有貌異而心同的地方。那麼，俠的超越根據是什麼呢？《漢書・游俠樓護傳》說樓護：

結士大夫，無所不傾。其交長者尤見親而敬。眾以是服。為人短小精辯；論議常依名節，聽之者皆竦。

同書〈原涉傳〉也說：

15 關於竇建德可能是胡種，其姓氏是鮮卑紇豆陵氏之所改，可看陳寅恪，〈論隋末唐初所謂「山東豪傑」〉，收在《金明館叢稿初編》（上海：古籍出版社，一九八一），頁二一八—二一九。

郡國諸豪及長安、五陵諸為氣節者皆歸慕之。涉遂傾身與相待。人無賢不肖闐門，在所閭里盡滿。

從這兩段話中，我們可以清楚地看到「名節」或「氣節」正是俠的超越根據。樓護「論議常依名節」，使聽者為之竦然，更說明他已將俠的「名節」意識提煉到理論的高度。原涉則是在「氣節」實踐上得到各地豪俠的歸慕，所以貫注在俠的世界中有一套超越的精神，決不僅僅是現實的利害。可惜我們已無法知道樓護「論議」的具體內容了，他在當時有「君卿唇舌」的稱號，想必有一番美妙的說辭足以震動一世豪傑之心。《史記・太史公自序》說：

救人於危，振人不贍，仁者有乎！不既信，不倍言，義者有取焉！作《游俠列傳》。

太史公不惜以仁、義稱許游俠，這是游俠所能得到的最高禮讚了。樓護是有機會讀到《太史公書》的，他的議論也許和司馬遷相去不遠吧。

也許不是出於偶然，名節、氣節、仁義恰恰也是東漢士風的基本特徵。趙翼說「東漢尚名節」，顧炎武也說：「黨錮之流，獨行之輩，依仁蹈義，舍命不渝。」（《日知錄・兩漢風俗》）黨人名士本來就是聞游俠之風而起的。《後漢書》論張儉曰：

昔魏齊違死，虞卿解印；季布逃亡，朱家甘罪。而張儉見怒時王，顛沛假命，天下聞其風者，莫不憐其壯志，而爭為之主。至乃捐城委爵、破族滅身，蓋數十百所，豈不賢哉！

可見范曄正是把黨錮名士看作古代游俠的繼起者。

八、集體豪俠的尾聲

從漢末到隋唐之際，正史上頗不乏「豪俠」、「任俠」的記載，而尤以北朝為多。這不但和戰亂有密切的關係，而且也和地域背景有關。中國北方邊境和胡族相接，任俠尚武的精神自古便特別旺盛。所以《史記‧貨殖列傳》說：「種、代，石北也，地邊胡，數被寇。人民矜懻忮，好氣任俠為姦，不事農商。」班固的祖先秦末避地北邊，在漢初也以「任俠」著稱（《漢書‧敘傳》上）。東漢晚期武威的段熲，史亦言其「少便習弓馬，尚游俠，輕財賄，長乃折節好古學」。（《後漢書》卷六五本傳）到了南北朝時期，北方在胡人統治之下，士族豪姓為了適應世變，往往發展武裝力量，而獲「俠」名。下面依朝代先後略舉數例為證。《魏書》卷六九〈裴延儁傳〉曰：

裴延儁，字平子，河東聞喜人，魏冀州刺史徽之八世孫。……延儁祖弟良……良從父兄子慶孫，字紹遠。少孤，性倜儻，重然諾。釋褐員外散騎侍郎。……慶孫任俠有氣，鄉曲壯士及好事者，多相依附，撫養咸有恩紀。在郡之日，值歲饑凶，四方遊客常有百餘，慶孫自以家糧贍之。性雖粗武，愛好文流，與諸才學之士咸相交結，輕財重義，座客常滿，是以為時所稱。

同書同卷〈崔休傳〉曰：

崔休，字惠盛，清河人，御史中丞逞之玄孫也（按：崔逞有傳在同書卷三二）……（第三子）叔仁，性輕俠，重矜期。

《北齊書》卷二二〈李元忠傳〉曰：

李元忠，趙郡柏人也。曾祖靈，魏定州刺史、鉅鹿公。祖恢，鎮西將軍。父顯甫，安州刺史（按：傳皆見《魏書》卷四九）。元忠少厲志操，居喪以孝聞。……元忠宗人愍，字魔憐，形貌魁傑，見異於時，少有大志，年四十，猶不仕州郡，惟招致姦俠，以為徒侶，孝昌之末，天下兵起，愍潛居林慮山，觀候時變。

《周書》卷四三〈韋祐傳〉曰：

韋祐字法保，京兆山北人也，少以字行於世。世為郡著姓。……法保少好游俠，而質直少言。所與交游，皆輕猾亡命。人有急難投之者，多保存之。雖屢被追捕，終不改其操。父歿，事母兄以孝敬聞。……正光末，四方雲擾。王公被難者或依之，多得全濟，以此為貴游所德。

以上諸例，河東裴氏、清河崔氏、趙郡李氏、京兆韋氏都是當時山東、關中的「郡姓」，即所謂「以中國士人差第閥閱為之制」者（見《新唐書・儒學柳沖傳》）。他們的支裔之中竟產生了這許多「俠」的人物，這顯然是時勢和地域所共同造成的。北朝士族豪姓雖一時稍有武化的逆轉跡象，但畢竟只是尾聲了。中國史上重文輕武的大趨勢已經形成，是無可挽回的了。唐代自武則天、玄宗以下，上層社會成為山東士族和新興進士互爭雄長的局面。從此之後，不但文、武分途，而且文士的政治、社會聲望也遠比武人為高。漢晉南北朝以來的武裝豪族漸消逝了。所以中唐以後，「俠」無論是作為觀念或社會行為而言都進入了另一個歷史階段，但限於時間和篇幅，此處只能略作推測。

在討論唐以後「俠」的變遷之前，我們還要附帶澄清「俠」和下層社會的關係。本文所討論的「俠」大體都與「豪族」、「大姓」等上層社會有關。這是受了史料的嚴重限制，不得不然。但「俠」自始便具有平民性格，而且司馬遷所最推重的也是「閭巷」、「匹夫」之「俠」。西漢「游俠」的活動決不限於兩卷《游俠傳》所記載的那些浮在政治、社會上層的事跡。其深入民間而不見諸文字的種種「俠行」似乎不可能對於下層社會完全不發生影響。

所以有人特別強調中國後世的祕密會黨是和「游俠」活動一脈相承的。[16]我個人也傾向於相信「游俠」的組織活動和精神有助於黃巾、太平道、五斗米道等祕密結社的發展。但記載殘缺，無從證實。《漢書・酷吏尹賞傳》：

> 長安中姦猾浸多，閭里少年群輩殺吏受賕報仇，相與探丸為彈：得赤丸者斫武吏，得黑丸者斫文吏，白者主治喪。城中薄暮塵起，剽劫行者，死傷橫道，枹鼓不絕。

這種有組織的殺吏報仇的行動其實即是由「閭里之俠」發動和領導的。不過官方文書稱他們為「姦猾」而已。我們只要把「姦猾」和漢代流行的「姦俠」之名聯繫起來，便不難看出此中真相了。更重要的是「探丸為彈」一段話所透露的組織活動。此中「彈」字歷來注家都不得其解。顏師古誤為「彈丸」之「彈」，王念孫也因此認定「為彈」兩字是衍文（均見《漢書補注》）。現在由於考古發現，我們已知「彈」亦作「僤」、「墠」、「單」等，是一種民間組織。立「彈」之後對於參加的人則發生「約束」作用，[17]所以此處「探丸為彈」的意義即是「探丸為約」。這可以證明「游俠」是利用了當時民間的組織方式來進行活動的，不過用之於結客報仇而已。後來赤眉首領呂母即借「聚客報仇」而起事；另一首領樊崇也「以言辭為約束」（見《後漢書》卷十一〈劉盆子傳〉）。這似乎都和「游俠」的組織活動有某種聯繫。後世祕密會黨特重「義氣」，這也是「俠」的精神。五斗米道孫恩赴海自沉時「妖黨及妓妾……投水從死者百數」（《晉書》卷一〇〇本傳）。這恐怕也是一種「俠」

的精神的表現，未必全出於宗教信仰。限於史料，我們的推測僅能止於此。

九、「劍俠」的出現——個人活動的新階段

從後世有關「俠」的文獻來看，唐以下的「俠」大體上已失去了宗族、鄉黨、賓客之類的社會基礎，因此「俠」的集體活動在史籍上也相應減少。地方豪強或城市無賴集體橫行或剽掠之事雖未完全絕跡，但史家已不再把他們看作「俠」了。這自然反映了中唐以後社會結構的變遷，這裡不能涉及。與以前的情況相反，「俠」主要變成了個人的活動。唐人傳奇中有「豪俠」一類，收集在《太平廣記》卷一九三至一九六中，其中〈虬髯客〉、〈崑崙奴〉、〈聶隱娘〉、〈紅線〉諸篇尤膾炙人口。這些傳奇大抵都是有關男女劍俠之流救人危難的俠義故事，但也有刺客和大盜。如果細加分析，他們的行為顯然合乎古代游俠重然諾、疏財、赴人厄困、存亡死生、不矜能、不伐德種種道德標準，所不同者是他們不再有「權行

---

16 參看雷海宗，《中國文化與中國的兵》（香港：龍門書店影印版，一九六八），頁一四〇—一四三。

17 關於「彈」的解釋，見黃士斌，〈河南偃師縣發現漢代買田約束石券〉，《文物》，一九八二年第十二期，頁一九；寧可，〈關於《漢侍廷里父老僤買田約束石券》〉，同上，頁二三—二六。邢義田，〈漢代的父老、僤與聚族里居——《漢侍廷里父老僤買田約束石券》讀記〉，收在《秦漢史論稿》（台北：東大圖書公司，一九八七），頁二二三—二二七。邢文所引張儉等「刻名立墠，共為部黨，而儉為之魁」之例，尤可注意。

州里、力折公侯」的社會勢力，彼此之間更沒有聯繫和集會。總之，他們都是一些獨往獨來的「異人」。這些豪俠故事也並不全是虛構的，例如俠士許俊從蕃將沙叱利府第中為韓翊奪還美人柳氏一事（《太平廣記》卷四八五〈柳氏傳〉），也見於孟棨《本事詩》，所以很可能是「實錄」。[18]又如〈荊十三娘〉一條（見《廣記》卷一九六），記進士趙中行和荊娘救人報仇的俠行，仍存於今本孫光憲《北夢瑣言》卷八。孫氏自序說：「每聆一事，未敢孤信，三復參校，然始濡筆。」則此條至少也有事實的影子。我們有理由相信「豪俠」傳奇在一定程度上反映了唐代的社會實況。《舊唐書》卷一〇六〈李林甫傳〉云：

林甫晚年溺於聲妓，姬侍盈房，自以結怨於人，常憂刺客竊發，重扃複壁，絡板甃石，一夕屢徙，雖家人不之知。

尤可證劍俠、刺客確有其事，否則李林甫何必防範如此之嚴？劍俠、刺客之流古代早已有之，但往往隸屬於「俠」，故聲光為「俠」所掩，中唐以後，獨來獨往的劍俠則幾已成為「以武犯禁」的唯一典型，這可以說是俠史上的一大分野。這一新的「俠」的形象，宋以下無大改變，而且基本上構成了文學想像中的「俠」的原型。[19]岳柯《桯史》卷二「施宜生」條：

宜生方顯時，龜山僧至其國，言于（金主）亮而尊顯之，俾乘驛至京，東視海舟，號

「天使國師」，不知所終。僧蹤跡有異，淮人能言之。出入兩境如跳河，輕財結客，又有至術，髡而俠者也。

「髡而俠」也是唐以來的新現象，《本平廣記》卷一九四收有「僧俠」一條可證。僧人習武，南北朝已然，唐代尤甚。顧炎武《日知錄》「少林僧兵」條和趙翼《陔餘叢考》卷四一「少林寺僧兵」條都列舉了唐至明各代的事例，所以「僧俠」的傳說起於唐代也是有歷史背景的，更有趣的是，清初天地會也有起源於福建莆田少林寺一百二十六僧的傳說。其事近於神話，恐不可信（見徐珂《清稗類鈔》「會黨類・天地會」條）。從《桯史》的例子來看，龜山僧之所以有「俠」稱，當和「輕財結客」有關，但是和一般劍俠相同，他也是獨來獨往、出沒無常的，所以最後竟「不知所終」。這是後世單身俠客的普遍特色。周亮工《書影》卷四云：

劍俠見於古傳紀中甚夥，近不但無其人，且未聞其事。……予姻陳州宋鏡予光祿尊人圃田公，諱一韓，神廟時在兵垣，劾李寧遠，疏至一二十上；寧遠百計解之，卒不從。

---

18 魯迅，《中國小說史略》，《魯迅全集》單行本，一九四六，頁九三。

19 文瑩，《玉壺清話》，卷五：「李士衡少時，一俠者遺一劍，屬之曰：君他日發跡在於劍，記之。」這個故事也可見「劍俠」觀念在宋代流行之普遍。

一夕，公獨臥書室中，晨起，見室內几案、盤盂、巾舄、衣帶、下至虎子之屬，無不中分為二，痕無偏缺，有若生成；而戶扃如故，夜中亦無少聲息。公知寧遠所為，即移疾歸。光祿時侍養京邸，蓋親見之。乃知世不乏異術，特未之逢耳。

這一段紀事最能說明劍俠不常見，但又確有其人。周亮工的記載是根據他的姻親的親身經歷而來，正是第一手資料。

《明史》無宋一韓傳。文中李寧遠即李成梁，傳在《明史》卷二二六。成梁是朝鮮後裔，鎮守遼東二十二年，以軍功封寧遠伯。萬曆初年他棄守邊境諸堡，極為物議所不容。《明史》言：「兵科給事中宋一韓言棄地非策。巡按御史熊廷弼勘奏如一韓言，一韓復連章極論。帝素眷成梁，悉留中不下。」周亮工的記載在此完全獲得證實。宋一韓的遭遇自然是李成梁的刺客的傑作，其人必屬劍俠之流，絕無可疑。

十、「俠」的觀念的無限擴大

我們指出唐、宋以下所最為流行的劍俠具有個人行動的特色，但這並不是說，漢代那種集體行動的俠風在後世已經完全被遺忘了。民間祕密結社的情況由於史料缺乏，姑且不說，即使在正史上，我們還是偶然可以發現古代游俠的遺風。不過他們的活動限於一隅，不再有號令遍於天下的聲勢了。《宋史》卷二九八〈陳希亮傳〉附記他的第四子陳慥說：

慥字季常，少時使酒好劍，用財如糞土，慕朱家、郭解為人，閭里之俠皆宗之。在岐下，嘗從兩騎挾二矢與蘇軾遊西山。……因為軾馬上論用兵及古今成敗，自謂一世豪士。稍壯，折節讀書，欲以此馳騁當世，然終不遇。

這個例子頗能顯示古代游俠雖遲至北宋仍為人所仰慕。陳慥與蘇軾不但同是眉州人，而且是世交。嘉祐六年至治平二年（一〇六一－一〇六五）蘇軾任大理評事鳳翔府簽判，其時陳希亮恰好知鳳翔府，陳慥與蘇軾遊於岐山之下便在這一段時期。我們不知道陳慥慷慨任俠並獲得閭里之俠的推尊是指眉州故里還是鳳翔。無論如何，這一集體的任俠活動顯然只是地方性的，遠非朱家、郭解的勢力遍布各地者可比。另一方面，《宋史》的記載完全根據蘇軾的〈方山子傳〉而來（見《東坡前集》卷三三）；蘇軾的文章自然是直接借用了《史記・游俠傳》的語言。因此我們也不能過於認真，以為這是漢代「游俠」的直接翻版。事實上，陳慥的最後歸宿是一個養生的隱士。[20]

20 蘇軾，〈陳季常自歧亭見訪，郡中及舊州諸豪爭欲邀致之，戲作陳孟公詩一首〉，見孔凡禮點校，王文誥輯注《蘇軾詩集》（北京：中華書局，一九八二），卷二〇，第四冊，頁一〇五七－一〇五八。詩也全用《漢書・游俠傳》陳遵的故事。又觀此詩題，陳慥晚年還與「郡中」和「舊州」的豪俠時有往還。但陳慥晚年去歧亭「喜談養生，自謂吐納有得」。見丁傳靖，《宋人軼事彙編》，卷一二引《墨莊漫錄》（香港：中華書局，一九八一），中冊，頁六〇四。最可笑的是陳慥在後世卻以懼內著名，至今還流傳「季常之癖」的成語。參見梁章鉅，《浪跡續談》（香港：中華書局，一九八一），卷六「陳季陳慥的例子也顯示出唐、宋以來「俠」的觀念的變遷。陳慥雖好劍，善騎射，他畢竟還是一個讀書人，並不能算「以武犯禁」的「俠」，與陳慥相類似的例子還有宋初的柳開。《宋史》說他「有膽勇」、「性倜儻重義」（卷四四〇《文苑》二本傳）。文瑩《續湘山野錄》則說他「尚氣自任」。同人《玉壺清話》卷二又記載了他拔劍欲斬人的故事。大概柳開確是一個有武勇的人，因此後世也把他歸作「俠」的一類。[21]但其實他是宋代文學史上的重要人物，開古文復興的先河，陳、柳兩人的事跡更進一步為儒、俠合流在後世的發展提供了具體的例證。「俠」的觀念已逐漸和「武」分家了，陳慥與柳開的「俠」多少還和「劍」沾上了邊，此外還有不少的「俠」則根本和「武」無關。

我們稍稍翻檢《宋史》，便可發現與「武」完全無關的「俠」至少不在與「武」有關的「俠」之下。例如《儒林》、《文苑》兩傳（卷四三一至四四五）中的「俠」，除去柳開不計，共有三例，而《忠義傳》（卷四四六至四五五）中武人之以「俠」著稱的也只有三例。[22]卷四三六《儒林》六〈陳亮傳〉曰：

亮自以豪俠屢遭大獄，歸家益厲志讀書，所學益博。

陳亮的「豪俠」稱號顯然與武藝劍術無涉，而是來自才氣的超邁和性格的豪放。他曾自許道：「至於堂堂之陳，正正之旗，風雨雲雷交發而並至，龍蛇虎豹變現而出沒，推倒一世之智勇，開拓萬古之心胸，自謂差有一日之長。」（見本傳）這便是他的「俠氣」的具體表現了。卷四四三《文苑》五〈賀鑄傳〉曰：

是時江淮間有米芾以魁岸奇譎知名，鑄以氣俠雄爽適相先後，二人相遇，瞋目抵掌，論辯鋒起，終日各不能屈，談者爭傳為口實。

卷四四四《文苑》六〈劉恕傳〉曰：

次子和仲，有超軼材，作詩清奧，刻厲欲自成家，為文慕石介，有俠氣。

這兩處的「氣俠」和「俠氣」都明指性格和文格而言，毫無可疑。宋代文人詞客而有「俠」名者還有劉過。葉紹翁《四朝聞見錄》乙集「函韓首」條云：

韓侂冑欲遣使議和，而難其人……廬陵布衣劉過，亦任俠能辯，時留崑山妻舍。韓頗

常」條，頁三六〇—三六一。

21 James J. Y Liu, *The Chinese Knigbt-Errant*（Chicago: The University of Chicago Press, 1967）, pp. 49-50:據《淵鑑類函》，卷三一一引《宋稗類鈔》，列柳開為宋代之「俠」。

22 這三例是李彥仙「所交皆豪俠士」（卷四四八）。杜滸，「少負氣游俠。」（卷四五四）和華岳，「為武學生，輕財好俠。」（卷四五五）

聞其名，諭錢參政象祖，風崑山令，以禮羈縻到，勿使去。

劉過，字改之，是南宋著名詞人，但《宋史》無傳，當時記載說他「性疏豪好施」，與辛棄疾過從甚密。[23]韓侂胄想請他出使金國當然是因為他的性格豪邁而又善於言辭，能夠承擔這一敗後求和的艱巨任務。所以葉紹翁此處所用「任俠」兩字已與《淮南子》、《史記》、《漢書》中的意義截然不同；「俠」不但與「武」不必有關，而且也脫離了任何社會基礎。一言以蔽之，「俠」已抽象化而專指一種精神氣概了，正因為如此，《儒林》、《文苑》中才出現了「俠」的人物。《宋史》卷四六四《外戚中・曹偕傳》云：

偕字光道，少讀書知義，以節俠自喜。……嘗從梅堯臣學詩，堯臣稱之，為序其詩。

這也是一個文士詩人而有「俠」節，其名則在《外戚傳》中。「俠」既已抽象化為一種精神氣概，則任何人具有此種精神氣概，無論他的社會身分是什麼，都可以叫做「俠」。《宋史》卷四六二《方技下・王克明傳》曰：

王克明字彥昭……紹興、乾道間名醫也。……克明頗知書，好俠尚義，常數千里赴人之急。

本傳載「張子蓋救海州，戰士大疫，克明時在軍中，全活者幾萬人。子蓋上其功，克明力辭之」。這正是所謂「既已存亡死生矣，而不矜其能，羞伐其德」的「俠」的遺風。《朱子語類》卷一二六記朱熹的話：

杲老乃是禪家之俠。

杲老即是大慧宗杲，又號妙喜、佛日，是兩宋之際最有名望的禪宗大師。同書同卷又記朱子語：

如杲佛日之徒，自是氣魄大，所以能鼓動一世，如張子韶、汪聖錫輩皆北面之。

《四朝聞見錄》甲集「徑山大慧」條云：

大慧名妙喜，張公九成字子韶，自為士時已耽釋學，嘗與妙喜往來，然不過為世外交。張公自以直言忤秦檜，檜既竄斥張公，廉知其素所往來者，所善獨妙喜。遂杖妙

23 見《宋人軼事彙編》，卷一七所引各條，下冊，頁九一四—九一五。

喜，背刺為卒於南海，妙喜色未嘗動。

朱子說宗杲是「禪家之俠」自然是讚揚他的偉大「氣魄」和與朋友共患難而無怨的精神，我們在上面已指出，西漢的豪俠精神怎樣傳入了士大夫階層，我們也看到東漢黨錮名士「依仁蹈義，舍命不渝」的慷慨大節，在很大的程度上，正是西漢俠風的繼續和變相。現在我們則進一步看見，自宋以後，「俠」的精神不但繼續進入文人學士的靈魂深處，而且瀰散在整個社會，影響及於各階層、各行業的人，連禪師與醫師也深染俠風。這種情況越到後來便越為顯著，明代沈德符《萬曆野獲編》卷二三有「俠倡」一條，記載了作者所認識的一位劉姓娼女「俠而憨」的事跡。更有名的妓女，如明末的柳如是，當時詩人便不惜用「帳內如花真俠客」的詩句來讚美她，[24]這更是「俠」的觀念的擴大。如果我們再進一步分析《清稗類鈔・義俠類》所收集的四百二十九則清代的俠義故事，那真可以說是九流三教、男女老幼無所不有，社會上各行各業的人差不多都包括在內了。西漢的「游俠」出於武士的傳統，還帶有高度的「職業」意味。[25]但東漢以下「俠」已越來越不成其為一種職業了。這一歷史發展和中國「俠」的特殊性有關：例如「俠」不構成一嚴格的階級，它沒有形式化的組織和禮儀，作為一個早期的武士集團它也未曾取得合法的地位。這些都和西方的武士或騎士恰恰相反。

十一、騎士與俠的文化異同

概括言之，西方的騎士自始至終都是一武裝階級，而且是封建貴族的一個重要組成部分。西方史家大致都承認從十一世紀末到十六世紀初（也就是從第一次十字軍東征到宗教改革）是騎士的鼎盛時代。在這四百年間，騎士構成了西方武力的主體，為保衛國家和教會做出了重要的貢獻。從十五世紀末期始，由於國家常備軍的建立，步兵在戰爭中的比重大增，以及炮火的使用等新發展，騎士集團才逐漸失去其用武之地。與此相對照，中國的「俠」即使在武力極盛的西漢時代，也沒有成為國家武力的一部分。相反地，在朝廷的眼中「俠」的武力是敵對性的。因而必須加以消滅。自漢代以來，中國社會一天天走上重文輕武的道路，「俠」作為武力集團終於解體了。所以中國的俠在軍事史上從來沒有扮演過重要角色，後來甚至也不必然和「武」連在一起了。中西文化的差異在極大的程度上決定了「俠」在雙方歷史流變上的不同。

西方中古的騎士文化在近代仍有其流風餘韻，值得注意。據著名的中古史家慧辛迦（Johan Huizinga）的經典研究，騎上的中心理想如榮譽（honour）和忠誠（loyalty）影響了近代國際法中有關戰爭的人道原則，例如戰爭必須合乎正義、不得虐待戰俘，以及不得侵犯

---

24 見陳寅恪，《柳如是別傳》（上海：古籍出版社，一九八〇），上冊，頁三所引。
25 勞榦，前引文，頁一〇三四。

平民等。更重要的，近代的愛國精神也是在中古騎士的俠義觀念中發展出來的，包括犧牲小我、追求公道和保護被壓迫的人民。法國是騎士文化的大本營，而近代愛國精神也最早出現在法國，這二者之間的密切關係是無可置疑的。[26]最近的研究更顯示：騎士的榮譽感及其「遊」（wandering）的精神直接促進了近代歐洲的擴張。西歐殖民者的海外冒險和開拓新疆土（特別是美洲的開拓）正是騎士精神的現代變相；甚至基督教會的海外傳教也和騎士精神有某種內在的聯繫。西方騎士文化中孕育了一種強烈的個人主義；這種精神的獨立至少使一部分貴族不肯完全臣服於國家權威，因此每一代幾乎都有少數激進和叛逆分子出現。[27]這就是說，西方騎士階級雖然一向承擔著為國家和教會維持秩序的任務，但是他們所奉持的一些基本價值如疏財仗義、扶弱鋤強、崇尚名節（榮譽）等也可以使他們超越社會身分的限制，而反抗一切不公平、不合理的現存權威。從這一角度看，騎士文化中的超越價值未嘗不能為現代的革命運動提供精神基礎。

中國「俠」的發展形態與西方截然不同。由於「俠」缺乏嚴格的形式組織，同時又不限於貴族階級，它自始便不像西方騎士集團那樣具有鮮明的歷史輪廓。從十一世紀到十六世紀，騎士在西方社會中有十分明確的法律身分和功能。從教會的觀點看，騎士是和教士（Clergy）並列的兩大社會支柱之一。教士的職務是為人民提供精神的需要；騎士則用武力來維護正義、扶持弱者與捍衛教會。從國家的觀點看，騎士則與俗世的「文吏」（英國Clerk原由教士演化而來；或法國Baillis）平行，構成了國王的左右兩手，前者代表武力，後者代表法律。中國的「俠」，無論是在戰國或西漢時代，都沒有取得這種地位。中國文化自漢代始便有明顯的重文輕武的傾向，與西方之尚武大異其趣。漢武帝的謚號為「武」，恐怕是貶多於褒（參看《漢書》卷七五〈夏侯勝傳〉及《史記正義・謚法解》「夸志多窮曰武」條）。到了宋初，有人甚至說：「狀元登第，雖將兵數十萬，恢復幽薊，凱歌勞還，獻捷太廟，其榮亦不可及矣。」[28]文武之間地位的懸殊如此。由於這一文化背景的差異，「俠」自東漢起便已開始成為一種超越精神，突破了「武」的領域，並首先進入了儒生文士的道德意識之中。所以我們論及「俠」對中國文化的長遠影響，不能不特別注意「俠」和「士」的關係。

中國的「士」，和西方騎士相似，也是一方面承擔著建立和維持政治、文化秩序的任務，另一方面又發展了持「道」以議政的批判傳統。我們通常都認定這一批判傳統的來源在儒家。這個判斷大體上是有根據的，例如孟子的民貴君輕說，「聞誅一夫紂，未聞弒君」說；公羊派的「貶天子、退諸侯、討大夫」說，以及湯武革命說等，顯然都是反權威的。但是從東漢黨人名士的集體反抗行動來看，「俠」的影響則是極其重要的。大致說來，黨錮之士在道理上固以儒家為依歸，然而激昂慷慨的俠節卻給他們提供了情感上的動力。所以後世富於批判精神的儒者也往往帶有「俠氣」。這一發展其實也是很自然的，因為儒家傳統中本

26 Huizinga，前引書，頁一〇四—一〇七。

27 Maurice Keen，前引書，頁二四九—二五二。

28 《宋人軼事彙編》，卷九引《儒林公議》，中冊，頁四〇六。

有一股「狂」的精神，能與「俠風」一拍即合。

十二、明清時期的儒俠關係

我們在上文中已看到了宋代《儒林》、《文苑》傳中的「俠」。現在讓我們再舉幾個代表性的例子，略示明清時代儒、俠關係的一斑。

王陽明是明代儒學史上的樞紐人物；他的致良知教以簡易直接為主，把儒學從士大夫手上解放出來，推廣到整個社會，所謂「陽明學」不但是思想運動，而且也是社會運動。陽明本人近於「狂」，並以「狂」為接引弟子的門徑，不過不能止於「狂」而已（見《王文成公全書》卷三四〈年譜〉嘉靖三年八月條）。但陽明的「狂」顯然有「俠」的背景。黃綰《陽明先生行狀》（《全書》卷三七）有云：

> 公……少喜任俠，長好詞章仙釋，既而以斯道為己任。

湛若水《陽明先生墓志銘》（同上）亦云：

> 初溺於任俠之習。

這兩條記載十分重要，證明他早年經歷過一個「任俠」的階段。《年譜》成化二十二年條記陽明十五歲寓京師，「出遊居庸三關，即慨然有經略四方之志……時畿內石英、王勇盜起，又聞秦中石和尚、劉千斤作亂，屢欲為書獻於朝，龍山公斥之為狂，乃止。」這大概即是他「少喜任俠」的時代。《年譜》編者僅重視他的「儒」一面，故於「俠」的經歷略而不提。《明史》卷一九五本傳曰：

年十五，訪客居庸、山海關。時闌出塞，縱觀山川形勝，弱冠舉鄉試，學大進。顧益好言兵，且善射。

此處「訪客」兩字遠較《年譜》為得其實。足見陽明從十五歲到弱冠前後確曾從事「俠」的活動，到處結交俠客一流人物。否則他何能對畿內、秦中民間的造反情況如此瞭若指掌？

由於王陽明已有俠的背景，他生平持論也兼具狂放與豪俠的氣概，數傳之後，他的信徒中趨向反抗和激進的一派更與俠結下了不解之緣。王世貞《弇州史料·後集》卷三五「嘉、隆江湖大俠」一條，記載了顏山農、何心隱、呂光、邵樗朽四個人的事跡。其中顏、何兩人是王門泰州學派的重要成員。其文略曰：

嘉、隆之際，講學者盛行於海內，而至其弊也，借講學而為豪俠之具，復借豪俠而恣貪橫之利。其術本不足動人，而失志不逞之徒，相與鼓吹羽翼，聚散閃倏，幾令人有黃巾、五斗之憂。蓋自東越之變為泰州，猶未至大壞。而泰州之變為顏山農，則魚餒肉爛，不可復支。顏山農者，其別號也，楚人，讀經書不能句讀，亦不多識字，而好意見，穿鑿文義，為奇邪之談，間得一二語合，亦自灑然可聽。所至，必先使其徒預往，張大衒耀其術。至則無識淺中，人亦有趨而赴者。每言：「人之好貪財色，皆自性生，其一時之所為實天機之發，不可壅閼之。第過而不留，勿成固我而已。」……最後至南京，挾詐人財，事發，捕之官。笞臀五十，不哀祈，亦不轉側。坐罪至戍，困囹圄且死。……

何心隱者，其材高於山農而幻勝之。少嘗師事山農。……因縱橫江湖。有呂光者，力敵百夫，相與為死友。心隱每言：「天地一殺機而已。堯不能殺舜，舜不能殺禹，故以天下讓。湯、武能殺桀、紂，故得天下。」嘗游吳興，誘其豪不軌……久之，蓋縱游江湖間，放浪大言，以非久可以得志於世。而所至聚徒，若鄉貢、太學諸生以至惡少年，無所不心服。呂光又多游蠻中，以兵法教其酋長，稍稍聞江陵（張居正），屬江西、湖廣撫按密捕之。後得之於嶺北，見撫臣王之垣，坐不肯跪。曰：「君安敢殺我，亦安能殺我，殺我者張某也。」擇健卒痛笞之百餘，乾笑而已。抵獄，門人涕泣而進之酒食，亦一笑而已。途贈金者前後數十，皆不受。獨受一鄉貢士十金，曰：「而有夙緣，可受也。」遂死。

邵樗朽者，不曉講學，以權譎縱游江淮間。……而所至把持守令長短，大言無忌。……江陵當國，知其事而惡之，屬巡撫張錮梁捕置之獄。其謾語亦如前而加甚。杖之百，不動。欲折其足而不能。乃教獄卒，使置於檻，以大椎椎之而後折。大歎詫曰：「天殺我耳，豈汝曹之能！」至死不屈。

首先必須說明，黃宗羲早已指出：王世貞這段紀錄是「因當時爰書節略之」（見《明儒學案》卷三二〈泰州學案序〉）。既是官方法律判決文書，則其中具體情節必多一面之詞，未可輕信。例如置何心隱於法的湖巡撫王之垣是清初著名詩人王士禎（漁洋）的曾祖父。王士禎曾將家傳王之垣自纂的《歷仕錄》摘鈔在《池北偶談》（卷五〈司徒公歷仕錄〉）中，與「嘉、隆江湖大俠」一文基本上一致（並可參看《池北偶談》卷十「何、顏偽道學」條）。但儘管如此，王世貞之文仍顯露出這四個「江湖大俠」的反抗精神。顏山農、何心隱、邵樗朽在被捕後都十分倔強，何、邵兩人更是「至死不屈」。其次，顏山農與何心隱明明是王門傳人，與武事無涉；說他們有意造反顯然是官方的誣詞。但當時的人竟異口同聲稱他們為「俠」，尤可見儒、俠關係的密切。黃宗羲極不同情他們的激進思想，但是他也承認：「山農游俠，好急人之難。……頗欲有為於世，以寄民胞物與之志。」（同上）至於何心隱，他自己雖不甘止於「俠」，時人仍不免以「俠」目之。陳士業〈答張譎宿書〉（見《書影》卷三）云：

弟嘗與友人論有明異人，其在世廟之末者，心隱、鄧豁渠（鶴）兩人而已。……心隱

> 生平所為，皆忠孝大節；即其詭託箕巫，陰去分宜（嚴嵩）之相，不煩批鱗請劍，而大奸忽爾敗黨，其作用最奇；真能以忠而成其俠者，非谿渠之所敢並也。

「以忠而成其俠」一語頗足說明「俠」的觀念已抽象化為一種精神狀態。何心隱自己對「俠」與「儒」的不同提出了下面的見解：

> 意與氣，人孰無之，顧所落有大小耳。戰國諸公之與之落意氣，固也。而孔門師弟之與，曷常非意氣之落耶？戰國諸公之意之氣，相與以成俠者也，其所落也小，孔門師弟之意之氣，相與以成道者也，其所落也大。[29]

所以根據何心隱的說法，「儒」與「俠」本來便是合流的，因為二者同是「意氣」落實的結果。但這顯然是「俠」的觀念改變以後所出現的新理論。「俠」與「武」可分可合，不再限於「以武犯禁」了。《金谿縣志．周復傳》載：「周復字明所，三都霞山人，儒而俠，明嘉靖中以布衣上書請建儲，世宗不悅，目為野人，復因以野稱。已而師梁汝元（即何心隱），讀書匡廬山。」[30]周復其實只是一個儒生，其「俠」稱也來自他的「意氣」。這一類「儒而俠」的人物大量出現，尤其是晚明社會的一大特色。

王世貞指責顏山農、何心隱等「借講學而為豪俠之具」，並發出了「黃巾、五斗之憂」，這是特別針對泰州一派的社會講學運動而發。沈德符說何心隱「以講學自名，鳩聚徒眾，譏切時政」（見《萬曆野獲編》卷一八「大俠遁免」條）。黃宗羲也說「心隱在京師，闢各門會館，招來四方之士，方技雜流，無不從之」。（《明儒學案・泰州學案序》）這種具有政治社會批判意味的群眾集會自然會引起當政者的疑忌。也許是因為這一類的集會容易使人聯想到西漢的「游俠」活動，所以，何心隱之流才獲得了「俠」的稱號。但是「黃巾、五斗之憂」，至少就何心隱來說是多餘的。他在隆慶元年（一五六七）曾協助重慶地方官「滅白蓮賊」（《何心隱集》卷四〈上祁門姚大尹書〉），似乎不可能發動「黃巾、五斗」的亂事。不過他和呂光一流人物結為「死友」，恐怕更是招禍的根源。前引陳士業〈答張謫宿書〉說：「弟又聞心隱之門人有呂光午者，浙之大俠也，其人與文之奇，不減心隱，心隱嘗以金千數畀光午，使走四方，陰求天下奇士。」《萬曆野獲編》則稱此人為「曾光」，並說他是「真游俠之雄」（同條）。呂光其人屬於當時所謂「俠客」或「劍俠」之流，至於他的四處結客是否已有後世祕密會黨的意味，則因限於史料，我們無從斷定。值得注意的是晚明以至清初，儒生文士不滿現狀而有志於社會活動的，往往好結交「俠客」。這便是所謂「任俠」，如王陽明、顏山農都是明證。當時記載因借用古代「俠」的語言，涵義有時不明，必須對個案進行詳細分析，才能分別確定。大概言之，「大俠」、「俠客」、「劍俠」

29 《何心隱集》，卷三〈答戰國諸公孔門師弟之與之別在落意氣與不落意氣〉（香港：中華書局，一九八一），頁五四。

30 《何心隱集》附錄，頁一三九。

是指身負武功之「俠」；他可以是獨來獨往的個人，也可以是一群俠士之首。從事「任俠」或「游俠」的人則不必以武功見長，甚至「武」也不是必要條件。但是他們必須有某種社會地位或相當的財力，以資號召，而且往往是兩者兼而有之。明、清不少儒生文士便是在這種情形下獲得了「任俠」的聲名，例如方以智的弟弟其義即有「騷人任俠」之稱。方以智本人雖不以「任俠」聞於世，但是他也寫下了《結客賦》、《任論》等文字，表示他對於「俠」的嚮往和期待。[31]「儒而俠」的人物之所以特別出現在明末清初，正是因為這是一個大變動的時代。和東漢黨錮之世一樣，儒學為晚明的社會、政治批判提供了觀念，俠的傳統則提供了行動的力量。耿定向說何心隱「其學學孔，其行類俠」。[32]這句評語可以普遍地應用在明、清之際許多「起而行」的儒者的身上。

關於明清之際注重實行的思想家和俠交結的實例，我們應該特別提到孫奇逢和顏元。方苞〈孫徵君傳〉（《方望溪先生全集》卷八）說：

> 孫奇逢字啟泰，號鍾元，北直容城人也。少倜儻，好奇節，而內行篤修，負經世之略。常欲赫然著功烈，而不可強以仕。……奇逢始與鹿善繼講學，以象山、陽明為宗。及晚年乃更和通朱子之說。……其與人無町畦，雖武夫、悍卒、工、商、隸、圉、野夫、牧豎必以誠意接之。用此名在天下。

傳文中所謂「武夫」其實即是「俠客」。同書同卷〈孫積生傳〉云：

方徵君講學夏峰，自野夫、牧豎以及鄉曲、俠客、胥、商之族有就見者，必誘進之。

可以互證。戴望《顏氏學記》卷一〈顏元傳〉云：

商水李子青者，大俠也。館先生，見先生攜短刀自隨。目之曰：「君善此乎？」先生謝不敏。因請與試，先生乃折竹為刀，舞以相擊。甫數合，中子青腕。子青伏地驚拜曰：「吾謂君儒者耳！技乃至此乎？」（李塨《顏習齋先生年譜》卷下辛未五十七歲八月條）

顏元善擊技尚在其次，重要的是他和「大俠」的交往。《年譜》卷下己巳五十五歲條記：

十二月往哭奠閻大來。大來名際泰，蠡人，豪俠好義，所施散萬餘金，交遊幾遍天下，而待人寬讓，遇橫逆，笑受之，不報。

---

31 關於方以智和明末「俠」的關係，斐德生（Willard J. Peterson）有細緻的分析，見 *Bitter Ground: Fang I-chih and the Impetus for Intellectual Change*（New Haven: Yale University Press, 1979）, pp. 84-100.

32 見容肇祖，《明代思想史》（台北：開明書店重印本，一九六二），頁二二六引《耿天台全書》，卷一二之祭文。按此句在《何心隱集》附錄，耿定向「梁子招魂辭」（頁一四〇）中作「學問宗孔，言行類孟」。疑《耿天台全書》所收者為定本。

這都是顏元與「俠」有密切關係的證據。他曾說：

十分世道，佛氏持三分，豪俠持三分，程朱持三分，仙氏持一分。聖道焉得不皇皇表章也。（《年譜》五十五歲七月條）

他當然不滿意這一由佛氏、豪俠、程朱和仙氏共同把持的「世道」。但是從他的客觀但未必精確的估計中，我們也可以看出「豪俠」精神在明末清初社會上所占的比重之大。在明亡前夕，社會秩序解體，地方上有勢力的人物開始號召徒眾，建立武裝組織。這是「豪俠」之風復盛於明、清之際的重要背景。《明史》卷二七〈陳子龍傳〉載：

東陽諸生許都者，副使達道之孫也。家富，任俠好施，陰以兵法部勒賓客子弟，思得一當。子龍嘗薦諸上官，不用。東陽令以私憾之，適義烏奸人假中貴名招兵事發，都葬母山中，會者萬人。或告監司王雄曰：「都反矣。」雄遂遣使收捕，都遂反。

《明史》所記根據陳子龍自撰〈年譜〉（見《陳忠裕全集‧年譜卷中》崇禎十六年條），自是實錄，這個故事幾乎是漢代豪俠的翻版，甚至任俠之家借送葬來進行大規模集會的習俗也沒有變。這大概是民間的傳統。許都後來信任陳子龍的保證，投降後竟和其他六十餘人一齊遭到殺害。陳子龍阻救不及，以致終生負咎。但是從陳子龍最初推薦許都，到許都信任他而投降，我們又可以看到當時名士與豪俠之間確是意氣相通的。而且許都本人便是「諸生」，可以說是由儒入俠的人物。據《德興府志》載：

鄭遵謙，會稽滿生，好酒色、暱妓金氏。金以妒殺其婢。時陳子龍為推官，惡遵謙無賴，與金氏並論死。遵謙與東陽許都為死友。獄事急，都馳至越，白子龍言：「天下有事，幸無殺英雄。」子龍納之，得不死。順治二年潞王出降，遵謙密結數十人起兵，迎魯王於台州，稱監國，封義興侯。王師渡江，從魯王航海，為鄭彩所逼，投海中死。金氏亦赴海殉之。（《年譜》同條引）

可證許都和陳子龍早已意氣相投。在上面這一段可歌可泣的故事裡，儒家的「忠」和俠者的「義」已完全融為一體，難解難分了。明末俠者對於名節之士的推重也可從一個隱名為「燕客」所寫的《天人合徵紀實》得到證明。《紀實》記錄了東林陽漣、左光斗等六君子在獄中最後兩三個月的言行。據文末所附〈燕客傳略〉：「燕客不知何許人，亦不詳其姓氏。客於燕，故曰：燕客。平生耽酒任俠，重然諾，惡富貴鄙夫，遇窮困交，則獨喜。」這自是一位「俠客」。他為了接近六君子，「遂走燕都，旅泊獄左右。易吏人衣，日逐與輿夫、馬圉相歡狎。久之，混入鎮撫，因得見諸公之類末。諸公亦竊知客為有心人，遺言遺札多默附之。」最後他還是被人發現了，於是「復作賈人裝，疾馳而南，計盡一日馳三百里，方脫虎口。今人間所傳《天下合徵錄》，蓋以九死而得之云」。33

另一方面，名士如陳子龍之流也未嘗不心折於「俠」的慷慨奇節，否則他便不會為許都的說詞所動而出鄭遵謙於死罪了。尤其是以陳子龍而言，「俠」對於他是有特殊意義的。他的「曾祖諱某，以任俠，家稍落。皇祖諱某，好讀書，行方正，亦以然諾顯」。（《年譜》上卷，萬曆三十六年條）他回憶在十歲左右，「先君至慈愛，每夜分別引予稱述古今賢豪、將相，以至游俠奇怪之事。」（《年譜》上卷，萬曆四十六年條）陳子龍不但出身於「任俠」的家庭，而且從小便受了「俠」的教育。崇禎十年鄭鄤在北京獄中作文，盛稱陳子龍「才俠」，其用意是要陷害他（見《年譜》上卷）。但客觀地說，「才俠」的評語他的確當之無愧。他後來慷慨死節恐怕不能說完全與「俠氣」無關吧！中國「俠」的精神很早便隨著「士化」的過程傳播到儒林、文苑；東漢的黨錮之獄是「俠節」第一次大規模的表現。明末的黨禍加上亡國，使「俠節」又再度發出光芒。高攀龍絕筆〈別友柬〉說：

僕得從李元禮、范孟博遊矣，一生學力到此亦得少力。

李應昇就逮詩也說：

身行到此悲張儉，時勢於今笑孔融。34

這些東林烈士都自覺上承黨錮名士的傳統，其實也就是儒林中「俠」的精神。

最後，讓我們借用譚嗣同的例子，來說明「俠」在中國近代史上的流風餘韻。梁啟超《譚嗣同傳》說他「少倜儻有大志，淹通群籍，能文章，好任俠，善劍術。」譚嗣同能武確是事實，歐陽予倩曾親見他的表演。[35]所以「俠」在他的生命中確佔有很重要的位置。[36]他的「任俠」則表現在結交俠士上面。梁《傳》說他「與俠士謀救皇上」，當是事實。這位俠士大概便是大刀王五。陳叔通〈譚嗣同就義軼聞〉云：

> 光緒戊戌政變，瀏陽譚嗣同所從學劍術俠客大刀王五名正誼，願挾以出亡。嗣同湖北巡撫繼洵子，懼眾連其父，方代父作責子書，為父解脫。書未就，不從王五請。適書就，而捕者已至，書被抄。[37]

王五生平事跡略見《清稗類鈔・義俠類》「大刀王五疏財尚義」條，姑不贅。又嗣同獄

---

33 收在吳彥箕等著，《東林始末》（台北：廣文書局），頁一四四。

34 以上高東與李詩都收在《東林始末》，頁一二八—一二九。

35 歐陽予倩〈上歐陽瓣薑師書序〉收入蔡尚思，方行編，《譚嗣同全集》增訂本（香港：中華書局：一九八一），下冊，頁五三六。

36 參看張灝，《烈士精神與批判意識》（新北：聯經出版公司，一九八八），頁一三。

37 《譚嗣同全集》附錄，頁五五〇。

中題壁詩：

> 望門投止思張儉，忍死須臾待杜根。我自橫刀向天笑，去留肝膽兩崑崙。

「兩崑崙」之依據說便是王五。這首詩上接東漢黨錮，下及並世俠士，一股豪情俠氣撲面而來，較之高攀龍、李應昇的絕筆更為驚心動魄。以中國傳統而言，這是「儒而俠」的精神所能達到的最高境界。但是他在〈上歐陽中鵠〉書之二十一中說：

> 平日互相勸勉者，全在「殺身滅族」四字，豈臨小小利害而變其初心乎……今日中國能鬧到新舊兩黨流血遍地，方有復興之望。[38]

他臨難前又對梁啟超說：

> 各國變法，無不從流血而成，今日中國未聞有因變法而流血者，此國之所以不昌也。有之，請自嗣同始。

這就使他的「俠氣」突破了傳統「名節」的格局，進一步和現代的革命精神合流了。無論我們是否同情流血革命，我們似乎都可以在一百年來中國無數革命烈士的身上，包括譚嗣同在內，看見「俠」的現代影子。

（原載《中國文化史通釋》，牛津大學出版社，二〇一〇）

38 《譚嗣同全集》，下冊，頁四七四。

關於中日文化交涉史的初步觀察

首先我要鄭重祝賀「東亞文化交涉學研究中心」的創建。以關西大學在這一領域中所積累的巨大業績，這個新「中心」必能開闢疆土，更上層樓，是可以預卜的。

我本來對於「東亞文化交涉學」的確切含義不很了解。感謝陶德民教授為我提供了一篇〈文化交涉學的意義〉，我才知道關西大學的朋友們正在發展一門新的學術領域。〈文化交涉學的意義〉說：

「文化交涉學」：具體來說是要超越國家和民族等分析單位，設定一個具有一定關聯性的文化複合體，在關注其內部的文化生成、傳播、接觸與變化的同時，以多角度的和綜合性的觀點來解析整體的文化交涉的樣態。為此，需要做到在兩個方面的「越境」，一個是超越以往人文科學各個學術領域的研究框架，另一個是超越國家民族性的研究框架。

這是一個很合理並富於啟示性的構想，但同時也直接涉及文化或文明研究的取向問題。我想借此機會將「文化交涉學」放在今天關於文明的一般思潮中，試作一點定位的考察。這是因為「文化交涉」既是一個獨立自主的（autonomous）「學術領域」，它必然具有普世性，不僅限於東亞地區。

自從一九九三年杭廷頓（Samuel P. Huntington）在《外交季刊》（*Foreign Affairs*）夏季號發表了關於「文明衝突」（The Clash of Civilizations）的論文以來，「文明」和「文化」兩個互相關聯的概念便重新在學術界流行了起來；很多人都開始相信，「後冷戰」（post-cold war）的世界，不同群體之間的衝突將發生在互異的文明或文化之間，意識形態、國家利益等則退居次要的地位。二十一世紀與伊斯蘭基本教義派的恐怖主義狂潮同時開始，似乎證實了杭廷頓的論斷。

一九九六年杭廷頓將他的論旨加以擴大，寫成專書 *The Clash of Civilizations and the Remaking of World Order* 全面地討論了今天世界上幾個主要文明，及其互相衝突的可能性。他參考了現代史學家、哲學家、社會學家、人類學家的各種說法，一共列舉了七大文明：一、中國（Sinic），二、日本，三、印度（Hindu），四、伊斯蘭（Islamic），五、西方，六、拉丁美洲（Latin American）和七、非洲（African），為了表示他已放棄了西方中心論的立場，他從東方數起，因此中國和日本在這張「文明名單」中分別占據了第一、第二的位置。

杭廷頓理論的另一值得注意的重點是把宗教放在「文明」的中心部分，如基督教代表西方文明，儒教代表中國文明，至於伊斯蘭教之為伊斯蘭文明的精神核心便更不用說了。而他所特別關心的「文明衝突」則首先在西方與伊斯蘭之間，其次他認為在中國經濟飛躍以後，儒教文明與基督教文明之間也將發生正面的衝突。不但如此，他在這部專著中還用大量篇幅推測未來中、日兩個文明之間的可能變化，這便闖進了「東亞文化交涉」的範圍之內。

杭廷頓「文明衝突」理論的一般影響是巨大的。無論是否同意他的見解，我們必須承認，他轉移了人文與社會科學界的注視焦點，即在未來世界秩序的重建中，不同文明或文化的分歧，比國家、民族、意識形態等是更為根本的問題。杭廷頓的「文明」是和「文化」緊密連在一起的，因此他把「文明」（civilizations）界定為「文化的實體」（cultural entities）。他重視各大宗教的功能也是因為他把「文化」看得比政治、經濟、科技等力量更為重要。

但是杭廷頓在二十世紀六十、七十年代本是「現代化理論」（modernization theory）派的一員健將，他的專業屬於政治學，對於歷史與文化方面並沒有深入的研究。「後冷戰時期」的國際局勢逼出了他的「文明衝突論」，於是他開始轉向歷史與文化的研究領域中去尋求經驗性的證據。稍稍檢查一下他的立論根據，我們便立即發現，湯因比（Arnold J. Toynbee，一八八九—一九七五）的研究成果為他提供了最重要基礎，無論就概念或資料說都是如此。由於湯因比在日本曾發生過相當重要的影響，讓我概括一下他在「文化交涉學」

方面的特殊貢獻。

一九五四年湯因比十卷本的《歷史研究》（*A Study of History*）出版是當時西方學術界的一件大事，他的歷史理論在以後十幾年中一直被熱烈地爭論著；他的名字在西方幾乎是家喻戶曉，在非西方地區（如亞洲）也時時見於報章雜誌。上世紀六十年代末期，他在西方的聲名已逐漸沉寂，但在日本卻如日中天。一九五六年他訪問日本，作公開講演，印成日文文集，已引起很大的反響，但更重要的是一九六七年在日本講學兩個月，留下了更長久的思想印跡。不但他的《歷史研究》的全本和縮本都譯成了日文（全本譯成於一九六八至一九七二年，共二十四冊），而且日本還在一九六八年成立了「Toynbee Society」，印行專書和專刊，傳播他的思想。因此我相信：「文化交涉」的觀點在日本的流行，湯因比的影響或許起過一定的作用。

《歷史研究》是一部關於人類歷史上一切文明興衰的比較研究，一共列舉了二十一（或二十三）個文明，有的持續不斷，有的則中途夭折。全書規劃之大與史料的豐富都是空前的。儘管歐、美史學家、考古學家、人類學家、哲學家、社會學家對全書的概念和史實曾提出無數的批評，但誰也不能否認他個人的整體成績是輝煌的。從「文化交涉學」的特殊角度出發，我在這裡想指出此書的三個重要論點：

第一，他有意識地脫出了西方文化中心論的陷阱，用一種平等的眼光看待歷史上一切出現過的文明。西方文明雖然在一兩百年中主宰了世界，但它的內在限制已清楚地顯現了出來，不可能單獨引導人類走出目前的困境。西方基督教文明和科技文明必須與其他文明（包括東亞儒教文明、日本文明、印度文明、伊斯蘭文明等）進行深度對話，共同尋求新的出路。他也看到不同文明在互相交涉中發生過衝突，然而他更強調文明與文明之間融合的可能性。在這一點上，與杭廷頓相對照，他的觀點不但更為全面而且也更為積極。

第二，湯因比是第一位史學家，正式提出歷史研究的基本單位（unit）應該是「文明」，而不是民族國家（nation or national state），也不是時代（period）。文明，特別是世界上幾個主要的文明，如西方、遠東、印度、阿拉伯等，不但傳播的領域十分廣大，非少數或單一民族與國家所能局限，而且源遠流長，也不能限於某一時代。因此他認為只有以文明為對象，歷史研究才能窮盡人類發展的真相。過去西方也有哲學家注意到文明或文化的終極重要性（ultimate importance），如赫爾德（Herder，一七四四—一八〇三）與斯賓格勒（Oswald Spengler，一八八〇—一九三六），斯賓格勒對湯因比且有直接的影響，但湯因比則是把這一觀念在歷史研究中予以系統展開的第一人。

第三，史學本是一種綜合性的學術，舉凡人文社會科學各部門的方法和研究業績都可以為史學家所借用。湯因比把史學界定為「文明」的研究，其範圍比傳統的史學更是廣闊得多了。正因如此，他在《歷史研究》全書中幾乎運用了現代人文社會科學中一切相關的知識，包括考古、人類學、社會學、哲學、心理學、民俗學、神學、宗教學等在內。一九五四年以來關於《歷史研究》的書評見於各門各類的學刊，遠遠超出了一般史學的疆界。一九六一年他寫了一部七百頁的大書，名為《再思錄》（*Reconsiderations*），答覆各家的評論，作為《歷史研究》的最後一卷（卷一二）。在這部書中他涉及了人文研究的諸多領域，史學不過是其中之一而已。所以從方法論的角度說，《歷史研究》基本上體現了跨學科的綜合精神。在湯因比的構想中，「文明」作為歷史研究的基本單位必須看作是一包羅萬象的整體，不是任何一個專門學科（discipline）所能單獨處理的。因此在《再思錄》中他一方面強調諸科並進的多元取向，另一方面又主張打破種種既成的學科壁壘以取得貫通的理解。

從以上的概括可以看出，上引〈文化交涉學的意義〉一文中關於「在兩個方面『越境』」的研究方式在湯因比《歷史研究》的巨著中已獲得相當充分的展開。他的特殊歷史理論在最近二三十年中已少有人注意，但他所開創的文明研究今天卻成為一個有活力的新學術領域。「後冷戰」時期的國際狀態——杭廷頓所揭示的「文明衝突」——逼使我們不能不把注意力重新集中在各大文明之間的交涉上面。湯因比無疑是「文化交涉學」的一位最重要的先驅。

現在我要從一般的文化交涉學轉入東亞地區，特別集中在中國和日本之間的文化交涉方面，因為這是關西大學一向貢獻最為卓越的研究領域。我清楚地記得，一九九四年春季我在關西大學訪問期間，曾有幸向大庭修先生請益。承他贈給我幾種有關中日交往的原始資料，主要是明、清時期中國商船到長崎的詳細記載，其中不但包涵著大量的貿易史料，也偶有關於中國士人和書籍附船而來的事跡。關西大學這些出版物當時給我留下了很深刻的印象，使我深切地認識到：日本所保存的關於中日文化交涉的原始資料極為豐富，尚有待於專家去做深入而有系統的探究。

我早年寫《漢代貿易與擴張》（英文，一九六七）時曾接觸過早期日本（倭國）與中國的貿易來往。但早期的文字記載與考古資料都極為簡略，所知有限。漢、魏以後的中日交涉史我完全沒有研究過，因此不具備發言的資格。下面我只想討論一個高度概括性但卻十分重要的問題，並陳述我的初步看法，請大家指教。

我的基本問題是：在「東亞文化」（或「文明」）這一整體概念之下，中國和日本之間的關係究竟應該如何理解？這個問題也可以說是湯因比最先正式提出的。在論及東亞文明時，他劃分了兩個歷史階段，分別稱之為「中國古代文明」（他的專門名詞是「Sinic Civilization」）和「遠東文明」（Far Eastern Civilization）。「中國古代文明」上起商、周，下迄漢代滅亡；「遠東文明」則繼起於六世紀，即中國隋、唐時期。但值得注意的是他把「遠東文明」（相當於「東亞文化」）分作兩支，一為「本幹」（main body）在中國，一為「分支」（branch），則在日本。他雖然認為日本沒有創造出一個「獨立的文明」（independent civilization），但「遠東文明」既有兩支，則他已肯定日本的「遠東分支」具有相當的獨立性，不能包括在中國的「遠東主幹」之內。他的看法在杭廷頓手中又獲得進一步的修正。杭廷頓放棄了「遠東文明」的整體概念，而把日本看作與中國截然有別的另一種文明（a distinct civilization），不過他仍然承認，日本文明是從中國古代文明（Sinic）中發展出來的。

湯因比和杭廷頓都沒有深入研究過中日文化交流史，他們的觀察自然只能從大體上著眼；然而旁觀者清，視野反而比局中人更為廣闊。讓我試從一般的歷史事實上做進一步的澄清。

首先我要指出，日本無論作為一個文明、社會或國家，自始即獨立於中國之外。這可以從日本拒絕參加中國的朝貢系統得到最確切的說明。朝貢系統的性質相當複雜，其中不但包括政治和經濟的層面，而且也含有很深的文化功能，因為它是所謂「用夏變夷」的一種全面設計。日本正式與中國有使節往還大約始於隋、唐時期。《隋書・東夷倭國傳》記六〇七年日本推古天皇致煬帝「國書」，開頭便說：「日出處天子致書日沒處天子無恙」，這應該是可信的記載。第二年隋遣使節伴日使回國，日本古史也載推古天皇答煬帝書，起句說：「東天皇敬白西皇帝。」兩書恰可互證。可見日本天皇對中國皇帝完全持分庭抗禮的態度。而且《隋書》又記：「新羅、百濟皆以倭為大國，多珍物，並敬仰之，恆通使往來。」新羅、百濟顯然把日本看作與中國地位相等的文明「大國」，這恰好可以解釋日本天皇為什麼在「國書」中堅持平等的稱呼。日本堅決不肯進入朝貢系統還可以從下面這一事實得到證實。貞觀五年（六三一）唐朝派高仁表到日本答「遣唐使」之禮，高到日本後與舒明天皇「爭禮不平，不肯宣天子命而還」。此事見《新唐書・東夷日本傳》，必是實錄。所謂「爭禮不平」必是唐太宗想將朝貢身分加於日本，為天皇所拒。我遍檢隋至清的正史，可以斷定中日兩國在明治以前從來未曾建立過國與國之間的正式關係。雙方的往來主要限於文化與經濟方面的交流。

其次，我要談一談中國文化對日本影響的問題。中國文明起步在前，日本深受影響，這是無可懷疑的。日本接觸中國文化，包括文字、儒家經典、佛法等，最先似乎是間接的，即通過朝鮮半島，特別是百濟。但早期的記載疏略，詳情已不可知。無論如何，隋、唐以後日本開始了一系列全面吸收中國文明的活動，這是不可否認的事實。日本史上著名的「大化革新」（六四五）便是模仿唐代典章制度的運動，其最明顯的證據是一部分唐律保存在日本的《養老（七一七—七二四）令》中。在政治法律之外，唐代禮制、音樂、曆法、文學各方面的書籍也都先後輸入日本。日本遣唐使都有僧人和留學生隨行；留學生在四門學中「從諸儒受經」，僧人則到各地名山求佛法。其中，尤以入唐求法為最強烈的精神動力，所以日僧來華形成了一個持續的傳統。《宋史・外國日本傳》說日本「連貢方物，而來者皆僧也」，可為明證。

總之，經隋、唐至德川時代，日本先後幾乎引進了中國文化的每一方面，影響之大而且久，自不必說。然而我們卻決不能誤認日本文化的整體是從中國移植過去的。事實上，日本在大量引進中國文化的個別成分之後，卻根據社會的內在需要另做組織與安排，其結果則是自成一格的日本文明——a distinct civilization。日本的語言文字便提供了一個最具象徵性的實例。向來有所謂中、日「同文」說，這完全是一個誤會。日本借用了大量的漢字，然而卻納進了自己的文法和語法結構之內，因而構成了一個獨特的語文系統，與漢—藏語系根本不能混為一談。從語文推到思想、宗教、藝術、社會組織等其他方面，也無不如此。最近我讀了已故 Marius B. Jansen 先生的 *China in the Tokugawa World*，更加深了我的印象。德川時代是中國文化對日本發生影響的最高峰，但日本人自覺為一民族—國家的實體（national entity）也是在德川時代充分展開的。十八世紀日本儒家學者十分崇敬中國的「聖人之道」，但同時也開始將「聖人之道」與「中國」分開。荻生徂徠便認為後世中國屢為夷狄所征服（包括滿族），已失去「聖人之道」，因此他認為明朝也不配稱「大明」，這個「大」字更宜加之於「日本」之上。另外也有儒者以為「中國」的「中」字應該轉讓給日本了。徂徠的弟子中甚至有人說，君臣一綱在中國早已淪亡，反而在日本的封建體制中得到了保存；德川制度正是「三代之治」的體現。總之，在德川儒者的眼中，「聖人之道」已從中國轉移到日本。這就是說，日本居於東亞文化的領先地位。

但日本的「國學」運動也在此時興起，特別強調日本文化的主體性。國學者反對儒家所推崇的「聖人之道」，並且進一步拒斥中國文化。在他們看來，「聖人之道」不過是一種欺人之談。從中國不斷為異族征服而亂多於治的情況說，中國的「道」是不值崇奉的。讀中國書也未嘗不可，但首先必須立足在日本的價值之上，這樣才能認識中國的「道」誤在何處。總之，國學者與德川儒者處於相反的位置，要用本土文化壓倒外來的中國文化。他們堅信日本精神和學問的優越性，中國文化中有價值的成分則早已被吸收進來了。

德川儒學家和國學家表面上持論雖相反，但深一層看，卻殊途同歸，即同在肯定日本為東亞文明的主體；這和當時關於 national entity（民族—國家實體）的自覺是互為表裡的。儒學派的「聖人之道」是一種脫離了歷史的想像，與真實的中國已無任何關聯，他們不過把這四個字懸為日本文明的理想境界而已。國學派則否定中國文明對日本的影響，更直接地表達了一種新起的民族自覺的情緒。

英國的 George Samson 曾對日本文明提出一個觀察：日本，雖然在表面上大量向外面「借用」（borrowing）許多東西，但卻從來沒有放棄他們的「內在文化堡壘」（inner cultural citadel）。這一觀察如果不作極端化的理解，一直到今天還是適用的。在十八世紀以前，日本「借用」了無數中國文化的個別成分，但主要是提供了各種層次的建構材料，最後所造成的則是別具一格的日本文化。所謂「內在文化保壘」便是在這一長期「借用」與建造的歷史過程中逐步形成的，至德川時代而達到充分自覺的階段。我們可以肯定地說，「借用」本身正是日本文化精神的一種獨特表現，一八七六年森有禮和李鴻章的對話便清楚地表達了這個意思。

最後我願意就明治維新以後中日之間的文化交涉稍說幾句話以結束這篇講詞。

前面已說過，從隋、唐至明、清的一千年間，日本通過海上貿易和宗教、文化的接觸，逐步深入地認識中國。所以到了德川後期（十九世紀），日本官方和民間已掌握了相當完整的關於中國的知識；他們和中國的公私交涉大體都保存在文字紀錄之中。相反地，清中葉以前，中國人對日本則缺乏系統的知識，而且無論朝野也都沒有表現出求知的興趣。這大概是由於日本既不在朝貢體系之內，朝廷和士大夫都不免忽視它的存在。在中國正史中，宋代對日本所知較詳，是因為日本僧人奝然九八四年入宋求法，帶來了日本的《職員令》和《王年代紀》等文獻，又曾以筆談方式介紹了日本的風土、物產、文化狀況等等。而《明史・日本傳》所記則主要只在「倭寇」一事，對於日本的認識似未提供新的資訊。最明顯地，《明史》所謂「五畿、七道、三島……五百八十七郡」都抄自《宋史》，其郡數即《宋史》分列諸郡的總和。《明史》定稿已在一七三五年，可見遲至十八世紀中國史家對日本的歷史與文化還知道得很少。唐、宋以來，中國商人，特別是浙江、福建的海商，往來日本貿易的很多，日僧也往往隨行。他們對日本自然很熟悉，但因為是民間交涉，又未留下文字紀錄，他們的知識很少有機會流傳到士大夫的階層。宋以下的文集、筆記中涉及日本的極為罕見。幾年前我偶然在羅大經（一二二六年進士）《鶴林玉露》的一條筆記（《日本國僧》）中發現他和日僧安覺交往，記下了不少漢字的讀音，和今天的讀音完全相合。我很感到驚異，以後便留意這類資料。較早的還有歐陽修的《日本刀歌》，說寶刀是「越賈」從日本買來的。《歌》中只有「傳聞其國居大島，土壤沃饒風俗好」兩句，表示他已知道日本是一個文明國家，其餘則是一些不可信的上古傳說。宋以後的文集、筆記浩如煙海，尚待專家去搜尋，不過就我瀏覽的部分而言，我並沒有新的收穫。

我為什麼要做上面這個鮮明的對照呢？這是為了說明：十八世紀以前的「天朝」心態使中國完全看不見東亞的另一支文明已悄悄發展到成熟的階段，很快便要領先了。從這個角度上看，一七九三年乾隆答英王 George III 書是最富於象徵意義的，因為它是中國「天朝」心態最後一次的公開表現，五十年後（一八四二）中、英簽訂《江寧條約》，施行了兩千年的朝貢體系便死亡了。東亞從此進入了一個全新的世界，文明的動力也從中國轉入日本。

面臨著西方的挑戰，日本立即把它的「借用」精神從中國移向西方。德川幕府早在一八五五年便開始自造西式輪船，一八五六年日本更直接求助於法國，建造了第一所現代船廠。一八六七年王文韶（一八三〇—一九〇八）在漢口任道台，二月二十七日法國領事來拜訪他，恰好談到這件事。法國領事說：「東洋日本國近年與法國和好甚摯，學造輪船，學製兵器，學習戰陣，無一不取法於法國，數年之後，必為大國，為其力求自強也。」王文韶在日記結尾時感慨地說：「惟東洋與中華最近，其力求自強如此，於我不無可慮耳，識之以告有志之士。」他不但承認日本是一個現代文明國家，而且已預感日本很快會超過中國，構成威脅。中國士大夫對日本的態度的徹底改變，王文韶無疑是較早的一人，尚在明治天皇即位的前一年。

明治維新以後，日本展開了一個全面「借用」西方現代文明的歷史階段，從政治體制、教育系統，到服飾都在有計畫地學習西方。西化派如福澤諭吉「脫亞入歐」的口號曾震動一時，但在實際演變過程中，日本卻並未喪失它的「內在文化堡壘」。像過去對於中國文化一樣，日本再一次運用外來的材料建構了一個新的東亞文明。前引湯因比和杭廷頓的論斷不是沒有根據的。

在清朝的最後五十年，日本已明顯地掌握了東亞文化的主流。中國士大夫也開始對日本另眼相看。陳其元《庸閒齋筆記》（一八七五年刊）便收了很多條關於日本歷史和儒教的文字，顯示出他已廣泛閱讀日本的漢文著作，密切注視其政治與文化動態。黃遵憲一八七七年隨何如璋使日，在東京住了四五年，公餘之暇，深入觀察日本人的日常生活。他的《日本雜事詩》二卷，一八七九年由北京總理衙門刊行，流行極廣。一八八〇年他又開始編著《日本國志》，第一次為中國人提供了日本史的基本知識，這本書影響久遠，半個世紀後王芸生編寫《六十年來中國與日本》（一九三一），其中〈古代中日關係之追溯〉一章便完全取材於《日本國志》。

英國發動鴉片戰爭（一八三九）在美國人裴瑞（Perry）侵犯日本（一八五三）之前，

因此中國人受西方「船堅炮利」之害比日本人早幾年。林則徐在廣州時全力搜集有關西方各國的資料，希望找到對付英國的方法。魏源便根據這些資料編成《海國圖志》（一八四四），後來又一再增補，第三版的百卷本完成於一八五二年。在此書的〈敘〉中，他提出了兩個著名的綱領，一是「以夷攻夷」，一是「師夷長技以制夷」。這大概也是林則徐的最早構想。《海國圖志》初版在一八五〇年代初便傳到了日本，由於裴瑞的入侵，這本書引起了朝野的注意，其中有關美國的部分很快就有了日本版。可見德川末期日本積極向西方學習輪船、兵器和戰陣等「長技」，最初仍是受了中國觀念的影響。但是由於在現代轉化的過程中，兩國的反差越來越大，中國朝野士大夫最後不得不承認日本已找到了應付西方侵略的成功模式。「師法日本」的意識在他們的心中逐漸滋長，至甲午（一八九四）戰爭以後則全面顯露出來了。下面讓我選三個例子來說明這一論點。

第一，全面以日為師的意識集中表現在戊戌（一八九八）變法這件大事上面，由康有為正式呼喚了出來。在他之前，改革派士大夫在言論中表示這種想法的已隨處可見。為了說服朝廷變法，康有為曾編寫了《日本變政考》和《俄皇大彼得傳》等書，進呈御覽。他在奏文中一再要光緒「以俄國大彼得之心為心法，以日本明治之政為政法」。他的重點自然是在後者，所以又說日本國「教俗略同，成效已彰」，中國變法「莫如取鑑於日本維新」。光緒完全為他所說服。一八九八年秋天伊藤博文訪北京，光緒特予召見，在談話中光緒不但對伊藤在明治維新中的貢獻頌揚備至，而且鄭重託他向親王大臣等詳說維新的進程和方法，並提出積極的建議。

第二，張之洞在〈勸學篇〉（一八九八）中說：「西學甚繁，凡西學不切要者，東人已刪節而酌改之。」張氏以提倡「中學為體，西學為用」著稱，但這句話明確顯示：他心中的「西學」其實是經過日本人「刪節而酌改」的「西學」。因此一九〇六年在他主持下所頒布的新式學校章程，基本上是參照了日本所施行的歐洲體制。這裡我還要特別指出一個非常重要的歷史事實：在「五四」新文化運動以前，中國知識人所吸收的「西學」主要都是從日本轉手得來的，無論是哲學、政治思想、文學或社會學、心理學等，都是如此。特別是戊戌政變以後，中國各派的異議分子和留學生大批地湧至東京，接觸到在日本流行的種種西方思潮，包括無政府主義和社會主義在內；他們後來在中國的影響之大是難以估計的。這是近代中日文化交涉史上極重要的一章，但到今天為止，我們僅知其大概，深入的專題研究尚待展開。

第三、在企業經營和管理方面，日本也在中國發生了示範作用。最著名的例子是張謇（一八五三－一九二六），在甲午戰敗後棄儒就賈，決心走工業救國的道路。他最初在南通和上海創辦紗廠，經過種種艱苦而獲得成功，後來又發展到其他行業，成為清末民初一位最有成就的大企業家，影響及於全國。但他對日本工業管理的方式十分佩服。他為職工建造宿舍，使他們對紗廠發生歸屬感，便採用了日本模式。一九〇三年訪日，他在日記中對日本的政治體制與工業經營方法稱讚備至。

以上從政治、學術思想、企業三個主要領域各舉一例，我想已足夠說明：由於「借用」西方的成功，明治維新以後的日本已取得東亞文明的主導地位，這使過去以「天朝」自居的中國轉而處於求教的位置。

總結地說，以明治維新為分水線，中、日文化交涉史可以清楚地劃為兩個時期：在此之前，日本長期「借用」中國文化資源，建構了自己的獨特文明。而中國則對日本缺乏深刻的認識，因為日本不在朝貢系統之內。明治以後情況恰好顛倒了。中國從「天朝」的幻覺中逐漸清醒了過來，開始看清日本文明在應付西方侵略的成功。但這時日本的文化「借用」精神卻已從中國轉向西方，不少政治和文化精英（elites）對於中國也不免滋生了一種「後來居上」的優越感。在「富國強兵」的要求下，日本把西方現代武力擴張的精神也成功地「借用」了過來，中國則成為擴張的對象。中、日之間因此在相當長的時期中無法展開正常的文化交流。中國在清末民初雖有參照日本模式進行現代轉化的嘗試，最後也完全落了空。

文化交流與湯因比所強調的文明對話互為表裡，這正是文化交涉學的研究對象。文明對話並不等於少數代言人之間的對話，因為這樣的代言人，嚴格地說，是不存在的；相反地，它是指文明與文明之間，通過種種渠道，進行雙向溝通，其領域可以從貿易一直延伸到宗教。湯因比認為這是增進互相了解，消融衝突的最有效的方式。他是最早擺脫西方中心論者之一人，所以二十世紀五十、六十年代在日本全力推動東西文明的對話。今天西方中心論已全面退潮，全球化（globalization）的大趨向建立在多元文明並存的基礎之上，已取得世界的共識。文明對話也必須隨著多元化，不再限於其他文明與西方之間。不同的非西方文明之間的對話同樣是重要的。過去一個多世紀中，無論是日本還是中國，都把對話的重點放在西方，而中、日之間的文明對話反而受到了冷淡。關西大學「東亞文化交涉學研究中心」恰好在這一關鍵時刻應運而起，填補了一片重要的學術空白。這即是孟子所謂「天降大任」，讓我借此機會預祝它的成功。

附註：二〇〇七年十月日本關西大學成立「東亞文化交涉學研究中心」，這是我在成立儀式大會上的講詞。

（原載《中國文化史通釋》，牛津大學出版社，二〇一〇）

余英時文集21

中國歷史研究的反思：古代史篇

2022年8月初版　定價：新臺幣460元

著　　者　余英時
總 策 劃　林載爵
總 編 輯　涂豐恩
副總編輯　陳逸華
叢書主編　沙淑芬
校　　對　陳佩伶
內文排版　菩薩蠻
封面設計　莊謹銘

出 版 者　聯經出版事業股份有限公司
地　　址　新北市汐止區大同路一段369號1樓
叢書主編電話　(02)86925588轉5310
台北聯經書房　台北市新生南路三段94號
電　　話　(02)23620308
台中辦事處　(04)22312023
台中電子信箱　e-mail：linking2@ms42.hinet.net
郵政劃撥帳戶第0100559-3號
郵撥電話　(02)23620308
印 刷 者　世和印製企業有限公司
總 經 銷　聯合發行股份有限公司
發 行 所　新北市新店區寶橋路235巷6弄6號2樓
電　　話　(02)29178022

總 經 理　陳芝宇
社　　長　羅國俊
發 行 人　林載爵

行政院新聞局出版事業登記證局版臺業字第0130號

本書如有缺頁，破損，倒裝請寄回台北聯經書房更換。　ISBN 978-957-08-6401-4 (平裝)
聯經網址：www.linkingbooks.com.tw
電子信箱：linking@udngroup.com

國家圖書館出版品預行編目資料

中國歷史研究的反思：古代史篇/余英時著．
初版．新北市．聯經．2022年8月．392面．14.8×21公分
（余英時文集21）
ISBN 978-957-08-6401-4（平裝）

1.CST：中國文化　2.CST：古代史　3.CST：中國史

630　111009407